职业院校公共基础课系列教材
校企双元合作新形态系列教材

职业心理实践

主　编　王立前　于彦良　史志芳

副主编　张慧芳　宋建威　王付顺

　　　　武亚卫　田艳梅　苏浩淼

主　审　张晓辉

西安电子科技大学出版社

内 容 简 介

本书主要包含 16 个实践内容：职业适应、团队建设、有效沟通、问题解决、自主管理、情绪管理、挫折应对、思维训练、换位思考、冲突管理、对战拖延、意志力训练、危急情况应对、正念减压、组织规划、团队展示。每个实践都包括实践目标、实践内容简述、综合实践、知识链接、总结与考核、拓展实践 6 个部分。

本书将心理实践能力的培养与专业知识的教学有机结合，站在"育人"的角度，使心理实践与品德教育并行并重，注重学生优秀心理品质的塑造与开发，注重生活体悟，帮助学生成长、成才。

本书可作为职业院校学生"职业心理实践"课程的教材，也可作为学校辅导员、心理学爱好者的参考书。

图书在版编目（CIP）数据

职业心理实践 / 王立前，于彦良，史志芳主编. -- 西安 ：西安电子科技大学出版社, 2024. 8. -- ISBN 978-7-5606-7355-4

Ⅰ. C913.2

中国国家版本馆 CIP 数据核字第 2024S8U397 号

策　　划　杨航斌
责任编辑　宁晓蓉　张　存
出版发行　西安电子科技大学出版社（西安市太白南路 2 号）
电　　话　（029）88202421　88201467　　　邮　编　710071
网　　址　www.xduph.com　　　　　　　　电子邮箱　xdupfxb001@163.com
经　　销　新华书店
印刷单位　咸阳华盛印务有限责任公司
版　　次　2024 年 8 月第 1 版　2024 年 8 月第 1 次印刷
开　　本　787 毫米×1092 毫米　1/16　印 张　19
字　　数　444 千字
定　　价　49.80 元
ISBN 978-7-5606-7355-4
XDUP 7656001-1

*** 如有印装问题可调换 ***

序

在本书即将付梓之际，我欣然受邀为其作序。

2022 年 5 月 1 日，新修订的《中华人民共和国职业教育法》开始实施，旨在推动职业教育高质量发展，提高劳动者素质和技术技能水平。同年 10 月，习近平总书记在党的二十大报告中强调"推进职普融通、产教融合、科教融汇，优化职业教育类型定位"，提出要努力培养造就"卓越工程师、大国工匠、高技能人才"。职业院校肩负着培育新时代"大国工匠"的重任，使命光荣，大有可为。

在多年的实际工作中，职业院校逐渐创建了以"育身、育心、育能、育德"为核心的"四育"心理育人工作体系，建成了"六位一体"心理育人工程，形成了多维立体师生心理服务框架，构建了具有鲜明职业特色的心理育人新机制，取得了骄人的心理育人成果。其中河北轨道运输职业技术学院开设的"职业心理素质训练"课程与王立前教授主编的《职业心理素质训练》便是代表。新时代职业人才的核心能力要在人才培养方案中渗透，尤其是团队合作能力、有效沟通能力、主动积极的态度等更需要通过心理育人体系来培育。教材要增加更有针对性的内容和案例，创新教法，为培养社会主义现代化职教新人而努力。王立前教授带领团队认真研讨，适时对《职业心理素质训练》教材进行了修订，形成了更符合时代要求、适合学生特点的《职业心理实践》书稿。

收到书稿，我认真阅读，感慨颇多。较之《职业心理素质训练》，《职业心理实践》内容更丰富，指向性更强，价值引领潜移默化，是一本不可多得的兼具思政引领和能力培养功能，适用于高校的职业教育教材。

职业心理素质对于学生今后职业生涯的重要性不言而喻。在职场上，团队协作能力不足、人际关系紧张、适应能力不强、情绪困扰、沟通障碍等心理健康问题严重影响员工职业发展和企业的工作绩效。职业生涯是人生的重要组成部分，健全职业心理素质是人生大事。本书主要采用职业能力拓展式的心理实践方法，对学生的职业适应能力、团队建设能力、有效沟通能力、自主管理能力、情绪管理能力、批判性思维及创新性思维、意志力、危急情况应对能力、组织规划能力等多个心理素质进行训练，在团队活动中培养学生的职业核心心理素质并在养成的基础上有所提升。

本书具有以下特色：

(1) 反映了"以生为本"的思想。一本好教材首先考虑的是学生的需要，即学生在校期间学习的需要和学生走向社会后发展的需要。本书在内容的选取上把学生的需要放在重要地位，而不是首先考虑学科知识的系统性和连贯性。这对于职业院校的学生来说尤为重要。

(2) 突出了"心身一体"的观念。具身认知理论认为，认知根植于身体的感知运动中，即心在身中，并通过身体与环境的交互作用而得到发展。本书将每一个重要的知识点都融入活动中，让学生在活动中体悟，在不知不觉中感受。当然，本书也不仅限于此，而是在活动之后再去讲解该活动背后的理论。这样做既让学生在沉浸式体验中成长，又不至于让学生在今后应用心理学理论时盲目模仿。

(3) 体例编排新颖。本书以实践目标为导向，以综合实践活动为载体，将 16 个心理素质实践贯穿其中，注重体验，注重实际获得感和能力提升。本书内容由浅入深、由易到难、层层递进。

本书是为职业院校的在校大学生编写的，也适合非职业院校的大学生和心理学爱好者阅读。心理学不仅是一门理论性很强的学科，更是应用十分广泛的学科。心理学要扎根于社会的土壤并且开花、结果，非常需要《职业心理实践》这样的好教材作为桥梁。希望我们的编写团队能继续踔厉奋发、勇毅前行，多出成果、出好成果。最后祝福我们的职业教育和心理健康工作不断迈上更高台阶，为建设教育强国添砖加瓦！

2024 年 3 月

《职业心理实践》编委会

主　编：

王立前　河北轨道运输职业技术学院

于彦良　河北轨道运输职业技术学院

史志芳　河北轨道运输职业技术学院

副主编：

张慧芳　河北轨道运输职业技术学院

宋建威　石家庄铁路职业技术学院

王付顺　河北轨道运输职业技术学院

武亚卫　中国铁路北京局集团有限公司

田艳梅　河北轨道运输职业技术学院

苏浩淼　河北轨道运输职业技术学院

编　委：

张　维　石家庄铁路职业技术学院

孙亚红　河北轨道运输职业技术学院

石晓娟　河北轨道运输职业技术学院

马裴伟　河北轨道运输职业技术学院

周　阳　河北轨道运输职业技术学院

康　悦　河北轨道运输职业技术学院

师倩茹　河北轨道运输职业技术学院

张　璐　河北轨道运输职业技术学院

李珑皓　河北轨道运输职业技术学院

杨文忠　大秦铁路股份有限公司

刘振广　中国铁路北京局集团有限公司

朱　萌　河北轨道运输职业技术学院

王　涵　河北轨道运输职业技术学院

前　言

本书是按照国家职业教育人才培养目标的要求，依据教育部《普通高等学校学生心理健康教育课程教学基本要求》、中共教育部《高等学校学生心理健康教育指导纲要》、《教育部等十三部门关于健全学校家庭社会协同育人机制的意见》、教育部等十七部门《全面加强和改进新时代学生心理健康工作专项行动计划（2023—2025 年）》等文件精神，结合《高校思政工作质量提升工程实施纲要》以及新修订的《中华人民共和国职业教育法》，组织一线教师、企业相关工作人员等精心编写而成的。

2021 年 4 月，习近平总书记指出，要加快构建现代职业教育体系，培养更多高素质技术技能人才、能工巧匠、大国工匠；2022 年 5 月，新修订的《中华人民共和国职业教育法》颁布；2022 年 10 月，党的二十大报告指出，要推进职普融通、产教融合、科教融汇，优化职业教育类型定位。职业教育任重道远、前途无量、大有可为。职业院校肩负着培育新时代"大国工匠"的重任。党的二十大报告两次提到产教融合，充分说明了校企合作育人的重要性。职业院校要为社会培养技能型人才，就离不开与企业的合作。本书吸引了在企业工作多年的职业院校毕业生参与到编写工作中来，他们对一线职工心理状况、各重点工作岗位对员工心理素质的要求等进行调研，把职场人需要具备的心理能力变成学校心理健康教育的重要内容，成为课程设计、教学目标以及课程内容的引领，实现了校企合作教材共建，使得教材内容更丰富，更具职业指向性。本书引入信息化科学技术手段，实现了教材资源的多维立体呈现，在潜移默化中培养学生的创新意识、科技引领意识，体现科教融汇理念。

本书以培养和提高学生职业心理素质为主要目的，帮助学生实现专业能力与职业精神的融合，实现职业心理素质与专业能力同步发展；注重培养学生的责任担当意识、科学精神、健康生活理念、实践创新能力等，促进学生全面发展，努力把学生培养成"有理想、有本领、有担当"的时代新人。

本书谨记"立德树人"根本任务，谨遵"心理育人"的教育责任，体现了以学生为本的教育理念和助力学生成长的课程目标。在本书编写过程中，我们以"促进人的全面发展"为基本要求，经过两年充分调研和实践，提出了心德并育、知识够用、生动有趣、实用高效等教材组织原则，注重以开发学生职业心理潜能和培养职业创新能力为目标的心理实践。

本书是河北省教育科学"十四五"规划 2023 年度重点资助课题"高校心理健康课程设计与实施研究"(课题编号：2302085)的重要成果之一。本书有效地抓住了学生就业前的关键发展时段，将职业心理实践的要素全方位嵌入教学各环节，注重过程训练与评价，体现开放性的教学特点。本书在教学设计上更多采用团队活动方式，加强学生心理体验，引导学生融入团队，对学生的理论学习、实践活动以及学生成长全过程、全要素进行管理和评价，特色鲜明。

本书作者既有工作在职业教育一线、有着丰富的学生心理健康服务工作经验的教师，也有在企业工作多年的一线职工、领导干部。其中，具有国家二级心理咨询师资质的老师有七人，咨询量超过 1000 小时的老师有五人。主编之一王立前老师是河北省大中小学校心理健康教育专家指导委员会委员、全国高校心理委员研究协作组常务理事、河北省心理学会心理危机干预专业委员会秘书长。本书主编为王立前、于彦良、史志芳；副主编为张慧芳、宋建威、王付顺、武亚卫、田艳梅、苏浩淼；参加编写的老师还有张维、孙亚红、石晓娟、马裴伟、周阳、康悦、师倩茹、张璐、李珑皓、朱萌、王涵；负责本书职业适用性调研与修改的企业一线干部是太原高铁工务段党委书记杨文忠、石家庄电力机务段党委副书记武亚卫、衡水车务段副段长刘振广等；全书由康悦协助主编组织编写，王立前、于彦良、史志芳、王付顺统稿；河北省心理学会心理危机干预专业委员会常务副主任、河北轨道运输职业技术学院党委书记、二级教授张晓辉审稿。

感谢河北省心理学会原理事长鲁忠义教授为本书作序，感谢河北轨道运输职业技术学院各级领导对本书编写工作给予的大力支持，感谢给予指导和支持的兄弟院校的同仁们，感谢相关企业领导给予的指导与帮助，感谢本书所有参编人员的辛勤付出。

在本书的编写过程中，我们借鉴和引用了很多专家的相关著作和文章，在此谨向相关作者表示最诚挚的敬意和感谢！

由于编者能力有限，书中疏漏和不足之处在所难免，恳请读者批评指正。

编 者

2024 年 3 月

目　录

实践一 职业适应

功崇惟志，业广惟勤。

——《尚书》

理想是事业之母。

——叶圣陶

古今中外，凡成就事业，对人类有所作为的，无一不是脚踏实地、艰苦攀登的结果。

——钱三强

在选择职业时，我们应该遵循的主要方针是人类的幸福和我们自身的完美。

——卡尔·马克思

实 践 目 标

(1) 了解职业心理素质对个人成长的重要性。

(2) 了解职业心态对于职业发展的重要性。

(3) 充分认识团队合作的重要意义，了解并实践积极主动、善于沟通、有合作精神、勤奋务实等基本心理素质在职业活动中的重要作用。

(4) 引导学生树立职业理想，在认识和了解自己的基础上，与所学专业岗位需求相对照，以"人岗匹配"为原则，确立个人职业心理实践目标。

(5) 为心理素质训练做好心理上和物质上的准备。

实践内容简述

介绍"职业心理实践"课程的开设目的、特点、实践内容、学习方法、成绩考核等内容；以课前作业的形式，让学生完成气质类型和个性成熟度等测试问卷，使学生了解所学专业的特点以及岗位要求，增进对自我的认识和了解，并与专业岗位要求对照，分析个人实践学习的努力方向，不断提高职业适应能力。

综 合 实 践

活动一　了解本课程

1. 活动目标

(1) 了解本课程的开设目的、特点及设计理念。

(2) 掌握本课程的学习方法。

(3) 了解本课程的考核办法。

2. 活动准备

(1) 教师准备本课程的开设目的、特点、组织形式、学习方法及考核办法等相关内容。

(2) 同学们结合个人实际，思考本课程的特点与要求。

3. 活动内容

具体活动内容及步骤如下：

(1) 分组讨论以下问题：

① 如何理解本课程的特点？学习中应注意什么问题？

② 本课程的学习方法与其他课程有什么区别？

③ 本课程以团队为主要的组织形式，大家会面临哪些新的挑战？

(2) 进行集体讨论，各小组派一名同学代表本小组做汇报发言。通过讨论分享，加深同学们对本课程的了解，做好思想上的准备。

(3) 了解本课程的考核办法。本课程的考核是为了有效地反映被考核人经过一段时间的实践和学习后，能力和水平的提升度或者达到的最高水平，是一个结果评定。本课程的成绩考核与最终成绩评定要综合考虑学生的心理素质提升水平，也要兼顾学生的最高水平。基于本课程的特点，过程考核与感悟提升考查应作为考核重点。这两部分的考核指标实质上是软指标，但也要把软指标量化为考核依据。

考核办法要充分体现"我的成绩我做主"的思想理念，并以争创优秀成绩来促进课程效果的提升，以课程的顺利实施助力大家的能力提升，真正实现心理健康终身化的目标，达到心理实践活动长期持续的结果。

请同学们分组讨论以下内容：考核形式是否能促进课程目标的实现；考核内容是否全面，是否合理，是否有利于调动同学们学习实践的积极性；有什么建议。通过讨论分享完善考核形式和内容，提高课程的实效性。

考核主体是课程的全部参与人员，包括学生、教师、团队成员、组长等相关人员。

团队考核的内容包括团队成果展示、团队活动过程的反馈与反思。

心理实践考核成绩表如表 1-1 所示。

表 1-1 心理实践考核成绩表

考核内容		分值	考核标准	说 明
平时成绩 (80分)	考勤	5分	正常上课	全勤 5 分；迟到、旷课等违纪行为的处理办法按照班级商讨的规则执行
	实践过程	5分	完成个人实践任务	完成得 5 分
	实践表现	10分	积极讨论和发言，不做与训练无关的事	具体规则由班级商讨决定
	团队实践表现	30分	团队所有成员守时守纪、积极参与及认真配合，成绩显著(个人表现突出时，团队分可以 5 倍地加或减)	个人得分不高于团队得分，团队得分以全部参与、参与过程和最后成绩三项为评价标准
	团队项目个人任务进程监控记录，贡献与反思	30分	每周记录内容：团队本周目标完成情况、个人任务完成情况。反思内容包括团队项目完成情况、个人对团队的贡献、存在的问题与改进意见、改进措施等	
实践感悟 (20分)	心理实践或团队项目实践的感悟与能力提升	20分	两种考核方式：一是课前进行 5～10 分钟发言；二是提交 1000 字以上纸质手写报告	选择发言方式时，至少上课前一天通知课代表并提交发言提纲，每课一人，特殊情况下不超过两人
备注	1. 平时成绩每课一结，个人自评，组长核查汇总，组员监督。 2. 平时成绩每课总分 80 分，期末加总求平均数，作为期末成绩，占总成绩的 80%。 3. 实践感悟得分直接计入期末总成绩，占总成绩的 20%			

实践要求：主动参与，全情投入，尊重并接纳同伴；保护自身和他人安全；愿意倾听他人意见；遵守实践时间，不迟到早退，不无故中途退场；不在实践过程中拨打和接听电话，不做与实践无关的事情；完成团队工作。

讨论结束，组长代表小组总结发言，师生共同修改和完善考核办法并定稿。

4. 体验分享

本活动结束后，同学们可自由发言，谈体验，分享心得感受。

5. 活动总结

教师对学生在本活动中的表现进行总结，对本活动形成的共识进行梳理确认。希望大家共同维护与遵守课程规则，完成课程实践要求，以确保实现课程目标。对实践过程中出现的突发问题，教师要有预防、有措施，并引导学生认真观察、积极思考，尤其要培养好组长，使之成为教师的得力助手，能及时发现并解决问题。整个实践过程要注意安全第一，以积极引导为主，传递正能量，体现尊重与平等。活动难度应适中，允许学生自愿参与，教师的点拨要适时、到位。

活动二　全面认识和概括所学专业的特点及其对心理素质的要求

1. 活动目标

(1) 了解所学专业的特点。

(2) 了解所学专业对职工心理素质的要求。

(3) 根据以上内容作深入分析。

2. 活动准备

同学们按时完成教师布置的课前访谈任务。

访谈任务：了解所学专业对应的岗位有哪些；了解所学专业及对应岗位的核心特点是什么；了解所学专业及对应岗位对职工的核心心理素质要求有哪些；了解所学专业及对应岗位在社会中的作用和角色地位如何。

访谈对象：专业课教师、认识的一线职工。

背景资料查询方式：图书馆查阅、网络查询等。

3. 活动内容

通过访谈与资料查询，并结合自己对所学专业的理解，完成表 1-2。

表 1-2　所学专业的特点及其对心理素质的要求

所学专业对应岗位的名称	核心特点	对职工心理素质的要求
概括本专业或本行业职工应具备的核心心理素质：		

4. 体验分享

活动结束后，组织讨论和分享(如果条件允许，也可以请本专业一线职工或专业课教师和同学们一起讨论，并进行案例分析，进一步说明良好的心理素质对本专业工作的重要性)。

(1) 喜欢自己所学的专业吗？谈谈自己对所学专业的理解与期待。

(2) 从心理素质的角度分析自己从事所学专业的优势，总结哪些地方需要加强和提高。

5. 活动总结

体验分享结束后，再次梳理本专业或本行业职工应具备的核心心理素质，分析同学们目前的心理素质总体情况，提出培养和训练个人心理素质的总体方向，鼓励大家树立信心，在本课程学习过程中和生活中勇于实践，大胆尝试，不断提升个人能力，并注重团队配合，为今后的职业生涯做好能力和心理上的准备。

活动三 认识和了解个人气质类型

1. 活动目标

(1) 了解气质类型的特点。

(2) 了解自己的气质类型。

(3) 与职业要求对照讨论分析气质与职业的关系。

2. 活动准备

(1) 完成教师课前安排的作业。

(2) 进行个人气质类型测试。

3. 活动内容

具体活动内容与步骤如下：

结合自己课前完成的气质类型测试作业进行小组讨论，每个小组将讨论结果以书面形式呈现，全班集体讨论。

(1) 了解个人气质类型的特点，分析个人气质类型是否有好坏之分。通过讨论总结心得体会，分析对今后人际交往有哪些启示。通过讨论引导大家拥有正确认识，在人际交往中真正做到理解、包容、接纳与支持。

(2) 了解气质与职业的关系，分析自己的气质类型是否适合所学专业。

通过大家的讨论，引导同学们进行深入分析，提高分析问题、解决问题的能力。

4. 体验分享

请同学们就刚才学习讨论的内容进行分享。

5. 活动总结

分享结束后，教师对活动情况进行点评，再次梳理本活动内容，提醒同学们今后生活实践中应注意的问题。结合专业特点，指导学生充分利用自己的气质优势学好专业技能、提升心理素质，做到扬长避短。鼓励、帮助同学们树立自信心，不断提高个人能力素质。

活动四 了解个性成熟度和个性成熟度与职业的关系

1. 活动目标

(1) 了解自己的个性成熟度。

(2) 了解个性成熟度与职业的关系。

(3) 分析讨论，明确自己的努力方向。

2. 活动准备

准备个性成熟度的测试卷。

3. 活动内容

具体活动内容及步骤如下：

1) 个性成熟度测试

请根据自己的实际情况，仔细审题，从下面每道题给出的五个备选答案中选择一个符合自己实际想法和做法的答案。请注意，只能选择一个答案，这个答案没有正确与否，真实回答就好。

(1) 所在学校的老师对我的态度是(　　)。

　　A. 老是吹毛求疵地批评我

　　B. 我一做错什么事，马上就批评我，从不表扬我

　　C. 只要我不犯错误，他们就不会指责我

　　D. 他们说我工作和学习还是勤恳的

　　E. 我有错误他们就批评，我有成绩他们就表扬

(2) 如果在比赛中我或我所在的一方输了，我通常的做法是(　　)。

　　A. 研究输的原因，提高技术水平，争取以后赢

　　B. 对获得胜利的一方表示赞赏

　　C. 认为对方没啥了不起，在别的方面自己(或自己一方)比对方强

　　D. 认为对方这次赢的原因微不足道，很快就忘了

　　E. 认为对方这次赢的原因是运气好，下次自己运气好的话也会赢对方

(3) 当生活中遇到重大挫折(如高考落榜、失恋)时，便会感到(　　)。

　　A. 自己这辈子肯定不会幸福

　　B. 我可以在其他方面获得成功，加以补偿

　　C. 我决心不惜任何代价，一定要实现自己的愿望

　　D. 没关系，我可以更改自己的计划或目标

　　E. 我认为自己本来就不应当抱有这样高的期望或抱负

(4) 别人喜欢我的程度是(　　)。

　　A. 有些人很喜欢我，其他人一点儿也不喜欢我

　　B. 一般都有点儿喜欢我，但都不以我为知己

　　C. 没有人喜欢我

　　D. 许多人都在一定程度上喜欢我

　　E. 我不知道

(5) 我对谈论自己受挫折经历的态度是(　　)。

　　A. 只要有人对我受挫折的经历感兴趣，我就告诉他

　　B. 如果在谈话中涉及，我就无所顾忌地说出来

　　C. 我不想让别人怜悯自己，因此很少谈到自己受挫折的经历

　　D. 为了维护自尊，我从不谈自己受挫折的经历

E. 我觉得自己似乎没有遇到过什么挫折

(6) 通常情况下，与我意见不相同的人都是(　　)。

    A. 想法太古怪，难以理解的人

    B. 缺乏文化知识修养的人

    C. 有正当理由坚持自己看法的人

    D. 生活背景和我不同的人

    E. 知识比我丰富的人

(7) 我在游戏或竞赛中喜欢遇到的对手是(　　)。

    A. 技术很高超的人，让我有机会向他学习

    B. 比我技术略高些的人，这样玩起来兴趣更浓

    C. 技术明显比我差的人，这样我就可以轻松地赢他，显示自己的实力

    D. 和我技术不相上下的人，这样可以在平等的基础上展开竞争

    E. 一个有比赛道德的人，不管他的技术水平如何

(8) 我喜欢的社会环境是(　　)。

    A. 比现在更简单、更平静的社会环境

    B. 就像现在这样的社会环境

    C. 稳步向好的方向发展的社会环境

    D. 变化很大的社会环境，使我能利用好机会发展自己

    E. 比现在更富裕的社会环境

(9) 我对待争论的态度是(　　)。

    A. 随时准备进行激烈争论

    B. 只对自己有兴趣的问题才喜欢争论

    C. 我很少与人争论，喜欢自己独立思考各种观点的正确与否

    D. 我不喜欢争论，尽量避免

    E. 我讨厌争论

(10) 受到别人批评时，我通常的反应是(　　)。

    A. 分析别人为什么批评我，自己在哪些地方有错误

    B. 保持沉默，对他记恨在心

    C. 也对他进行批评

    D. 保持沉默，毫不在意，过后置之脑后

    E. 如果我认为自己是对的，就为自己辩护

(11) 我认为亲属的帮助对一个人事业成功的影响是(　　)。

    A. 总是有害的，这会使他在无人帮助的时候面对困难一筹莫展

    B. 通常是弊大于利，常常帮倒忙

    C. 有时会有帮助，但这不是必需的

    D. 为了获得事业成功，这是必需的

    E. 在一个人刚从事某一职业时有帮助

(12) 我认为对待社会生活环境的正确态度是(　　)。

A. 使自己适应周围的社会生活环境

B. 尽量利用生活环境中的积极因素发展自己

C. 改造生活中的不良因素，使生活环境变好

D. 遇到不良的社会生活环境，就下决心脱离去往别的地方

E. 自顾自生活，不管周围生活环境是好是坏

(13) 我对死亡的态度是( )。

A. 从来不考虑死的问题

B. 经常想到死，但对死并不十分害怕

C. 把死看作必然要发生的事情，平时很少想到

D. 每次想到死就十分害怕

E. 一点儿也不怕，认为自己死了就轻松了

(14) 为了让别人对自己有好的印象，我的做法是( )。

A. 在未见面时就预先想好自己应当怎样做

B. 虽很少预先准备，但在见面时经常注意给人一个好的印象

C. 很少考虑应给人一个好的印象

D. 我从来不预先准备，也讨厌别人这么掩盖自己的本来面目

E. 有时为了工作和生活上的特殊需要，认真考虑如何给人以良好的印象

(15) 我认为要使自己生活得愉快而有意义，( )。

A. 就必须生活在关系融洽的亲属们中间

B. 就必须生活在有知识的人们中间

C. 就必须生活在志同道合的朋友们中间

D. 就必须生活在为数众多的亲戚、同学和同事们中间

E. 不管生活在什么人中间都一样

(16) 在工作或学习中遇到困难时，我通常是( )。

A. 向比我懂得多的人请教

B. 只向我的好朋友请教

C. 我总是尽自己最大努力去解决，实在不行才去请求别人的帮助

D. 我几乎从不请求别人的帮助

E. 我找不到可以请教的人

(17) 当自己的亲人错误地责怪我时，我通常是( )。

A. 很反感，但不吱声

B. 为了家庭和睦，违心地承认自己做错了事

C. 当即发怒，并进行争论，以维护自己的自尊

D. 不发怒，耐心地解释和说明

E. 一笑了之，从不放在心上

(18) 在与别人的交往中，我通常是( )。

A. 喜欢故意引起别人对自己的注意

B. 希望别人注意我，但不想明显地表示出来

C. 喜欢别人注意我，但并不主动去追求这一点

D. 不喜欢别人注意我

E. 对于是否会引人注意，我从不在乎

(19) 外表对我来说(   )。

A. 非常重要，常花很多时间修饰自己的外表

B. 比较重要，常花不多时间作修饰

C. 不重要，只要让人看得过去就行了

D. 完全没有重要性，我从不修饰自己的外表

E. 重要是重要，但我花在修饰上的时间不多

(20) 我喜欢与之经常交往的人通常是(   )。

A. 异性，因为他们(或她们)更容易相处

B. 同性，因为他们(或她们)与我更合得来

C. 和我合得来的人，不管他们与我的性别是否相同

D. 家庭以内的人

E. 少数合得来的同性朋友

(21) 当我必须在大庭广众之下讲话时，我总是(   )。

A. 会因发窘而讲不清话

B. 尽管不习惯，但还是做出泰然自若的样子

C. 把这当成一次考验，毫不畏惧地去讲

D. 喜欢对大家讲话

E. 坚决推辞，不敢去讲话

(22) 我对用相面、测字来算命的看法是(   )。

A. 我发现算命能了解过去和未来

B. 算命的人多数是骗子

C. 我不知道算命到底是胡说，还是确实有道理

D. 我不相信算命能知道人的过去和未来

E. 尽管我知道算命是迷信，但还是半信半疑

(23) 在参加小组讨论会时，我通常是(   )。

A. 第一个发表意见

B. 只对自己了解的问题发表看法

C. 除非我说的话比别人有价值，我才发言

D. 从来不在小组会上发言

E. 虽然不带头发言，但总是要发言的

(24) 我对社会的看法是(   )。

A. 社会上到处都有丑恶的东西，我希望能逃避现实

B. 在社会上生活，要想永远保持正直、清白是很难的

C. 社会是人生的大舞台，我很喜欢研究社会现象

D. 我不想去了解社会，只希望自己能生活得愉快

E. 不管生活环境如何，我都要努力奋斗，无愧于自己的一生

(25) 当我在生活道路上遇到考验(如参加高考、承担有风险的工作)时，我总是(　　)。

    A. 很兴奋，因为这能体现我的能力

    B. 视作平常小事，因为我已经习惯了

    C. 感到有些害怕，但仍硬着头皮上

    D. 很害怕失败，常放弃尝试

    E. 听从命运的安排

2) 测试计分

计分方法：将答案填入表 1-3 中，并对照表 1-4 中各选项的分值统计得分。计分过程中，负分数与正分数可以相互抵消，最终得分就是个性成熟度指数。

表 1-3　个性成熟度测试题答题卡

题号	答案	得分	题号	答案	得分	题号	答案	得分	题号	答案	得分
1			8			15			22		
2			9			16			23		
3			10			17			24		
4			11			18			25		
5			12			19			合计得分：		
6			13			20					
7			14			21					

表 1-4　个性成熟度测试题分值卡

题号	选项 A	选项 B	选项 C	选项 D	选项 E	题号	选项 A	选项 B	选项 C	选项 D	选项 E
1	−3	−2	+4	0	+6	14	−1	+8	0	−3	+4
2	+4	0	−3	+8	−4	15	0	+6	+4	−2	−4
3	−4	+10	0	+5	−3	16	+8	0	+4	−2	−4
4	0	+3	−3	+8	−2	17	−1	0	-4	+8	+4
5	−3	+8	+4	−2	0	18	−2	0	+8	−3	+4
6	−3	−2	+8	+4	0	19	−2	+6	0	−3	+4
7	−2	+6	−3	0	+8	20	−2	0	+8	−3	+4
8	−5	0	+6	+4	−3	21	−1	+4	+8	+2	−4
9	−4	+8	0	−2	+3	22	−5	+3	−2	+10	0
10	+8	−4	−4	0	+4	23	0	+8	−1	−4	+4
11	−2	0	+8	−4	+6	24	−3	−2	+6	0	+10
12	−2	+4	+8	−4	+6	25	+4	+8	0	−4	−1
13	0	+2	+10	−4	−3						

3) 结果分析

每道测试题目的五个答案中，得分为正值的答案代表处理该问题时的合理做法。得分越高，说明做法越妥当，是个性成熟者的通常做法。相反，得分为负值的答案代表了不妥当或幼稚的做法，反映了个性的不成熟。观察一下自己在每道题目上的得分，在某些题目上的得分较高，说明自己在处理这些问题时较为成熟；在某些题目上得了负分数，则说明自己在处理这些问题时还不成熟。经过这样的仔细分析，就可以看出自己处理社会生活问题的成熟度，从而采取相应的措施。

总分可以用来判断个人整体的个性成熟度：总分越高，说明个性越成熟；总分越低，说明个性越不成熟。个性成熟的人大多有丰富的经历，有大量过去失败的教训或成功的经验可供参考。但是，个性成熟的程度并不一定与人的年龄成正比。具体的个性成熟度的判别可参考以下几条：

(1) 测试总分在 150 分以上，说明你是个很成熟的人。你掌握了一套行之有效的适应社会的方法，知道怎样妥善地处理个人所遇到的各种社会问题；能准确地判断、处理问题，清楚哪些方式是有效的，哪些方式会造成不良的后果，从而选择一种最佳的处理方法。你常常成为别人讨教和仿效的对象。

(2) 测试总分在 100～149 分，说明你是个较为成熟的人。在大部分事情的处理上，你是很得体的。你能够很好地适应社会，建立起良好的人际关系。

(3) 测试总分在 50～99 分，说明你的个性成熟程度属于中等水平。你的个性具有两重性，一半是成熟，一半是幼稚，还需要在社会生活实践中磨炼。

(4) 测试总分在 0～49 分，说明你的个性还欠成熟。你还不善于处理社会生活中的各种问题和矛盾，不善于观察影响问题的各种复杂因素，不能准确地预见自己行为的结果，还不能很好地适应复杂的社会生活。

(5) 测试总分为负数，说明你还十分幼稚。你处理问题很不成熟，喜欢仅凭个人肤浅的直觉印象和一时的感情行事，好冲动、莽撞、不识大体；或者相反，遇事退缩不前，生怕抛头露面，孤独而自卑；很容易得罪人，也容易被人欺骗，在社会生活中到处碰壁，无法实现自己的理想和目标。这种状况与现代社会生活的要求很不适应，你必须设法使自己尽快地成熟起来。

4. 体验分享

结合自己的测试结果，谈体验，分享自己的心得体会：

(1) 分析自己的个性成熟度，并与职业要求比较，明确今后的努力方向。

(2) 在成熟个性的 12 条心理特征中，自己拥有哪几条？

(3) 在不成熟个性的 10 条心理特征中，自己符合哪几条？

5. 活动总结

教师根据大家的分享进行总结点评，明确如何更好地处理学习过程中出现的问题；鼓励大家在学习生活中勇于实践，不断提高自己的个性成熟度，以更好地适应职业生活，拥有美好人生。

活动五 自我分析与总结

1. 活动目标

(1) 总结与反思，明确努力方向。

(2) 创作激励语，为本课程的学习开好头。

2. 活动准备

(1) 同学们整理自己在前面几个活动中进行的个人测试结果。

(2) 同学们思考酝酿自我激励用语。

3. 活动内容

(1) 请同学们根据今天的学习，思考并完成表 1-5。

表 1-5 总结与反思

个人能力特点	专业要求	优势	不足与欠缺	措施
气质特点				
职业性格特点				
情绪特点				
个性成熟度				
其他方面				

完成表 1-5，同时思考以下问题：

① 现状：如学习成绩在专业中的排名，自己的兴趣、特长、爱好，自己有何出众的能力等。

② 分析：是喜欢与事情打交道，还是喜欢与人打交道？是喜欢挑战性强的工作，还是安稳的工作？

③ 未来：自己有哪些优势？哪些劣势？该如何扬长避短？自己究竟想做什么，即自己想在哪一方面有所发展？想成为什么样的人才？

提出这些问题是希望大家能清楚自己求职时到底应注重些什么，哪些是主要的，哪些是次要的；你更看重的是自身的发展机会，还是工作报酬、工作环境或其他方面等。

(2) 创作个人素质训练激励语。

① 积极背诵以下句子，领会其中的意思。

我有积极进取的人生态度。

我对未来的成就充满希望。

我有良好的人际关系。

我有强健的体魄，更有优雅的风度。

我愿意与他人共享自己的成就。

我胸襟宽阔，能容人容物。

我有良好的自律性。

我热爱自然，热爱自己，热爱他人。

我渴望成功，而且一定能够成功。

我遵纪守时。

我诚信待人。

我很漂亮。

我很潇洒。

我快乐，今天心情很好。

② 拟写自我激励用语。要求：内容上能集中表达自己的想法，形式上简短有力、易于传播。

我的激励语：

(a) _____

_____

(b) _____

_____

在小组中分享自己的激励语，并大声地说出激励语，要求声音洪亮、吐字清晰。分享结束后填写表 1-6。

表 1-6　我们的激励语

我的激励语	最感动我的朋友激励语	
	姓　名	内　容
(a)		
(b)		

4. 体验分享

活动结束后进行集体讨论，并针对五个活动谈谈个人的感受，分享心得体会。

(1) 对个人测试情况的总结与反思。

(2) 对激励语创作的感悟。

5. 活动总结

(1) 教师根据大家的分享进行点评，处理学生在学习过程中出现的问题。

(2) 针对测试问卷，提醒大家两个需要注意的问题。

① 适用性。任何一套问卷都有其效度，每一个测评的人都有其信度，环境不同、背景不同，问卷展示出来的结果和适用度也不同。例如，就忠诚度而言，什么样的举动叫忠诚，中西方的理解肯定是不相同的，即使同一环境下，因个人掌握的尺度不同，结果也会有很大差异。所以，在使用测评数据尤其是西方的问卷(如 MBTI)时，要抱以参考的心态，不把测评绝对化、唯一化。

② 针对性。企业进行职业性格测评以及其他心理素质测试旨在为企业提供选择人才的依据，这种依据需要在企业有针对性地使用测评工具时才能发挥最大的参考价值。本训练中开展的活动，旨在全面深入地了解和认识我们自己，而接下来更有意义和更有价值的是，如何将这个测试结果与自我日常观察与体验相结合，来描绘一个较为清晰的自我轮廓，并与所选专业比对，坚定信心，从差异中确立方向和目标，激励自己不断进步与成长。

(3) 教师对同学们的表现给予期待，鼓励大家踏实努力，认真体悟与观察，树立自信心，争取好成绩。

知 识 链 接

一、"职业心理实践"课程概述

(一) "职业心理实践"课程的开设目的

1. 帮助我们认识自我、认识职业环境

全面地认识自我、认识周围环境，并能客观公正地进行评价是良好心理素质的表现，也是我们接受并解释与职业相关的各种信息的基本出发点。了解自我包括对职业心理素质中的心理调节系统和职业能力系统的充分认识，明了自己的职业兴趣、爱好、职业气质等与职业选择之间的关系，了解相应职业活动对个性特征、专业知识、运动技能、心理状态的要求。同时，关注所选专业的职业现状和发展前景，提高我们对未来职业的适应能力。

2. 培养良好的职业心理素质

良好的职业心理素质可以使我们扮演好职业角色，保持心态平和稳定，还可以帮助我们弥补自身能力、学识方面的某些不足，在职场中获得更多的机会。正确的职业态度可以引导从业者积极乐观地接受工作中的挑战，良好的职业情商可以积极调动情绪，建立良好的人际关系等。根据现阶段职业院校学生就业存在的一些问题和用人单位对从业者的普遍要求，"职业心理实践"课程着重从职业意识、团队意识与合作、团队与个人创造力、责

任与担当、适应能力、沟通技巧、良好习惯、调适能力等方面来提升学生个人素质，培养学生的职业能力，塑造良好的职业精神。

(二) "职业心理实践"课程的特点

1. 自觉性与长期性

"职业心理实践"课程能让我们以"人的全面发展"的视角，以人生规划和人生发展为基础，充分认识职业的发展特点，充分理解个人心理素质与人生发展的相关性，把职业心理实践当作长期的、自觉的行动，不断学习，不断丰富与调整能力结构，培养良好的职业心理品质，以提高个人与社会的融入度，增强职业适应能力，具备创新、创业精神，实现人生价值。

2. 开放性与实践性

"职业心理实践"课程是一门综合实训课，它将理论应用于实际，探求未知心理世界和职业世界。课程突出实效性，要求在生活中增加体验与感悟，并要全身心投入，尤其注重团队配合，在团队共同的活动中把感悟内化，使之成为自身能力和气质的一部分。课程设置由浅入深，设计的实践活动与生活、工作紧密相关，强调角色承担，强调个人与团队的融入，并努力营造开放、接纳、探究的课堂氛围，以形成自由、轻松、有趣的课堂气氛，使学生从中认识自我、发现自我、完善自我，实现心理素质的提升和身心的健康发展。

3. 针对性与实用性

除普遍性的心理素质外，不同职业因从事劳动的性质、方式、要求等不同，对劳动者有不同的心理素质要求，同时职业心理素质制约着职业活动的各个层面，对职业活动具有调节和导向功能。所以，"职业心理实践"课程要结合专业特点，强调针对性与实用性。

(三) "职业心理实践"课程的设计理念

本课程的设计是以一个相对长期的活动为主线，以团队为组织形式，通过团队成员担任不同角色，分工协作，共同完成团队目标的学习实践过程。本课程旨在培养团队意识与沟通能力、情绪管理技巧、抗挫折抗压能力、意志力、问题解决能力等，并将这些内容融入个人职业学习和生活交往中，实现在生活中体悟、在生活中成长和发展的目标。

(四) "职业心理实践"课程的学习方法

基于"职业心理实践"课程的特点和设计理念，本课程的学习方法简单明了，具体来说，就是积极参与团队活动，认真完成角色要求，积极表达身心感受，融入并创设集体活动情境，把课堂当作个人生活不可缺少的一部分，在活动中感悟，在感悟中成长，通过"感悟—实践—感悟—再实践"的循环过程，使个人心理素质和个人能力得到提升。

二、个人气质类型及气质类型与职业的关系

(一) 个人气质类型及特点

1. 胆汁质型

胆汁质型又称为不可抑制型，属于战斗类型。胆汁质型的人反应速度快，具有较高的

反应性与主动性。这类人情感和行为动作产生得迅速而且强烈，有极明显的外部表现；性情开朗、热情、坦率，但脾气暴躁、好争论；情绪易于冲动但不持久；精力旺盛，经常以极大的热情从事工作，但有时缺乏耐心；思维具有一定的灵活性，但有时对问题的理解具有粗枝大叶、不求甚解的倾向；意志坚强、果断勇敢，注意力稳定而集中，但难以转移；行动利落而敏捷，说话速度快且声音洪亮。

2. 多血质型

多血质型又称为活泼型，属于敏捷好动类型。多血质型的人行动具有很高的反应性。这类人的情感和行为动作发生得很快，变化得也快，但较为温和；易于产生情感，但体验不深，善于结交朋友，容易适应新的环境；语言具有表达力和感染力，姿态活泼，表情生动，有明显的外倾性特点；机智灵敏，思维灵活，但常表现出对问题不求甚解；注意力与兴趣易于转移，不稳定；在意志力方面缺乏忍耐性，毅力不强。

3. 黏液质型

黏液质型又称为安静型，属于缄默而沉静的类型。黏液质型的人反应性低，情感和行为动作迟缓而稳定，缺乏灵活性。这类人情绪不易发生变化，也不易外露，很少产生激情，遇到不愉快的事也不动声色；注意力稳定、持久，难以转移；思维灵活性较差，但比较细致，喜欢沉思；意志坚定，有较强的自制力；态度持重，沉默寡言，办事谨慎细致，不鲁莽，但对新的工作较难适应，行为和情绪都表现出内倾性，可塑性差。

4. 抑郁质型

抑郁质型又称为易抑制型，属于呆板而羞涩的类型。抑郁质型的人有较高的感受性。这类人的情感和行为动作相对缓慢、柔弱；情感容易产生变化，而且体验相当深刻，隐晦而不外露，易多愁善感；往往富于想象，聪明且观察力敏锐，善于观察他人观察不到的细微事物，敏感度高，思维深刻；胆小怕事、优柔寡断，受到挫折后常心神不安，但对力所能及的工作表现出坚忍的精神；不善交往，较为孤僻。

5. 混合型

在现实生活中，并不是每个人的气质都能归入某一气质类型。除少数人具有某种气质类型的典型特征之外，大多数人都偏于中间型或混合型，也就是说，他们具有较多的某一气质类型的特点，同时又具有其他气质类型的一些特点。一般来说，抑郁质型得分偏高的人容易产生心理困扰或不适应；而典型的胆汁质-抑郁质混合型的人面临挫折时，可能比其他气质类型的人有更明显、强烈的反应。

(二) 气质类型与职业的关系

气质是人们个性中最稳定的因素，没有好坏之分。气质不仅影响人的工作效率，而且还影响一个人事业的成败。如果能根据个人气质类型选择与其相适应的职业，就更能发挥优势与特长，取得职业生涯中的更大成就。

1. 胆汁质型

胆汁质型的人适合做刺激性强而富有挑战的工作，如导游、节目主持人、推销员、演员、模特等。胆汁质型的人一般不适合做档案管理员、办公室文员等工作。

2. 多血质型

多血质型的人职业选择较广泛，如管理、导游、外交、公安、军官、新闻工作、服务、咨询等。多血质型的人一般不适合做机械重复、细致单调、环境过于安静的工作。

3. 黏液质型

黏液质型的人适合做管理人员、办公室文员、会计、出纳、播音员、法官、调解人员、外科医生等。黏液质型的人一般不适合做富于变化和挑战性大的工作。

4. 抑郁质型

抑郁质型的人适合做打字员、校对员、检查员、化验员、数据登记人员、文字排版人员、机要秘书、保管员、保育员、研究人员等。抑郁质型的人一般不适合做变化多端、大量消耗体力和脑力的工作。

三、个性成熟度与职业的关系

(一) 个性成熟度

个性是指一个人在生活、实践活动中经常表现出来的、比较稳定的、带有一定倾向性的个体心理特征的总和，是一个人区别于其他人的独特的精神面貌和心理特征。个性对于一个人的活动、生活具有直接的影响。个性与职业的匹配程度在职业发展过程中有着重要作用。成熟是个常常与时间、年龄联系在一起的词，但是人的个性却并不一定随着人年龄的增长而自然成熟。相反，有时年龄的增长可能给个性的成熟造成困难，或者是导致个性发生变化，或者使优化变得更加难以实现。相对来讲，个性成熟的人比较善于妥善地处理个人所遇到的各种社会问题，能在职业生涯中有较多的获得感。

(二) 人职匹配与个性成熟度

1. 成熟个性的特征

社会心理学家对个性成熟度与职业的关系进行了广泛的调查和研究，得出了比较一致的认识：具有成熟个性的人是能够最大限度地发挥自己的精神力量，并与环境建立起和谐关系的人。美国心理学家亚伯拉罕·马斯洛挑选了一些被称为"最充分发挥作用"的人进行研究，他发现这些人的个性特征虽然极不相同，但却有某些共同的心理特征，主要表现为以下 12 项。

(1) 在对现实的客观知觉方面，能明确区别已知和未知、事实和对这些事实的意见、事物的本质和表象。

(2) 非利己主义，追求的目标高远，不搞内部摩擦；经常考虑"我对单位能有什么贡献""企业对社会能有什么贡献"。

(3) 不仅能正确地认识自己，还能正确地看待别人和世界。

(4) 能享受孤独与寂寞。

(5) 富有创新精神。

(6) 行为自然，但不打算由于矛盾而简单地破坏常规。

(7) 对部分人常有深情的依恋，不无端地敌视别人。

(8) 看人重实际而不重表面，对那些有优良性格的人抱友好态度，无出身、门第和地位的偏见。

(9) 道德上是明确的，能辨别善恶，其实际行动与其道德认识表现出一致性。

(10) 具有相对摆脱现实环境的独立性。

(11) 能明确意识到目的与手段的区别，既注重目的，也不忽视手段。

(12) 超然于琐碎事物之上，具有广阔的视野与远见，其活动以是否有价值为指南。

这些特征又可分成三个方面：主客体关系特征、主体内部特征和人与人之间关系特征。能客观地观察事物，有较强的工作能力等都属于主客体关系特征；行为自然，能正确看待自己，有独立自由精神等属于主体内部特征；道德明确，非利己主义，不无端敌视别人，无出身、门第和地位的偏见等属于人与人之间关系特征。这三方面的恰当结合，就形成了成熟的个性。

2. 不成熟个性的特征

还有一些心理学家通过相反的观察和研究，归纳了一些不成熟个性的特征。其表现主要有以下 10 项。

(1) 残留着对双亲的依从。

(2) 行为出于利己的动机。

(3) 通常由于胆小而不愿走向社会。

(4) 缺乏独立性、自觉性。

(5) 情绪不稳定，攻击性和逃避性行为偏多。

(6) 为人不可靠，没有责任感，不宽容。

(7) 生活图一时快乐。

(8) 劳动不认真。

(9) 不能正确认识自己与世界。

(10) 不能同别人建立和谐的关系。

这些特征也可以归结为主体内部特征、主客体关系特征、人与人之间关系特征三个方面。不成熟的个性在人生道路上往往会成为巨大的障碍，甚至使人终生平庸，碌碌无为。

四、理解职业心理素质训练

(一) 职业

1. 职业的定义

根据中国职业规划师协会的定义，职业(Occupation)是性质相近的工作的总称，通常指个人服务社会并作为主要生活来源的工作。它在特定的组织内表现为职位，即岗位(Position)。我们在谈某一具体的工作(职业)时，其实也就是在谈某一类职位。每一个职位都会对应着一组任务(Task)，作为任职者的岗位职责，而要完成这些任务就需要这个岗位上的人，即从事这个工作的人具备相应的知识、技能和职业心态等。

2. 职业的性质

(1) 基础性。职业是个人和社会存在和发展的基础，因为职业给人们解决了生活的经济来源问题。人们为了生存，必须从事职业活动，人们的各种社会活动大多都建立在职业的基础上，"衣食足而知荣辱"，有了职业生活，才有了其他一切社会活动的基础。

(2) 广泛性。职业涉及社会的大部分成员，也涉及社会、政治、经济、心理、教育、技术、伦理等许多领域，因而它具有广泛性。

(3) 时代性。职业的时代性有两个含义：一是职业随着时代的变化而变化，一部分新职业产生，替代一部分与社会不相适应的职业；二是每一个社会都有自己的"时尚"，它表现为该社会中人们所热衷的职业。

(4) 同一性。某一类别的职业内部，其劳动条件、工作对象、生产工具、操作内容、人际关系等都是相同或相近的。由于情境的同一，人们就会形成同一的行为模式，有共同语言，容易认同，例如同事、同行。

(5) 差异性。不同的职业之间存在着巨大的差异，这些差异包括职业劳动的内容、职业的社会心理、从业者个人的行为模式等。

(6) 层次性。众多的社会职业可以分为不同的层次。从社会需要看，各种职业没有重要与否，也没有"高低贵贱"的等级，但在现实社会中，人们对不同职业的评价的确存在着差别。这种职业评价的层次性，根源于不同职业的工作复杂程度和所需体力、脑力、付出的不同，以及工作的轻松性、教育资格条件、在工作组织权利结构中的地位、工作的自主权、收入水平、社会声望等方面的差别。不同职业的这些差别，是在社会发展中自然形成的。这种职业层次的差异，为人们提供了公平竞争、自主择业的机会，促进了社会的健康发展。

3. 职业生涯

职业生涯是指一个人从事职业的经历，也可以说是一个人终生的工作经历。职业生涯规划即是在对个人的兴趣、价值观、技能、性格以及经历等方面进行客观具体分析的基础上，结合当前外部人力资源市场、行业、政策等社会整体环境，确定适合自己的最佳职业奋斗目标，并为实现目标采取行之有效的行动。职业生涯目标规划应着眼于一生的发展，然后分别设计十年计划、五年计划、三年计划、一年计划，以及一月、一周、一日的计划。再从一日、一周、一月计划实行下去，直至实现一年计划、三年计划、五年计划、十年计划。

职业心理素质训练与职业生涯有着紧密的联系。国内专家张大均认为："个体职业心理素质的训练不仅仅体现在职业定向时期，即职业教育和专业教育时期，而且延伸到每个人的整个人生发展过程之中，同时心理素质培训的内容也应该被纳入到职业生涯教育之中。"

(二) 职业心理素质

职业心理素质是个体拥有的对职业活动起重要影响的心理品质，是与个体所从事职业相匹配的心理素质的总和。它包括特定职业对其从业者所需心理素质的总和，是特定职业顺利高效实现职业要求的必要保证；同时，职业心理素质也是指个体已经具备的与特定职业有关的心理素质的总和，是评价特定从业者能否顺利完成相应职业的基础。

职业心理素质包括职业意识和职业能力。其中，职业需要、职业价值观、职业道德、职业气质都属于职业意识范畴；职业能力包括知识结构和技能结构。

职业心理素质具有稳定性、基础性、综合性和发展性特征，对职业活动有制约、调节和鉴别功能。

职业心理素质培养是由学校、家庭和社会共同完成的。学校的职业心理素质培养主要有三个方面：一是职业定向时期的职业心理素质培训，包括专业学习过程中培养的职业兴趣、职业意识和职业角色的强化；二是通过专门的职业心理素质训练课程，根据特定职业的要求，开展专门的心理训练活动、个别和团体心理训练及心理咨询等来优化个体的心理素质，提高个体对未来职业的适应程度；三是进行非职业定向的通用心理素质训练和专门技能培训，如心理健康教育、考取驾照、外语学习、第二专业的学习等，以拓宽学生的专业知识面，获取相关的职业技能。

(三) 职业心理素质训练

通用的职业心理素质包括勇于竞争的自信力、经受挫折的容忍力、不断进取的毅力、对待批评的分辨力、行为抉择的自我控制力、环境变异的适应力等，但不同职业和岗位对人的心理品质的要求是有所侧重的。心理素质训练是指有意识地对学生的心理过程与个性心理特征施以影响，以发展学生的心理品质的过程。与此相对应，我们把职业心理训练定义为有意识地对学生的心理过程与个性心理特征施以影响，以发展学生在未来职业中所必需的心理品质的过程。

五、理解职业的相关概念

(一) 职业意识

所谓职业意识，是指人们对职业的认识、意向以及对职业所持的主要观点。职业意识的形成不是突然的，而是经历了一个由幻想到现实、由模糊到清晰、由摇摆到稳定、由远至近的产生和发展过程。它具体表现为：工作积极认真，有责任感，具有基本的职业道德。

职业意识既影响个人的就业和择业方向，又影响整个社会的就业状况。职业意识由就业意识和择业意识构成。就业意识指人们对自己从事的工作和任职角色的看法；择业意识指人们对自己希望从事职业的认识和看法。

职业意识是人们对职业劳动的认识、评价、情感和态度等心理成分的综合反映，是支配和调控全部职业行为和职业活动的调节器，它包括创新意识、竞争意识、协作意识和奉献意识等方面。

职业意识是职业道德、职业操守、职业行为等职业要素的总和，是约定俗成和师承父传的，是用法律法规、行业自律、规章制度、企业条文来体现的。职业意识是每一个人从事一定岗位工作的最基本要求。

(二) 职业道德

1. 职业道德的概念

职业道德的概念有广义和狭义之分。广义的职业道德是指从业人员在职业活动中应该遵循的行为准则，涵盖了从业人员与服务对象、职业与职工、职业与职业之间的关系；狭义的职业道德是指在一定职业活动中应遵循的、体现一定职业特征的、调整一定职业关系的职业行为准则和规范。不同的职业人员在特定的职业活动中形成了特殊的职业关系，包括职业主体与职业服务对象之间的关系、职业团体之间的关系、同一职业团体内部人与人之间的关系，以及职业劳动者、职业团体与国家之间的关系。

2. 职业道德的含义

(1) 职业道德是一种职业规范，得到社会普遍认可。

(2) 职业道德是长期发展形成的。

(3) 职业道德没有确定形式，通常体现为观念、习惯和信念等。

(4) 职业道德基于文化、内心信念和习惯，通过员工的自律来实现。

(5) 职业道德大多没有实质的约束力和强制力。

(6) 职业道德的主要内容是对员工义务的要求。

(7) 职业道德承载着企业文化和企业凝聚力，影响深远。

3. 主要内容及要求

职业道德主要包括以下几方面的内容：忠于职守，乐于奉献；实事求是，不弄虚作假；依法行事，严守秘密；公正透明，服务社会。

(三) 职业理想

1. 职业理想的概念

职业理想是人们在职业设计上，依据社会要求和个人条件确立的奋斗目标，即个人渴望达到的职业境界。它是人们实现个人生活理想、道德理想和社会理想的手段，并受社会理想的制约。

职业理想是人们对职业活动和职业成就的超前反映，与人的职业期待、职业目标、世界观、人生观和价值观密切相关。

2. 职业理想的特点

(1) 差异性。一个人选择什么样的职业，与他的思想品德、知识结构、能力水平、兴趣爱好等都有很大的关系。政治思想觉悟、道德修养水平以及人生观决定着一个人的职业理想方向；知识结构和能力水平决定着一个人职业理想追求的层次；个人的兴趣爱好、气质性格等非智力因素以及性别特征、身体状况等生理特征也影响着一个人的职业选择。因此，职业理想具有一定的个体差异性。

(2) 发展性。一个人的职业理想的内容会因时、因地、因事的不同而变化。随着年龄的增长、社会阅历的增加、知识水平的提高，职业理想会由朦胧变得清晰，由冲动变得理智，由波动变得稳定。因此，职业理想具有一定的发展性。

(3) 时代性。社会的分工和职业的变化是影响一个人职业理想的决定因素。生产力发展的水平、社会实践的深度和广度，都会影响人们的职业追求。职业理想是社会生产方式、职业地位、职业声望在一个人头脑中的集中反映。

3. 职业理想的作用

(1) 导向作用。理想是前进的方向，是心中的目标。人生发展的目标是通过职业理想来确立，并最终通过职业理想的实现来实现的。托尔斯泰曾说过："理想是指路的明灯，没有理想就没有坚定的方向，就没有生活。"同学们在现阶段的学习生活中也已经深切地感受到，一旦学习目标不明确，学习的热情就会日渐消退，学习的效果就不明显。因此，有了明确的、切合实际的职业理想，再经过努力奋斗，人生发展目标必然会实现。

(2) 调节作用。职业理想指导并调整职业活动。当一个人在工作中偏离了理想目标时，职业理想就会发挥纠偏作用，尤其是在实践中遇到困难和阻力时，如果没有职业理想的支撑，人就会心灰意冷、丧失斗志。一个人只有树立了正确的职业理想，无论处在顺境还是逆境，都会奋发进取，勇往直前。

(3) 激励作用。职业理想源于现实又高于现实，它比现实更美好。为使美好的未来和憧憬变成现实，人们会以坚韧不拔的毅力、顽强拼搏的精神和开拓创新的行动为之努力奋斗。周恩来总理 12 岁时就发出"为中华之崛起而读书"的誓言，表达了他伟大的志向。同学们，我们的职业理想是什么呢？我们应该向敬爱的周恩来总理学习，树立崇高的职业理想，并为实现这个目标努力奋斗，创造有意义的人生。

★ 案例链接

旅客回家路上的"守候天使"　　　　　二十大代表风采：大国工匠洪家光

总 结 与 考 核

一、实践日志

日　期		天　气	
主要实践内容：			
体会与感想：			
努力方向：			

二、实践考核(第一周)

	考核内容	分值	本周考核要求	本周自评得分
平时成绩 (80 分)	考勤	5		
	实践过程	5	测试环节等	
	实践表现	10	讨论发言，5 分；完成各项训练，5 分	
	团队实践表现	30	1. 自我激励创作： 语句简短，易念易记；意思清晰；鼓舞人，振奋人 2. 自我激励语表达： 口齿清晰，声音洪亮，抬头挺胸，目视大家	
	长程团队项目个人任务进程监控记录，个人贡献与反思	30		
	本周平时分数合计：			
实践感悟 (20 分)	心理实践或团队项目实践的感悟与能力提升	20		
备　注	1. 平时成绩每课一结，个人自评，组长核查汇总。 2. 平时成绩每课总分 80 分，期末加总求平均数，作为期末成绩，占总成绩的 80%。 3. 实践感悟得分直接计入期末总成绩，占总成绩的 20%			

拓 展 实 践

一、调查问卷

认真完成下列问卷。这些问题的答案可以用于自我理解或规划职业发展，还可作为个人简历的原始文件。

1. 教育

A. 我是从什么时候开始接受教育的?

B. 我感兴趣的主要领域是什么?

C. 什么是或者曾经是我成绩优秀的科目?

D. 什么是或者曾经是我成绩最差的科目?

E. 我参与了哪些课余活动?

F. 我热衷于哪项课余活动？为什么？

2. 工作和职业

A. 我在 16 岁以后曾经从事的工作包括什么？

B. 我喜欢这些工作中的哪些方面？为什么？

C. 我不喜欢这些工作中的哪些方面？为什么？

D. 我所完成的三项最重要的工作成就是什么？

E. 我从主管、同事或者顾客处获得的褒扬是什么？

F. 我收到的批评或建议是什么？

G. 对我而言最理想的工作是什么(给出工作头衔和主要职责)？

3. 对他人的态度

A. 我与什么样的人最能和谐相处？

B. 我与什么样的人最不能和谐相处？

C. 我愿意与他人共同工作或独立工作的时间各是多少？

D. 我和他人最有可能争论的话题是什么？

E. 具有什么样性格的老板最适合我？

4. 对于自我的知觉和态度

A. 我的长处和优点是什么？

B. 我需要提高的领域或期待获得的发展机会是什么？

C. 我所面临的最大挑战是什么？

D. 在生活中，我最满意的是什么？

E. 在生活中，我最不满意的是什么？

F. 我生命中最快乐的时光是什么？是什么导致我如此快乐？

G. 我的核心价值(对我而言最重要的事物)是什么？

H. 我需要怎样做以捍卫我的决心？

5. 工作场所以外的人如何看待我

A. 我所爱的人褒扬我的一句话是什么？

B. 在什么情况下，大部分我所爱的人希望我变化？

C. 我的朋友们最喜欢我的地方是什么？

D. 我的朋友们最不喜欢我的地方是什么？

6. 业余爱好、兴趣和运动方式

A. 我的业余爱好、兴趣、运动方式或者其他消遣是什么？

B. 其中使我最激动的是什么？为什么？

7. 我的未来

A. 我的未来教育或培训计划是什么？

B. 在未来，我喜欢从事的职业或者我喜欢的工作是什么？

C. 在我的事业巅峰，我希望从事的工作是什么？

D. 在未来，我希望继续下去的业余爱好、兴趣和运动项目是什么？

E. 与朋友、家庭、婚姻和伙伴相关的目标或计划是什么？

附加思考题：

请列出上面的问卷没有涉及但对于自我理解有意义的话题。

_____

_____

除了指导语中所提到的那些用途以外，还可以在什么情况下使用这些信息?

_____

_____

如何把这些问题的回答与自我理解联系起来?

_____

_____

二、个人实践任务周进程监控表

任务要求	本周任务执行情况							任务状态
	周一	周二	周三	周四	周五	周六	周日	
职业咨询								
拓展训练								
团队项目	分配的个人任务、要求完成时间、完成情况：				贡献与反思：			
本周其他情况说明								

实践二　团队建设

只有在集体中，个人才能获得全面发展其才能的手段，也就是说，只有在集体中才可能有个人自由。

——《马克思恩格斯选集》

每个人应该遵守生之法则，把个人的命运联系在民族的命运上，将个人的生存放在群体的生存里。

——巴金

实　践　目　标

(1) 满足个体的归属感、安全感、自尊感和爱的需要。

(2) 引导大家了解他人、欣赏他人，进而能探索他人与自我的关系，发展出良好有效的社会行为。

(3) 引导大家自我探索，增进自我了解，加强自我肯定，发展良好的自我概念。

(4) 梳理团队成员的情感思想，帮助团队成员评估、修正和改进个人价值观。

(5) 了解个人能力与个人抱负的关系，并能考虑以后职业所要具备的相关知识和能力。在职业选择方面，考虑自己的需要、兴趣、能力与机会，制订目标、计划，并付诸行动。

(6) 发挥团队的后续功能，让大家从同伴的经验分享互动中得到温暖与支持。

(7) 鉴别需要特别给予援助的队员。

实践内容简述

通过活动一或活动二完成团队组建，促使成员相互熟悉、了解；通过活动三或活动四使团队成员之间的联结进一步深入，并引领团队成员进一步了解自我，发展自我概念；通过拓展实践让团队成员明了个人兴趣、人格特质等与目标职业的关联性，找到当下突破点；最后，由团队成员协商确定团队长期项目，并梳理个体目标与团队目标的关联性，为后续团队长期项目的开展做好准备。

综 合 实 践

活动一　组建小队，携手向前

1. 活动目标

(1) 引发个体参与团队活动的兴趣。

(2) 了解团队活动的目的、内容及进行方式。

(3) 了解团队相关规则、奖惩办法。

(4) 打破常规，体悟变化的常态。

(5) 认识并接纳团队伙伴。

(6) 与团队成员建立好的联结。

(7) 与自己的梦想和家人的期许联结。

2. 活动准备

(1) 穿着适合活动的衣服，不穿紧身裤、裙子，不穿皮鞋、高跟鞋，不佩戴首饰。

(2) 准备大张海报纸、若干张 A4 纸、2～5 把剪刀。注意剪刀数量要少于团队数量，让大家体会资源共享或创造性发挥。

3. 活动内容

具体的活动内容及步骤如下：

1) 亮明团队建设基本规则

(1) 团队成员的语言要采用亲切、明确的表达，比如"我喜欢你的幽默，但请不要嘲笑我，否则我会伤心""请不要恶意批评别人"。

(2) 违规需给予适当"惩罚"。

2) 团队活动过程中使用积分制鼓励大家更好地参与

(1) 用海报纸绘制图表记录成员的出席状况，结束时积分按比例计入总成绩。

(2) 每次团队活动结束，团队成员相互评选出表现最佳者，予以积分鼓励。

3) 组建团队

在大家清楚了解本活动的目标、内容后建立团队。下面列出两个方法，可以任选其一，也可以创新。

方法一：

(1) 确定团队数量。依据班级实际情况确定团队数量，每个团队 8～12 人。

(2) 确定团队队长。要求在 2～4 分钟内毛遂自荐，锻炼当仁不让、敢于担当的勇气。

(3) 队长招募成员。队长宣讲，招募志趣相投的组员。

方法二：打破班内已经固化的小组模式建立新团队。在组建团队过程中，大家通常会根据自己的生活圈、学习圈组队，这样容易将固定的相处模式、认知、态度等带入团队中，不利于团队建设。要打破固有模式重新组队，让同学们体悟变化的常态性，可以采取以下办法：

(1) 准备好阄。依据宿舍数量确定阄的组数，每组 8 个阄，8 个阄上分别写 1～8 的数字。

(2) 抓阄组建团队。以宿舍为单位领取事先准备好的阄并请宿舍成员抓取，数字相同的同学一队。

(3) 各团队推选队长。

4) 团队热身

接下来小组团队要共进退，一起完成本课程的所有任务。首先安排一个热身活动——钻洞。

(1) 讲明活动要求。以团队为单位，用一张 A4 纸剪出一个可以钻进一个人的圈，先是一个人钻进去，然后整个团队的人都钻进去。看哪个团队能够齐心协力完成这项任务。活动期间可以有"间谍"相互窥探讯息。

(2) 领取纸张和剪刀。此时会有行动慢或位置不好的团队领取不到剪刀，观察其后续行为，并在课堂小结时点评。

5) 好的联结——名字诗

(1) 讲明活动要求。请用团队成员名字中的字或谐音字组成一首怡情怡景、有美好象征意义的诗。

(2) 团队集体作诗。

(3) 以团队为单位，团队成员分别分享自己的名字在诗中的含义、以此产生的与诗的联系感、与团队的联结感以及作诗的过程及感受。

(4) 提振信心，激发高远。通过诗句激发同学们对美好的向往，唤醒同学们对梦想的追求，并请结合实际情况，设计实现梦想的路径。

首先通过创作诗句提振队员的自信心。这么美丽高远的诗出自你我之手，让人诧异吗？不是只有才子佳人才会吟诗作赋吗？我们真的能行吗？向被催眠的自我认识发出挑战，让大家看到自己的潜能，叩问自己行不行。行与不行之间差个纸老虎，大家是否能踏过纸老虎前行？

然后利用诗句激发同学们的情怀。每个人的名字在出生时都被赋予了美好含义。大家知道吗？你的梦想还记得吗？谈梦想很空吗？实现很难吗？它与现实的联结点在哪里？

通过名字还能看到长辈对自己的期许。功名？利禄？它的背后是什么？放牛娃吗？是不是你好、我好、大家好？是不是家好、单位好、国家好？是不是国家好、周边好、世界好？是不是世界好、周边好、国家好、单位好、家好、我好？现阶段的社会主要矛盾是人民日益增长的美好生活需要和不平衡不充分的发展之间的矛盾。我们呢？我们对生活的美好向往是什么？怎样实现呢？

6）确定团队名称

各团队在课下以团队会议的形式讨论，确定有特色、有积极寓意的团队名称，确定后上报。

7）确定团队项目

要求每个团队利用 10 周的时间一起完成一件大事。它可以是一个公益实践，可以是一个商业计划，可以是任何一件有意义的事。要求各团队成员在这个项目中实现自己的近期目标，迈出实现远大梦想的第一步。建议首先通过拓展实践明了自己的喜好、兴趣、人格特质等与职业的关系，找到目前的突破点；然后与队友协商确定团队项目，梳理个体目标与团队目标的关系。每一个团队都必须确立明确又独特的目标，且个人目标也要在团队中实现。例如，团队计划成立一个销售运营团队，而我的个人中期目标是进入北京局工作，两个目标看似毫不相关，但要实现这两个目标，归根到底都需要提高认知能力和自信，那么我就可以在这个销售运营团队中找到一个提升认知能力、提高自信力的工作位置，达到个体目标和团队目标的契合。各团队在课下以团队会议的形式讨论，确定后上报。

4. 体验分享

请同学们把关注到、认知到的新视角、新知识分享给大家。

5. 活动总结

今天大家主要了解了团队的组建和团队活动的进行方式。

通过名字诗让自己与团队队员之间建立了美好联结；通过名字看到了长辈对自己的期许，激发了心中对美好的向往，唤醒大家对梦想的追求，带领大家往更高远的地方看，叩问大家最初的梦想难道是名、利、禄吗？让大家澄清生命的价值并开始探索人生哲学。

现在大家的团队好比被一条易断的纸维系在一起，接下来的课程中，我们要把这个维系纽带练就得更加结实，让大家联结得更紧密，在一起更有意义。

活动二　相　见　欢

1. 活动目标

(1) 引发个人参与团队活动的兴趣。

(2) 认识并接纳团队的伙伴。

(3) 了解团队活动的目的、内容及进行方式。

2. 活动准备

材料准备：彩纸、硬纸板、胶水、海报纸、笔等。

3. 活动内容

具体的活动内容及步骤如下：

(1) 队长发言，致欢迎词。

(2) 最佳搭档实践。

① 将彩纸裁成正方形、三角形或圆形等，再将其各截成两半。

② 让成员自由抽取已截好的彩纸，并找到拿着与自己同一形状另一半彩纸的成员。

③ 完成组合后，将彩纸贴在硬纸板上，并在纸上写上两个人的名字。

④ 两个人任意交谈五分钟，并交换重要的个人资料。

⑤ 每一对搭档轮流在团队中互相介绍对方，使团队中每一个人都能更了解其他成员。

(3) 队长说明团队活动的目的、内容及进行方式，并回答成员对团队的疑问。

(4) 建立团队规范。队长请成员谈谈今天团队中有哪些行为阻碍了团队活动的进行，如发呆、与人聊天、打断别人的话、不理别人等。对此应该有何规定使这些行为不会再出现？团队活动如何才能进行得更顺利？队长就成员所提意见进行综合归纳，请成员写在海报纸上。

(5) 请成员分享第一次参加团队活动的感受。

(6) 队长整理今日团队活动内容，并宣布课下团队活动重点及作业。

4. 体验分享

请同学们把关注到、认知到的新视角、新知识分享给大家。

5. 活动总结

大家对参与团队活动最大的兴趣点在哪儿？课程在哪些方面能帮到你？对伙伴的感觉怎样？

活动三　爱的路上我和你

1. 活动目标

(1) 增进成员对人际关系合作、信任、领导与被领导等方面的了解。

(2) 促进成员的互动与信任感。

(3) 加强团队的凝聚力与信任感。

2. 活动准备

材料准备：报纸、手帕、两种花色的扑克牌。

3. 活动内容

具体的活动内容及步骤如下：

1) 汪洋中的一条船

(1) 队长在地上放两张大小不一样的报纸，一张足够大，一张较小。大报纸代表的是汪洋中的邮轮，小纸代表救生艇。团队成员本在邮轮上，现在邮轮遇到事故，无论用什么方式，每个人都应跳上救生艇，否则就算溺死。

汪洋中的一条船

(2) 由成员合作完成任务。

(3) 分享活动过程的感受，并邀请"生还者"及"溺死者"分述心得。

2) "盲人"走路游戏

(1) 成员抽取一张扑克牌，并找到同号码者成为一组。

(2) 队长说明规则：两组中的一组先被布条蒙上眼睛，由另一组同学自行选取对象，一对一带领。两个人不可以说话，也不能让蒙上眼睛者去经历周围环境，可以离开活动室，但必须注意安全，注意在整个过程中体会带领别人与被人带领的方式与感受。

(3) 一组成员蒙上眼睛，一组成员选择同伴。

(4) 开始实践，限时五分钟。

(5) 五分钟后，全体成员回来，两人一组互相分享感受。

(6) 小组回到团队和团队成员进行分享。

(7) 两组角色互换，重复进行上述实践。

实践结束后，队长整理今日团队活动的心得。

进行活动时必须注意安全。

4. 体验分享

请同学们把关注到、认知到的新视角、新知识分享给大家。

5. 活动总结

人多智慧多，能让不可能变成可能。队友能弥补自己某方面的不足，让大家一起前行。与队员之间心意相通、劲往一处用的体会怎样？这个时候沟通起来是不是更加容易？请大家来总结。

活动四　魔　镜

1. 活动目标

(1) 在观察别人中了解自我。

(2) 从别人的回馈中肯定自我。

2. 活动准备

材料准备：纸、笔。

3. 活动内容

具体的活动内容及步骤如下：

(1) "镜中人"实践：两人一组，对坐或对站，一为"主"，二为"影"，"影"模拟"主"；之后，角色互换。

优点大轰炸

(2) 分享"镜中人"的活动心得。

(3) 优点轰炸实践。

① 请每位成员先用纸笔写出自己的三项优点。

② 请一位成员站至团队中央，其他成员轮流说出他的三项优点。

③ 每位成员轮流被"轰炸"。

④ 每位成员比较自己与别人的回馈，并分享心得。

(4) 队长引导成员了解自我肯定的重要性，说明自我肯定的方法。

4. 体验分享

请同学们把关注到、认知到的新视角、新知识分享给大家。

5. 活动总结

原来我们自己有那么多优点，有的自己都不知道，同学们却看到还记在了心里，而其他同学的优点也那么多……继续寻找你、我、他的优点吧。

知 识 链 接

一、团队的概念

社会心理学家库尔特·勒温从团队动力学的角度认为，不管团队的大小、结构以及实践如何，所有团队都需要建立在其成员彼此互动的基础上。心理学家杰拉德·科里将团队理解为具有目标、内容、架构、过程及评估等要素的一群人所形成的集合体。美国学者约翰逊这样定义团队：两个或更多的人的面对面互动，每个人都意识到自己是团队的成员，每个人都意识到自己属于团队的其他人，每个人也意识到，在努力实现共同目标的过程中他们之间积极地相互依赖。

在心理辅导领域，团队是指在一定的目标引导下，通过成员之间的互动满足成员一定的心理需求的组织。具体可以从以下四个方面来理解。

1. 团队是一种有序的组织

团队并不是一群人的简单组合，而是具有一定组织结构的共同体。在大部分团队中，成员之间的关系是稳定且有序的。团队的组织性取决于团队角色、团队规范和成员间关系这三个基本要素。每个成员在团队中都扮演着一定的角色，如队长、追随者、沉默者、攻击者等。团队规范则是成员都必须遵守的行为准则，它保证了团队目标和团队利益的实现。团队成员之间的关系是一种人际关系，实质上是其心理关系的反映，它对团队功能与效率产生直接或间接的巨大影响，例如，成员间的关系是紧密型的还是松散型的，是专制型的还是民主型的。

2. 团队必须有一个共同的目标

团队通常是为了一定的目标而存在的。成员聚集在一起来完成他们独自一人时没有办法完成的某种工作。在团队实现其目标的过程中，成员共同解决问题、分享观念、切磋技艺、创造生产、寻找乐趣以及满足个人的归属感、安全感、自尊感和爱的需要。

3. 团队成员之间具有互动性

团队成员借助于语言、非语言方式相互交流和分享彼此的感受。互动是团队达成目标的重要条件，它促成了个人对自己和他人的觉察，并从中学习、支持、反馈而实现自我成长。

4. 团队具有整体感

团队中的每个成员都应认为自己是团队的一分子，要与团队休戚相关、荣辱与共。团队不是个体的简单集合，而是成员之间互相依存的共同体。

二、团队形成之前的任务

1. 团队队长的任务

心理学家杰拉德·科里曾说："如果队长希望能成功地带领一个团队，就需要花一定的时间来计划它，做好充分与必要的准备工作。依我的看法，计划应该始于团队草案的撰写。"

在一个团队形成之前，团队队长需要完成的主要任务包括：

(1) 制订一个明确的书面计划，以建构一个有目的性的团队。

(2) 向有关权威人士提交这份计划，得到认可与支持。

(3) 公告这个团队，以便向团队成员提供较多的信息。

(4) 团队实践前完成筛选和准备的工作。

(5) 针对团队成员的选择作出决定。

(6) 认真思考团队实践所必需的实务细节。

(7) 如果有必要，必须征求当事人的同意。

(8) 为团队领导工作做好心理准备，并会晤协同队长。

(9) 安排一次预备性团队实践，说明团队的基本规则，使成员为参加这个团队做好准备。

(10) 为做好万全准备，与团队成员讨论团队实践可能的风险。

2. 团队成员的任务

在加入一个团队之前，团队成员需要具备必要的知识，判断这个团队是否适合自己，最终决定是否要加入这个团队。成员在团队形成之前需要搞清楚以下问题：

(1) 团队成员要了解一个团队可能对他们产生的影响。

(2) 团队成员要了解团队队长，确定这个队长所领导的团队在此时此刻是否适合自己。

(3) 团队成员需要作出是否加入该团队的决定。

(4) 团队成员要思考他们想要从团队中获得什么，怎样在团队中达成他们的目标，从而使自己为未来的团队做好准备。如果团队成员出现以下情况，很可能会产生各种问题，具体包括：① 被迫加入一个团队；② 没有获得关于该团队性质的必要信息；③ 对他们希望从这个团队中所得到的东西没有什么期待。

三、团队形成之前的计划拟定

在组建一个团队之前需要认真思考如下问题：谁带领这个团队？团队的规模如何？团队是封闭式的，还是开放式的？每次团队聚会的时间是多长？团队实践的场所选在哪里？

团队要招募哪些成员？招募成员的方法有哪些？团队聚会的次数是多少？团队聚会的具体时间安排如何？

1. 谁带领团队

扮演助人、督导角色的人可能会希望带领团队。学习如何带领团队是很有价值的，你愿意带领团队吗？

2. 团队规模

团队规模会直接影响到团队动力，队长要谨慎地选择团队规模。通常决定团队规模的因素包括：团队性质、团队目标、每次团队聚会时间、团队实践场所和队长的经验。一般来说，讨论团队为 5～8 人，自我成长团队和支持团队为 3～12 人。

3. 开放式或封闭式团队

队长在组建团队时需要考虑团队是开放式的还是封闭式的。所谓封闭式团队，是指团队组建后不再接受新成员，这种团队有时间限制，以目标为导向；开放式团队则是可以周期性地允许新成员不断加入和旧成员自愿离开。队长可以根据团队目标、团队性质以及成员特点来决定采用哪种方式。

4. 每次团队聚会时间

每次团队聚会的时间要足够，使成员感到能投入团队之中。如果团队聚会时间过短，会让成员感到没有时间和机会学到更多知识。一般任务团队每次聚会时间为 60～120 分钟；支持团队或自我成长团队每次聚会时间为 90～180 分钟。

5. 聚会场所的选择与布置

队长必须考虑团队聚会场所的适合性，这包括：

(1) 场所的便利性和安静性。最好做到方便成员聚集，尽力保证这个场所在团队聚会时无关人等不能随便入内。

(2) 聚会场所的舒适性。队长要注意房间是否舒适，装饰、灯光、椅子的安排是否合理。一般来说，最好不要用到桌子，以避免造成成员之间的障碍，但教育团队和任务团队可以例外。

(3) 依据团队规模和团队目标来布置座位安排。小团队通常选择钻石形、圆形、U 形、八角形或枫叶形；大团队可采用扇形、小半圆形、大半圆形或圆形。总之，座位安排要尽量考虑便于成员分享以及增加团队的亲密性。

6. 团队聚会次数

团队需要一定次数的聚会。例如，自信心团队、自我成长团队通常都有固定的聚会次数。确定团队聚会次数时，需要考虑的因素包括成员的需要、队长的时间、学校学期的长度、团队目标、团队性质以及团队所要涵盖的教育资讯的多少等。

7. 团队聚会的频率与时间段

队长需要考虑团队在一天中的哪个时间段聚会以及聚会的频率。一般来说，团队聚会的时间安排要考虑成员的日程表，最好不要与成员的其他实践相冲突。如果团队聚会安排在学校等场所，队长在安排团队聚会时间时必须将团队实践对成员每天作息的干扰减少到最小。例如，在学校中，最佳做法是使团队每次聚会的时间都不一样；白天有工作的成员构成的团队的聚会时间可安排到傍晚。队长的时间表也要考虑。

队长要确定团队聚会的频率，保证团队聚会有适当的间隔时间，避免因聚会太频繁或次数太少而影响团队目标的达成。一般来说，要综合考虑团队的性质、目标、队长与成员的时间等因素。例如，有些团队实践是每周一次或两次，有些团队实践是双周一次，而有些团队实践则是每月一次。

8. 对非自愿成员所组成的团队的应对策略

如果必须要带领一个由非自愿成员组成的团队，就需要有计划地去应对、调适这些成员的负面态度。正如心理学家杰拉德·科里指出的："成员对参加团队所抱持的消极态度经常会被解释成队长没有能力使这些成员投入团队，队长在带领非自愿的成员所组成的团队时，在团队实践进行过程中必须先假设成员会产生负面的态度，第一次团队实践如果进行得很好，一些非自愿的成员将会改变其负面的态度。"因此，在团队实践计划中，队长需要事先设计好合适的应对策略。

关于队长在首次团队聚会时面对非自愿成员时的说明，本书专门为大家准备了具体案例(见案例一)。

9. 团队契约的签订

团队契约，是指经过友好协商而在团队队长与成员之间达成的心理和行为的约定。签订契约的目的在于更有效地实现团队目标。团队契约明确了团队成员的权利和责任以及在团队之中要遵守的规则。

团队契约的内容应该包括：

(1) 团队设立的目的以及团队是因何而设的。

(2) 个别成员的目标和希望在团队中获得的一些东西，要与团队整体目标相匹配。

(3) 团队运作的方法。

(4) 团队聚会的时间、地点、次数。

(5) 有关团队守则、奖励与惩罚细则。

(6) 要求成员对团队有投入感，包括准时到会、不能无故缺席、帮助其他成员等。

(7) 保密性原则与措施。

(8) 个别成员若有需要时能否单独约见团队队长。

(9) 团队与机构(如学校各部门)的关系、团队成员的参与情况和实践的范围等。

为了使大家了解团队契约签订的具体问题，用一个团队契约书的案例来说明(见案例二)。

四、每次团队聚会计划的拟订

1. 首先要明确的问题

能否计划有效的团队聚会，将直接影响带领团队的效率。一般来说，在计划团队的每次聚会时要慎重考虑这些问题：

(1) 这次团队聚会的性质是什么？

(2) 欲实现的目标是什么？

(3) 将选择什么主题？

(4) 将安排哪些实践？

(5) 每个团队实践所占用的时间是多少？

(6) 这是第几次聚会？

(7) 将使用什么形式？

(8) 将会出现哪些可能的问题？

(9) 应对这些可能问题的备选策略有哪些？

(10) 这个计划具有变通性吗？

2. 设计团队实践的原则

(1) 充分考虑到成员的特性，如性别、表达能力、职业偏好等。一般而言，我们倾向于动态性实践设计与静态性实践设计相结合；肢体性实践与分享性实践相结合；多元化实践设计与情感性、支持性实践设计相结合；认知性、学习性实践设计与技能性、实践性实践设计相结合；催化性实践设计与多元化实践设计相结合。

(2) 实践要基于成员的需要、团队目标和预期结果。

(3) 团队实践应该是我们能力范围所及的。

(4) 实践时实践的名称不一定要强调。

(5) 实践要顾及成员的具体情况。

(6) 实践要兼顾场地的适合性。

(7) 实践应保证全体成员的参与机会。

(8) 实践要容许成员决定他们的参与度。

(9) 实践要考虑到团队的时间限制。

3. 团队聚会计划示例

本书为大家准备了两种不同性质的单次团队聚会计划示例(见第三、四个案例)。

★ 案例链接

队长在首次团队聚会时面对非自愿成员的说明	团队契约书	学生交友困难支持团队的聚会计划

学生适应团队实践书面计划	帮助学生克服焦虑情绪的团队咨询计划

总 结 与 考 核

一、实践日志

日 期		天 气	
主要实践内容：			
体会与感想：			
努力方向：			

二、实践考核(第二周)

考核内容		分值	本周考核要求	本周自评得分
平时成绩 (80 分)	考勤	5 分		
	实践过程	5 分	1. 成立团队，完成团队最初组建，成员间相互熟悉、了解，建立联结，1 分； 2. 理解并着手自主命题的项目，1 分； 3. 实践中进一步建立团队成员之间的联结，自我了解，1 分； 4. 通过拓展实践明了自己的喜好、兴趣、人格特质等与职业的联结，找到自己目前的突破点，并与团队其他成员协商确定团队项目，统整个人目标与团队目标的关系，2 分	

考核内容		分值	本周考核要求	本周自评得分
平时成绩 (80分)	实践表现	10分	1. 倾听与理解的程度，2分； 2. 对自我的认知程度，2分； 3. 对职业的理解程度，2分； 4. 融入团队的程度，2分； 5. 对自我修正的目标的明确程度，2分	
	团队实践表现	30分	指令完成情况： 1. 组队情况，5分； 2. 实践情况，5分； 3. 项目确定情况，10分； 4. 后续进展计划，10分	
	长程团队项目个人任务进程监控记录，个人贡献与反思	30分	1. 团队中个人要实现的目标，10分； 2. 个人目标与团队目标的统整程度，10分； 3. 个人的自我修正和改进目标计划，5分； 4. 个人能支持团队的，团队支持到个人的，5分	
	本周平时分数合计：			
实践感悟 (20分)	心理实践或团队实践项目的感悟与能力提升	20分		
备　注	1. 平时成绩每课一结，个人自评，队长核查汇总。 2. 平时成绩每课总分80分，期末加总求平均数作为期末成绩，占总成绩的80%。 3. 实践感悟得分直接计入期末总成绩，占总成绩的20%			

拓 展 实 践

一、实践内容

（一）"福尔摩斯"

(1) 将成员分成三组或四组，并准备好纸和笔。

(2) 请成员填写"我喜欢的休闲实践"问卷，并与组内同伴分享自己感兴趣和不感兴趣的事物与休闲实践。

(3) 组内成员分配工作，分派访问其他组组员，了解其感兴趣与不感兴趣的事物；再召集全组，交换搜集到的资料。

(4) 每组派出一位"福尔摩斯"到室外去，在室内成员中指定一人为谜底。"福尔摩斯"们进来后，只可询问有关谜底人选的兴趣方面的问题，成员只能回答"是"或"不是"，并要在十个问题内猜出答案，看哪组的"福尔摩斯"先猜到。队长分别计分。

(5) 请每位成员分享他认为最重要的兴趣，其他成员给予回馈。

(6) 队长归纳：每个人的兴趣都有所不同，要学会尊重别人的兴趣。

(7) 给各组两分钟时间，讨论兴趣与职业的问题。例如，喜欢运动的人可从事哪些职业？

(8) 成员绕圈自我报告，计算得分。

(9) 队长计算这次团队得分最高的组别，并给予鼓励。

(10) 请你从自己感兴趣的事联想可能从事的职业，完成"职业兴趣"测试。

(11) 队长说明兴趣与职业的关系，鼓励成员深入了解自己的兴趣，并从职业方向来培养各种兴趣。

(12) 分享：请同学们把关注到、认知到的新视角、新知识分享给大家。

(13) 总结：每个人的兴趣都有所不同，我们要学会尊重别人的兴趣；说明兴趣与职业的关系，鼓励大家深入了解自己的兴趣，并从相关方面来培养自己的各种兴趣。

"我喜欢的休闲实践"问卷

请对下列的休闲实践项目加以选择。喜欢的打"√"，不喜欢的打"×"，无所谓喜欢或不喜欢的不作任何记号。

( )滑草	( )射箭	( )跳伞	( )打扮
( )跳绳	( )溜冰	( )慢跑	( )阅读
( )跳水	( )游泳	( )骑马	( )登山
( )烹饪	( )武术	( )绘画	( )写作
( )摄影	( )唱歌	( )散步	( )集邮
( )旅游	( )聊天	( )泡茶	( )钓鱼
( )打牌	( )跳舞	( )看视频	( )学乐器
( )做实验	( )学数学	( )赏花鸟	( )下馆子
( )学书法	( )做家务	( )做木工	( )看电影
( )放风筝	( )看电视	( )猜谜语	( )打弹珠
( )打球	( )森林浴	( )打电话	( )溜滑板
( )日光浴	( )比臂力	( )踢毽子	( )骑脚踏车
( )做体操	( )玩飞盘	( )园艺实践	( )水上运动
( )球类运动	( )田径运动	( )去游乐场	( )整理庭院
( )郊游烤肉	( )拜访亲友	( )棋类实践	( )文艺实践
( )养小动物	( )学习民俗技艺	( )做陶艺	( )参观展览
( )学做手工艺品	( )参加戏剧实践	( )玩遥控飞机	
( )打电子游戏	( )其他(请注明)		

请在打"√"的项目中，再选出五项你最喜欢的休闲实践，依次将名称填写在下面的格子中。

最喜欢的五项休闲实践				

"职业兴趣"测试

说明：

(1) 该测试的目的在于了解你的兴趣，以便帮助你将来选择适当的职业。

(2) 作答的方法很简单，只要在职业名称后"是"或"否"的方格里，填写"√"记号即可。每一种职业都要作出相应选择。

(3) 该测试与学业成绩或品格无关，请按照自己真正的意愿作答。

职业名称	是	否	职业名称	是	否
1. 飞行员			23. 校长		
2. 秘书			24. 发电厂操作员		
3. 侦探			25. 天文学家		
4. 邮政人员			26. 预算审核员		
5. 电子技师			27. 音乐家		
6. 摄影师			28. 起重机操作员		
7. 飞机修护员			29. 管道工		
8. 气象学家			30. 航空设计师		
9. 宇航员			31. 语言矫治专家		
10. 记账员			32. 交通业经理		
11. 诗人			33. 制造商代理		
12. 报社编辑			34. 作家		
13. 幼儿园老师			35. 消防员		
14. 律师			36. 军官		
15. 生物学家			37. 室内装潢师		
16. 中学教师			38. 小说家		
17. 质检员			39. 人类学家		
18. 采货员			40. 婚姻咨询员		
19. 乐队指挥			41. 统计人员		
20. 建筑物拆除工			42. 家电制造商		
21. 医生			43. 商业艺术家		
22. 小学教师			44. 外交官		

续表

职业名称	是	否	职业名称	是	否
45. 政府官员			82. 工厂领导		
46. 雕刻家			83. 工具设计师		
47. 汽车技工			84. 地质学家		
48. 测量员			85. 督学		
49. 动物学家			86. 经济分析学家		
50. 体育教师			87. 不动产经纪人		
51. 速记员			88. 作曲家		
52. 旅馆经理			89. 人像艺术家		
53. 运动选手			90. 机械师		
54. 木匠			91. 火车工程师		
55. 工程监理员			92. 植物学家		
56. 化学家			93. 生活辅导员		
57. 游乐场指导员			94. 物价估计员		
58. 出纳员			95. 工商顾问		
59. 商业经理			96. 戏剧指导		
60. 银行职员			97. 制图员		
61. 电台播报员			98. 法官		
62. 科学家			99. 精神科看护		
63. 心理学家			100. 职业拳师		
64. 税赋专家			101. 剧本作家		
65. 餐馆服务员			102. 童装设计师		
66. 艺术品商人			103. 货车司机		
67. 裁判员			104. 电器技工		
68. 加油站服务员			105. 物理学家		
69. 社会科学教师			106. 职业辅导员		
70. 司仪			107. 银行审计员		
71. 爆破员			108. 漫画家		
72. 英语老师			109. 社会工作者		
73. 销售经理			110. 锁匠		
74. 树木修剪员			111. 殡仪师		
75. 科学杂志编辑			112. 运货员		
76. 福利机构主任			113. 保险经纪人		
77. 电脑设备操作员			114. 理发师		
78. 旅游推销员			115. 收账员		
79. 网络运营商			116. 探险家		
80. 检察官			117. 火车司机		
81. 学校教师			118. 乐谱改编者		

职业兴趣类型及题目如下(回答"是"记1分,回答"否"不记分):

现实型 R(Realistic):3,7,20,24,28,29,35,42,47,48,54,55,68,71,74,81,90,97,100,103,104,110,114,117。

研究型 I(Investigative):1,5,8,15,17,21,25,30,39,49,51,56,62,83,84,91,92,105,116。

艺术型 A(Artistic):6,11,12,19,27,34,37,38,43,46,72,75,79,88,89,96,101,102,108,118。

社会型 S(Social):9,13,16,22,23,31,40,50,53,57,63,67,69,76,82,85,93,106,109,114。

企业型 E(Enterprising):14,18,33,36,42,44,45,52,59,60,65,66,70,73,78,80,87,95,98,99,113。

传统型 C(Conventional):2,4,10,26,32,41,51,58,61,64,77,86,94,107,111,112,115。

将得分统计填入下表,通过分值可看出测试者对职业类型的倾向性。

职业兴趣类型	R	I	A	S	E	C
得分统计						

(二) 大拍卖

提前准备"大拍卖项目单",并作好工作价值衡量。

(1) "闪亮的节奏"实践。团队成员围圈站立,队长播放热门音乐,由队长示范简单的四肢动作,其他成员跟着做一样的动作;之后,成员依序带领动作(约两个八拍),其他人跟着做。

(2) "大拍卖"游戏。队长发给成员"大拍卖项目单",并说明规则:一会儿要拍卖项目单上的东西,每个成员都有100万元,每件东西最低价为1万元,每次加价不得低于1000元,并举例示范。之后,成员分享所得与所失,队长解释所拍卖物品的价值意义,说明价值观经常影响我们的决定,必须先了解自己所看重的价值,才不会作出令人后悔的决定。

大拍卖项目单

(1) 学到一技之长(专业地位、成就)	(6) 书、录音带(知识)
(2) 做一个有创新能力的人(品质)	(7) 帮助残障人士(社会服务)
(3) 成为指挥100人的老板(领导)	(8) 身心健康(健康)
(4) 与你喜欢的人朝夕相处(情感)	(9) 拥有早出晚归的工作(生活形态)
(5) 环游世界(休闲)	(10) 拥有相处和谐的工作伙伴(人际)

(3) 填写"工作价值衡量表"。① 将表发给成员。② 解释表中所列名词之意义。③ 讨论几项职业的工作价值。④ 圈出表内重要的部分。⑤ 根据兴趣、人格特质及工作价值等内容，请成员在表中写下四种最想从事的工作，并衡量其工作价值。⑥ 帮助成员整理出最想从事的工作，以及未来可能的生活形态。⑦ 队长总结。

工作价值衡量表

吸引你的原因		重要性			我未来想从事的职业				吸引你的原因		重要性			我未来想从事的职业			
					1	2	3	4						1	2	3	4
工作报酬	能力提升快	3	2	1					工作环境	室内	3	2	1				
	管理权力大	3	2	1						室外	3	2	1				
	社会地位高	3	2	1						跟人接触	3	2	1				
	福利制度好	3	2	1						跟机器接触	3	2	1				
	待遇高	3	2	1						舒适	3	2	1				
工作内容	压力小	3	2	1					休闲时间	时间不固定	3	2	1				
	变化多	3	2	1						工作时间少	3	2	1				
	有挑战性	3	2	1					人际关系	伙伴好相处	3	2	1				
	有创造机会	3	2	1						上司好相处	3	2	1				
	能独立作业	3	2	1					工作地点	可常回家	3	2	1				
	社会服务	3	2	1						须住宿舍	3	2	1				
	领导性	3	2	1													
	流动性	3	2	1													
	常需进修	3	2	1													

(4) 分享。请同学们把关注到、认知到的新视角、新知识分享给大家。

(5) 总结。当我们看到自我价值、看到自己向往工作的工作价值时，内心波动了吗？(如何让自己更有价值呢？也许更多的行为练习会帮我们找到答案。)

二、个人实践任务周进程监控表

个人实践任务周进程监控表

任务要求	本周任务执行情况							任务状态
	周一	周二	周三	周四	周五	周六	周日	
明了自己的喜好、兴趣、人格特质等								
分析人格特质与职业发展的关系								
了解梦想中职业对人才的要求								
找到自己目前的突破点								
与团队其他成员协商确定团队项目								
平衡个人目标与团队目标的关系								
团队项目	分配的个人任务、要求完成时间、完成情况：				贡献与反思：			
本周其他情况说明								

实践三 有效沟通

谈话，和作文一样，有主题，有腹稿，有层次，有头尾，不可语无伦次。

——梁实秋

沉默是一种处世哲学，用得好时，又是一种艺术。

——朱自清

实 践 目 标

(1) 充分体会并感悟沟通的重要性。
(2) 养成乐于沟通和敢于敞开心扉与人沟通的习惯。
(3) 掌握沟通方法、策略和技巧，锻炼高效沟通的能力。

实践内容简述

在相互配合、共同完成活动任务的过程中体会沟通的重要性，掌握听、说等方面的沟通技巧，提高沟通能力。分享如何才能让沟通更顺畅、更高效。掌握职场中与领导、同事沟通的技巧及方法。

综 合 实 践

活动一 "撕纸"游戏

1. 活动目标

体会单向沟通和双向沟通这两种沟通方式的特点和差异，认识到在沟通过程中抓住关键信息是重点。

2. 活动准备

材料准备：A4 纸(保证每人两张)。

3. 活动内容

具体的活动内容及步骤如下：

(1) 教师给学生每人发一张 A4 纸，要求他们按照指令去做，在这个过程中任何学生都不能发出声音(可以要求学生闭上眼睛)。

(2) 教师引导学生将纸对折一下，然后再对折一下，在右上角撕去一个角，然后转动180°，再将手中所拿纸的左上角撕去，然后把纸打开。

(3) 教师再发给所有学生每人一张 A4 纸，重复一遍上面的指令，只不过这次允许学生在做的过程中向教师提出自己的一些疑问及不清楚的地方。譬如问清楚是将纸横折还是竖折，折过后的开口朝哪个方向等。在此基础上完成游戏，然后要求学生将自己手里的纸打开。

4. 体验分享

活动结束后，同学们就撕纸游戏中所得到的图形结果不一致的原因进行讨论，教师予以点评。

(1) 第一轮操作完成之后，为什么会出现这么多不同的结果？

(2) 第二轮操作完成之后，为什么效果会比第一轮好？

(3) 第二轮操作完成之后，结果为什么还是会有误差？

5. 活动总结

沟通过程中，我们经常使用单向沟通方式，结果听者总是见仁见智，按照自己的理解来执行，因此结果通常会出现很大的偏差。使用了双向沟通之后，又会怎样呢？偏差依然存在，虽然有改善，但增加了沟通过程的复杂性。所以，什么方法是最好的？任何沟通的形式及方法都不是绝对完美的，它依赖于沟通双方对于彼此的了解、沟通环境的限制等，沟通的最佳方式要根据不同的场合及环境而定。

沟通是意义转换的过程，在沟通的过程中，无论是信息的发送者还是信息的接收者都要把握好关键的信息。

活动二　　"背靠背画画"游戏

1. 活动目标

在背靠背状态下，两人通过语言沟通共同完成绘画任务，帮助学生掌握沟通技巧，锻炼并提高学生高效沟通的能力。

2. 活动准备

材料准备：A4 纸、笔、打印的基本线条图或图画。

"背靠背画画"游戏

3. 活动内容

具体的活动内容及步骤如下：

(1) 把团队分成每两人一组，背靠背坐着。

(2) 给其中一个人一张画着简单线条图形或图画的 A4 纸，给另一个人一张 A4 纸

和一支笔。

(3) 持图画的人给他的同伴口头说明如何画出所给的线条图形或图画，而不是简单地告诉同伴此形状或图形是什么。

(4) 绘画任务完成后，给出一定的时间，让小组之间比较他们绘制好的图画，看看哪个小组绘制出了最精确的副本。

4. 体验分享

活动结束后，请学生就活动过程中的体验和收获进行分享，教师予以点评。

(1) 你们感觉在完成绘画任务的过程中最大的困难是什么？

(2) 哪个小组画出的图画最精确？请分享你们的经验。

5. 活动总结

沟通不是我说你听，你说我听，而是要用心听懂对方说的话，领会其中要传达的意图。

活动三 "听与说"游戏

1. 活动目标

锻炼学生的倾听和语言表达能力，引导学生掌握听与说的技巧，提高沟通能力。

2. 活动准备

材料准备：纸、笔。

3. 活动内容

具体的活动内容及步骤如下：

(1) 把团队分成每 6 人一组，个别组可以多出 1～2 人。

(2) 每组的 6 人进行以下角色分配：

① 孕妇：怀胎 8 个月。

② 发明家：正在研究新能源(可再生、无污染)汽车。

③ 医学家：经年研究艾滋病的治疗方案，已取得突破性进展。

④ 宇航员：即将远征火星，寻找适合人类居住的新星球。

⑤ 生态学家：负责热带雨林的抢救工作。

⑥ 流浪汉。

(3) 活动背景：1 架私人飞机坠落在荒岛上，只有 6 人存活。这时逃生工具只有 1 个只能容纳 1 人的橡皮气球吊篮，没有水和食物。

针对由谁先行乘坐橡皮气球吊篮离岛的问题，6 个角色各自陈述理由。要求：先复述前 1 人的申述理由再申述自己的理由(第 1 位申述者复述最后 1 名队员的申述理由)。每位成员复述和申述完成后，小组内其他成员根据他复述别人逃生理由的完整程度与陈述自身理由的充分程度给他打分，最后依据分数选出可先行离岛的人。

4. 体验分享

活动结束后，同学们就活动过程中的体验和收获进行分享，教师予以点评。

(1) 听与说相比较，你是更愿意听还是更愿意说？为什么？

(2) 当别人在复述你的申述理由时，你的感受是怎样的？

(3) 如何才能更详细、更准确地记住别人说的话？

(4) 如何表达会使你更具有说服力？

5. 活动总结

听与说是沟通中最基本也最重要的两个方面，看似是本能的两种活动，想要做好却并不容易。要做到有效倾听和确切表达需要用心练习，才能逐渐掌握其中的技巧。记住：你所表达的内容应该 70%是对方想要听的，30%是你想要说的。

知 识 链 接

一、沟通

(一) 沟通的含义

《现代汉语词典》对"沟通"一词的解释非常简单："使两方能通连。"沟通原意指人们用开沟的方式使两水连通的活动，后泛指现代社会的信息交流。沟通是人们在互动过程中，通过某种途径或方式，将一定的信息从发送者传递给接收者，并获取理解的过程。这种信息可以是文字信息，还可以是态势语言的信息。

沟通在生活中无时不在，无处不在，可以说是人的一项基本技能。沟通的目的是经过交流，使双方能够达成共识，既让他人懂得自己的意思，自己也明白他人的意思。所以，有效沟通是指提高理解他人的能力，同时增加他人理解自己的可能性。有时，人们认为沟通只是在人际交往时不隐瞒、真实地表达本意就行了。其实，沟通不仅需要以诚相待，也需要技巧，它是一门艺术。沟通被认为是管理的血液，贯穿于管理活动的整个过程，是管理的核心和本质。相关研究表明：组织中的管理者大约将 70%的时间用于沟通，组织中约70%的问题是沟通障碍引起的。

(二) 沟通的基本要素

一个完整的沟通过程一般包括六个基本要素。

1. 信息的发送者

信息的发送者是指沟通过程中发送信息的主体。这个主体可以是个人，也可以是群体、组织。发送者不仅有目的地传播信息，还要对传出的信息进行编码，即把信息加工、组织成便于传递的形式。发送者的主要任务是信息的收集、加工、传递及对反馈的反应。尽管它发送的信息存在着有意和无意、自觉和不自觉、有目的和无目的之分，但通常会受到内容选择(如不能发表违法言论、不宜公开某些报道)、媒介压力(如媒介组织的宗旨、制度、政策、规定等对信息所产生的限制)、个人形象与个性，以及来自社会、组织和个人等层面因素的制约。

2. 信息

信息就是发送者所发送的由语言和非语言两种符号组成的内容，由双方共同分享特定符号所带来的思想、情感和意图。当我们说的时候，说出的话就是信息；当我们写的时候，写出的内容就是信息；当我们绘画的时候，绘出的图画就是信息；当我们做动作的时候，身体的动作、面部的表情就是信息。信息的发送者需要把头脑中的想法进行编码以生成信息。

3. 信息的接收者

信息的接收者就是信息发送者的信息传递对象。多数情况下，发送者与接收者在同一时间既要发送又要接收，角色互相转换。接收者的主要任务是接收发送者希望传达的思想、情感和意图，并及时把自己的思想、情感和意图反馈给对方。

4. 渠道

渠道就是信息经过的路线，是发送者把信息发出、接收者接收和反馈的手段。信息必须通过一定渠道才能存在和传递，渠道主要由听觉载体(收音机、电视、广播)、视觉载体(报纸、杂志、网络、电影、电视)、触觉载体(握手)、声音载体(音调、语气)等组成。

不同的信息内容与不同的条件要求要有不同的渠道。例如，公司的战略决策就不宜通过口头形式而应采用书面形式的正式文件作为渠道。有时，人们会同时或先后使用两种或两种以上的渠道进行沟通。例如，先口头沟通，然后书面跟进。由于各种沟通渠道都有各自的特点和利弊，因此，要因时、因地、因人制宜，根据当时的具体情况来选择恰当的沟通渠道。渠道的选择对于沟通的效果有着十分重要的影响。

5. 反馈

反馈就是接收者接收发送者所发出的信息，通过消化吸收后，将反应传达给发送者的过程。有效的、及时的反馈是极为重要的。我们在交流时，要对信息加以归纳和整理，及时反馈回去，才能提高沟通的效率。通常沟通中参与的人数越少，反馈的机会就越多。

6. 沟通情境

沟通总是在一定的背景下发生，沟通情境是指互动发生的场所或环境，它是互动过程中的重要因素。沟通情境包括三方面的因素：一是心理因素，沟通主体处于兴奋、激动状态或是处于抑郁、焦虑状态；二是沟通的物理环境，如在公交车上、会议现场、教室等；三是沟通的社会情境、文化背景等。情境因素直接或间接地影响着沟通的效果。

(三) 沟通的分类

根据不同的分类标准，沟通可分为不同的类别。

1. 按沟通时对媒介的依赖程度划分

按沟通时对媒介的依赖程度，可将沟通分为直接沟通和间接沟通。

直接沟通就是直接面对沟通对象所进行的信息传递和交流。直接沟通无需沟通媒介参与，是以自身固有的手段进行的人际沟通，如谈话、演讲等。

间接沟通是指需要沟通媒介参与的人际沟通。它是通过文件、信函、电话、电子邮件等媒介所进行的信息传递和交流。间接沟通大大拓宽了人际沟通的范围，远隔万里的两人可以通过电话、电子邮件、传真、网络等方式交流信息。因此，间接沟通是人际沟通的延伸和拓展。

2. 按沟通时所使用的符号形式划分

按沟通时所使用的符号形式，可以将沟通分为语言沟通和非语言沟通。

语言沟通是指发送者以语言符号形式，将信息发送给接收者的人际沟通，它是人类最普遍的沟通形式。语言沟通可以分为两类：一类是口头沟通，即会议、会谈、对话、演说、报告等运用口头语言形式进行的沟通。其优点是快捷、高效、反馈及时、双方可以自由交换意见等；缺点是信息传递的中间环节越多，信息被曲解的可能性就越大。另一类是书面沟通，即文件、信函、刊物、通信等借助书面语言形式进行的沟通。其优点是沟通的内容具体化、直观化，沟通信息能被永久保存，便于查询；缺点是需要花费大量的时间，缺乏及时的反馈。

非语言沟通是指发送者以非语言符号形式，将信息发送给接收者的人际沟通。它是指以语言之外的面部表情、身体动作、眼神、外貌、衣着以及发送者和接收者之间的身体距离等为媒介的沟通方式。对接收者来说，留意沟通中的非语言信息十分重要。在倾听信息发送者发送的语言信息时，还应注意非语言线索。比如，在沟通过程中，如果对方不停地看表，意味着他可能有其他事情，希望尽快结束交谈。

3. 按沟通的组织程度划分

按沟通的组织程度，可以将沟通划分为正式沟通和非正式沟通。

正式沟通是指在一定的组织机构中，通过正式的组织程序和组织机构所规定的正式渠道进行信息的传递与交流，如组织内的文件传达、通知发布、工作布置、工作汇报、各种会议以及组织机构与其他组织机构之间的公函来往等都属于正式沟通。正式沟通具有严肃性、程序性、稳定性、可靠性及信息不易失真等特点。其优点是信息道路规范，准确度较高。缺点是信息传播范围受到限制，传播速度比较慢。

非正式沟通是指通过正式沟通以外的渠道所进行的信息传递和交流。这种沟通是建立在组织机构成员之间的社会交往和私人感情基础之上的、人们以个人身份所进行的沟通活动，如员工之间的私下交谈、朋友聚会、邻居聊天等各种各样的社会交往活动。它具有自发性、灵活性、迅速性、随意性等特征。

4. 按沟通是否具有反馈的情况划分

按沟通是否具有反馈的情况，可以将沟通分为单向沟通和双向沟通。

单向沟通是指信息单向流动的沟通。接收者只接收而不向发送者进行信息反馈，即信息的发送者和接收者的地位不发生改变的非交流性信息传递活动，如发布命令、报告、演讲等。它具有信息沟通速度快、条理性强且不易受干扰等特征。

双向沟通是指信息双向流动的沟通。在沟通过程中，信息的发送者和接收者的地位不断发生改变，即信息的发送者和信息的接收者既相互发送信息，又相互反馈信息，如讨论、谈话、谈判等。它具有传送信息准确、接收信息自信心较强、易受干扰和缺乏条理性等特征。

沟通的过程实际上是信息的发送者通过选定的信息传递渠道将信息传送给接收者的过程。

(四) 沟通的意义

21世纪是激烈竞争的时代，想要成为一名成功的职场人士，不仅要有解决问题和应对挫折的能力，还要与同事、合作伙伴建立良好的人际关系。提升沟通艺术，建立和谐的人际关系是事业成功的重要保障。通过管理者和员工的沟通，促使员工和管理者确立共同的理念(对组织的认同)，使全体成员的一切思维、行动都在此理念的指导下。让组织更有向心力、凝聚力，让每一个成员都能改变工作态度，激发工作热情，更具有战斗力，这就是沟通的意义所在。

1. 实现信息共享

现代社会，信息高度发达，信息的采集、整理、传送、交换，无一不是沟通的过程。通过沟通，交换有意义、有价值的各种信息，促成更多的合作，生活中的大小事务才能得以开展。积极地获取信息会提高竞争优势，掌握沟通技巧能提高人们的办事效率。优秀的沟通者可以一直保持注意力，随时抓住重点内容，找出需要的关键信息，更加透彻地了解信息的内容，从而提高工作效率。

2. 表达情绪和情感

沟通可以满足人们彼此交流的需要。每一个个体都不可能脱离社会这个群体而独立存在。社会是由人们互相沟通所维持的庞大关系网，人们相互交流是因为需要同周围的社会环境发生联结。人们可以通过沟通就某种观点或某个事件达成共识，也可以通过沟通表达自己的情绪情感。沟通与人际关系两者相互促进、相互影响。有效的沟通可以赢得和谐的人际关系，而和谐的人际关系又可以使沟通更加顺畅。

3. 沟通有助于提高决策的质量

任何决策都会涉及干什么、怎么干、何时干等问题。每当遇到这些急需解决的问题，管理者就需要从广泛的企业内部沟通中获取大量的情报信息，然后加以整理、分析进行决策，或建议有关人员作出决策，以迅速解决问题。企业员工也可以主动与上级管理人员进行沟通，提出自己的建议，供管理者做决策时参考，或经过沟通，取得上级领导的认可，再自行决策。企业内部的沟通为各个部门和人员进行决策提供了信息，提高了判断能力和决策的质量。

4. 沟通促使企业员工协调有效地工作

企业中各个部门、各个岗位和职务都是相互依存的关系，这种依存性越大，对协调的依赖度就越高，而协调只有通过沟通才能得以实现。没有恰当的沟通，就可能导致管理者对下属员工的工作了解不够充分，同时员工对管理者布置给他们的工作任务和工作要求有错误的理解，从而影响工作效率，造成企业在经济效益方面的损失。

5. 沟通有助于提高员工的士气

沟通有利于领导者激励下属，建立良好的人际关系和组织氛围，提高员工的士气。除了技术性和协调性的信息外，企业员工还需要鼓励性的信息。它可以使领导者了解员工的需要，关心员工的疾苦，在决策中考虑员工的需求，以提高员工的工作热情和积极性。员工一般都希望领导对自己的工作能力有一个恰当的评价。如果领导的表扬、认可或者满意等正面反馈能够通过各种渠道及时传递给员工，就会对其形成某种工作激励。同时，企业内部良好的人际关系更离不开沟通。思想上和感情上的沟通可以增进彼此的了解，消除误解、隔阂和猜忌，为企业营造和谐的组织氛围，所谓"心往一处想，劲往一处使"就是有效沟通的结果。

(五) 沟通常见的障碍

沟通过程是信息发送者将一定的信息沿着一定渠道传达给信息接收者，信息接收者按照自己的理解作出一定反应的过程。在这个过程中信息发送者将所要发送的信息编译成一系列符号经由某种渠道传递给信息接收者，接收者接收到符号后按照自己的理解将接收到的符号翻译成具有特定含义的信息，信息发送者通过反馈来了解其传递的信息是否被信息接收者准确地接收。所谓沟通障碍，是指信息在传递和交换过程中，由于信息意图受到干扰或误解，而导致沟通失真的现象。在人们的沟通过程中，常常会受到各种因素的影响和干扰，使沟通受到阻碍。

1. 语言障碍与文化差异

语言障碍是指言语表达不清、使用不当，造成理解上的困难或产生歧义。有时即使是使用相同的词语表达，对不同的人，也会具有不同的含义。有一个笑话说，主人请客吃饭，眼看约定的时间已过，只来了几个人，不禁焦急地说："该来的没有来"，已经到了的几位客人一听，扭头就走了两位。主人意识到他们误解了自己说的话，又难过地说："不该走的走了"，结果剩下的客人也都气呼呼地走了。

文化差异会导致双方在思维模式、认知及行为习惯等方面产生差异，进而产生沟通障碍。跨文化沟通的主要障碍包括双方文化共享性差、民族优越感、定型观念和偏见、沟通风格的差异、文化冲击。

2. 心理障碍

沟通活动常为人的认知、情感、态度等心理因素左右，有些心理状态会对沟通造成障碍。人们的认知如第一印象、近因效应、晕轮效应、定势效应、社会刻板效应等都会影响沟通。

人们在进行沟通活动时，总是会伴随着某种情绪或情感。在某些情绪状态下，人们比较容易接收外界的信息；而在另一些情绪状态下，信息就可能很难被接收。同样，如果沟通双方对某一事物的态度不同，也不容易进行沟通。

3. 物理方面的障碍

物理方面的障碍主要是指沟通现场的环境、气氛等方面的某些要素可能会减弱或隔断信息发送或接收，如信息传递的空间距离、沟通媒体的运行故障等。

4. 过滤障碍

人们在信息交流过程中，有时会按照自己的主观意愿，对信息进行过滤和加工。例如人们通常只关心与自身利益有关的信息，而忽视对自己不重要的信息。信息在传递的过程中，经过的环节越多，信息被曲解、删减、增加的可能性也越大。一般来说，口头沟通比书面沟通更容易失真，电话沟通比当面沟通更容易失真，单向沟通比双向沟通更容易失真。相关的研究表明，在一个层级较多的组织中，无论是从上往下的还是从下往上的口头沟通，最终到达目标信息接收者的信息可能只是原信息内容的 20%。因为组织成员往往存在着选择性知觉，成员对信息的关注点不同，使得他们在信息传递中有意或无意地删减、增加信息，从而导致信息失真，出现沟通障碍。

二、有效沟通

沟通能力是指沟通者所具备的能胜任沟通工作的主观条件，指一个人与他人有效地进行信息沟通的能力。有效沟通跟个人的外在技巧和内在动因有关，关键是要掌握以下两方面的技巧。

(一) 有效倾听的基本技巧

美国人际关系学大师戴尔·卡耐基说过："做个听众往往比做一个演讲者更重要。专心听他人讲话，是我们给予他的最大尊重、呵护和赞美。"沟通首先从倾听开始。说到倾听，许多人常把听与倾听混为一谈。事实上，"听"与"倾听"有着很大区别。"听"是人与生俱来的能听见声音的能力，是人的感觉器官对声音的生理反应。而"倾听"则不仅指用耳朵接收声音，而且也指用眼睛观察说话人的表情。倾听是更认真、更积极地听，是一种心智与情绪上的感受。倾听虽然以听到声音为前提，但更重要的是我们对声音必须有所反应。倾听是一个主动参与的过程，听的人需要观察、思考、理解、反馈。繁体的"聽"这个字是由耳、王、十、四(目)、一、心所组成的。其中的含义就是需要眼到、口到、心到，并且要做到用眼看、用口说、用心记。还有更重要的一层含义，王在这里解释为"玉"，只有耳朵带玉的人(尊贵的人)才是真正的听者，所以"听"这一行为在古代就已被人们视为高尚的行为。

1. 专注的技巧

由于人类的大脑处理信息的速度快于说话的速度，因此倾听是很辛苦的事情，你必须时刻控制大脑不分神。那么，如何保持专注地倾听呢？

(1) 做好倾听的准备。排除内在的和外在的干扰因素。内在干扰因素包括心理压力、情绪不佳、身体欠安等；外在干扰因素包括不合适的时间、地点、环境等。太多的干扰因素没有得到消除或弱化的时候，不妨改期沟通。

(2) 保持参与的距离。双方的距离既不要太近也不要太远。判断距离恰当与否的最好办法是要看与你谈话的人在距离上是否感到舒服。如果他向后退，说明你离得太近了；如果他向前倾，说明你离得太远了。

(3) 保持坦然直率的姿势。人的身体姿势会暗示出对于谈话的态度和兴趣。自然开放性的姿态代表着接受、容纳、尊重与信任。手臂不要交叉，不要僵硬不动，要随着讲话人的语言作出反应。坐着的时候，要面对讲话人，身体略向前倾。表现兴趣的技巧是随着讲话人的姿势不断调整自己的姿势。

(4) 用目光表示感兴趣。柔和地注视讲话人，可以偶尔移开视线。不要面无表情地瞪视，不要长时间地看别处或是不断地在房间中巡视，好像你对其他东西更感兴趣。如果感觉直视他人的眼睛有困难的话，也可以用弥漫性的目光注视对方的眼睛周围，如发际、嘴、前额、颈部等。目光接触是一种非语言信息，表示"我在全神贯注地听你讲话"。注意避免明显的失礼行为，如阅读、看表或盯着窗外等。

2. 鼓励的技巧

鼓励对方开口表示我们乐于接受别人的观点和看法，这会让说话者有一种备受尊重的感觉，有助于我们建立和谐、融洽的人际关系。

(1) 善于引导对方。在交谈过程中，我们可以说一些简短的鼓励性的话语，如"哦""嗯""是""我明白了"等，以向对方表示我们正在专注地听他说话，并鼓励他继续说下去。当谈话出现冷场时，也可以通过适当的提问引导对方说下去。例如，"你对此有什么感觉""后来又发生了什么"等。

(2) 给予对方真诚的赞美。真诚的赞美可以有效地激发对方的谈话兴致。例如，"你的话对我很有启发""你讲的这个故事真感人""你这个想法真不错"等。

(3) 提开放式的问题。要想让谈话继续下去，并且有一定的深度和趣味，就要多提开放式的问题。开放式提问是指提出比较概括、广泛、范围较大的问题，对内容的回答限制不严格，给对方充分发挥的余地。这样的提问不会显得唐突。开放式问题不是一两个词就可以回答的，这种问题需要解释和说明，同时向对方表示你对他说的话很感兴趣，还想要了解更多的内容。对方会感到放松，因为他知道你希望他参与进来，并充分表达自己的想法。

(4) 适时提出疑问。在倾听过程中，要适时地提出一些切中要点的问题或发表一些意见和看法来响应对方的谈话。此外，如果有听漏或不懂的地方，要在对方的谈话暂告一段落时，简短地提出自己的疑问之处。

(5) 恰当运用肢体语言。身体略微前倾、自然微笑、时常看对方的眼睛、微微点头、用手托着下巴等肢体语言会显示出倾听者的态度诚恳，同时也能让说话者感受到倾听者的支持和信任。

(6) 恰当的沉默。沟通时，听完一段叙述后，可以稍稍停顿一下，让对方能够有时间思考自己所说的话并决定如何反应。沉默向对方表明"我感觉到了我们都需要时间考虑这个问题，我尊重你处理问题的能力，而且我会耐心等待"或"我理解你所表达的意思，我不想打断你的思路"。

3. 跟随的技巧

跟随既能保证自己倾听的准确性，同时也能表明对说话者的重视。

(1) 复述内容。复述内容可以检验自己是否正确理解了自己听到的话，鼓励对方详细解释他的意见，并表明你在倾听。如果对方说的内容较多，需要把握对方话语主要的环节衔接，虚化旁枝末节。叙事的成分，要把握事件的起因、过程、结局；抒情的成分，要把握发展、起伏、跌宕等波动曲线；议论的成分，要把握总论点与分论点之间内在的有机联系。在听的过程中对这些主要思想进行组织，不要先评判它们的对错，向对方重复几个关键词或总结主要思想，例如，"这就是说，你提出三条建议……""你的主要担心似乎是……""你的意思是说……"等。

(2) 复述情感或情绪。运用同理心倾听，体会说话者在说话时的情感或情绪，听出"字里行间的意思"。注意讲话人的音调、音量、面部表情以及肢体动作。重复对方的情感或情绪，表示自己理解其心情。例如，"你好像不喜欢新出台的政策""你似乎对小组的合作现状感到失望"。

(3) 记录信息。我们的大脑会主动遗忘自己认为无意义的信息，能在大脑中留下印象的信息，都是对我们具有特别意义的。大多数成年人对自己不理解的信息的记忆力较弱。所谓"好记性不如烂笔头"，如果交谈中对方提供的重要信息比较复杂，最好把这些信息记录下来。记笔记能够说明你确实对正在讨论的话题感兴趣，并准备追随讲话人的思路。笔记不需要记很多，这样才不会失去与交谈对象的目光交流和联系。

(二) 表达的基本技巧

一切沟通技巧从本质上说只为两个目的服务：让别人懂得你以及你懂得别人。如果你的表达方式阻碍了其中任何一个目的的达到，你就步入了危险的沟通雷区。有人认为说话是最容易的事，我们从一岁左右就开始学说话，但是要把话说对说好却不是件容易的事，这需要练就以下本领。

1. 基本功

(1) 言辞恰当。语言的迷人之处，不仅在于它是一种沟通的工具，还在于它本身就具有吸引力，人们对绝妙口语的追求和崇拜是不言而喻的。语言是一个人思维的外在表现，也是文化素养的综合反映。我们在说话时，一定要选择符合自己身份的言辞，同时也要照顾到对方的感受。比如，不说粗话，不说无根据的话，不说太绝对的话。

(2) 戒除口头禅。日常讲话中和会议发言时，总有一些人习惯使用"这个""那个""然后""那么"之类的口头禅。当某一句话成为你的口头禅时，你就很容易被它束缚住，以至于无论你想说什么，也不管是否适用，都会脱口而出。多余的口头禅和零碎词语反复出现通常会使人反感，会影响表达效果并有损表达者的自我形象，因此在说话时要尽量避免出现这些所谓的口头禅。

(3) 思考透彻、语言简洁。大文豪鲁迅先生曾指责制造长而臭的文字无异于"谋财害命"。每一个人的时间都是有限的、有价值的，没有人喜欢不必要的、烦琐的沟通。因而说话时要尽量用简洁的语言来表达，避免使用一些复杂、啰嗦的句式，追求以少量的话传递大量的信息，正所谓"字字千金"。这也体现出说话人分析问题的深刻和透彻。

(4) 语言表述要有条理。要保证语句的结构和逻辑性没有问题，不可杂乱无章。当然这需要大量的阅读和知识的积累。语句表达有条理其实是要求说话者思维要有逻辑性，不然说起话来就会东一榔头西一棒槌，前言不搭后语，觉得把该说的话都说了，听者却是一头雾水，不知道想要表达的是什么意思。

(5) 对一些特殊语言要特殊对待。专业术语一般用于特定的行业，通俗俚语多用于朋友间的非正式交谈。惯用的言辞常能表现一个人的个性，比较容易流露个性的言辞有人称语、借用语、敬语、思考语、附会语等。任何地方都有地区性方言，个人的成长环境和经历不同，使用言辞的习惯也不同，听一个人说话即可大致推测出其身份，这是很有道理的。除了社会性、阶层性或地域性的语言差异外，还因个人水平、气质不同而形成不同的心理性用语。所以，语言本身即有表现自我的属性，当然也会在不知不觉中反映出各种曲折的深层心理。一个人无意识中表现出来的语言特征，往往比他说话的内容更能表现其人。

经常把"我"挂在口头上的人，多骄傲自负，自我表现欲强。爱借用名言、格言的人，多半是权威主义者，想借助权威来提高个人说话的说服力。有些人喜欢在说话的时候搬用生僻的词句，令听者感到困惑。这些人有的是想借此表现自己有学识，有的则恰恰相反，是想用人们难懂的词语作为保护自己心理弱点的挡箭牌。恰如其分的敬语可以维系人际关系，过度的恭维话反而表现出戒心、嫉妒、讽刺或敌意。思考语是表现人们思考动态的言辞，在说话中一再使用"但是""然而""毕竟"这类词的人容易控制听众。这些都是我们在语言表达中应该加以注意的。

2. 声音素质

(1) 吐字要清晰。一口字正腔圆的标准口语是确保沟通成功的一个重要前提。有的人在说话时常常会把某些字句说得含含糊糊，叫人听不清楚或者误解他的意思；有些人说话带有浓重的地方口音，在某些时候就会影响到沟通效果。所以，不说则已，只要开口，就最好能把每个字都清楚准确地说出来。

(2) 说话要铿锵有力。说话的力度不容忽视，它体现了沟通者对所要表达信息的确定和对自己的信心。一般认为，不包含模糊或者限制性词语的语言比较有力度，所以要尽量直接表述出自己的观点，再配合洪亮的声音，就能够取得比较理想的效果。

(3) 语速要适中。说话的速度会影响沟通对象理解的程度。如果一个人说话速度太快，可能会使沟通对象听不清楚他所讲的内容或在理解上无法跟上说话者的速度，还可能使沟通对象无法寻找机会作出自己的反馈。而语速太慢又容易使沟通对象厌倦。要根据语句的重要性来调节说话的速度，重要之处说得慢一些。

(4) 要有停顿。停顿是口语表达中不可缺少的部分。适当的停顿不仅能给沟通对象一段短暂的时间来消化、吸收、回味所听到的内容，而且也能给予倾听者一个回应的机会。优秀的表达者通常会在重要的内容之后或一段重要的观点之后做一停顿，以强调内容的重要性、增加这些话的分量，同时也使这些内容进入听者的心中，影响对方。

(5) 要注意语调。语调代表声音高低变化的波动。语调的变化通常与讲话者的兴趣或重点强调的愿望相互作用。语调在表达信息方面的作用是非常突出的。例如，陈述句、疑问句、祈使句、感叹句这些代表不同用途的句式往往采用不同的语调。进一步讲，语调的变化可能不自觉地流露出说话者的态度和情绪。喜悦、悲伤、愤怒、胆怯等不同的心境都会通过说话者的语调表现出来。

3. 讲求艺术

我们不能只在作文章、写稿子或准备演讲时才想到语言要有艺术性、吸引力，而应该在平时的讲话与交谈中就讲求语言的魅力。

(1) 内容要有新意。我们在沟通时应该提高信息的价值和交流的成效，所以，我们所说的话在思想内容上一定要有新颖的东西。所谓内容新，就是指说话要有新意，演讲要有新题，谈论问题要有超越一般、不同凡响的见解。那么，怎样才能做到内容有新意呢？这就需要选取新角度，进行深层次开发。我们面对的任何事物和问题都有多侧面和多角度。所谓习以为常、已有定论，往往只是从常规的方面和角度去看待，如果能选取新的视角，内容就会平中出奇。人们看问题往往会有层次的不同，一般来说，大多数人看问题往往停留在粗浅的层次上，因而粗浅的见解也就容易雷同。如果你能看到深一层的话，内容也就会有新意了。

(2) 语言生动形象。语言生动形象才会有吸引、感染和打动人的力量。因为形象的语言文字对大脑的神经系统有信号刺激，语言越具体形象就越容易被真切感知。要使自己的语言生动形象，可以采用以下几种方法。

① 注意运用口语修辞。一个新鲜而贴切的比喻可以使抽象的概念形象化、深奥的道理浅显化、复杂的事物明朗化。

② 巧用俗谚俚语。俗语、谚语、俚语等语言形式既富有口语的特点，又能一针见血、

生动形象地说明问题，就像是语言中的佐料，增添了语言的味道。

③ 巧用富有时代特征的职业术语。由于传媒的发达和科学文化的日益普及，原本许多专业性较强的职业已经为人们所熟悉，尤其是在文艺、体育、新闻、商贸等活动中广泛使用的一些约定俗成的新词和职业术语，如果在口语中适当使用，会使语言更加生动、鲜明。

(3) 注重情理结合。我们常说"晓之以理，动之以情"，在沟通时，经常要摆事实、讲道理，需要去说服对方，达到沟通的目的。但要说服别人，先要通情，通情方能达理。通情就是感情上的沟通，也就是心理相容，又叫同理心。感情相通、心理相容是沟通成功的关键。

(4) 表达方式要巧妙。委婉含蓄也是常用的一种表达方式。在交谈中直接向对方提出意见或建议感到困难时，需要委婉、含蓄、迂回地说出来，特别是当人际沟通有很多复杂微妙的情况时，说话就必须讲究策略，把要说的话用婉转的言辞和温和的语气讲出来，使对方听了容易接受。有"恕我直言"之说，而从未有"恕我婉言"之说。由此可见，善于婉言也是人际沟通的礼仪与策略，不可不注意掌握和运用。

(5) 展现幽默魅力。在人际沟通时，一个幽默的人常常更容易受到人们的欢迎。幽默可以分为攻击性和自卫自娱性两类。攻击性幽默基本上倾向于讽刺、讥讪，常招致对手的还击；而自卫自娱性幽默则是与对方一起发笑，使对方无法还击，这种幽默才是人际冲突的润滑剂。幽默不单是语言的艺术，也是积极开放的心理态度的表现。马克·吐温说过："幽默是真理的轻松面。"的确，幽默不是正面的说理，而是侧面的笑谈，使人在哈哈一笑之时领悟人生哲理。幽默是充满智慧与情趣的表达艺术，是很多有志于提高沟通能力和交际艺术的人们所追求的目标。

当然，在掌握语言表达技巧的同时，也要了解一些肢体语言的含义。

美国社会心理学家哈维尔博士根据十几年的研究实践，得出了一些肢体动作代表的沟通者的心理：在与人交谈的过程中，皱眉头，表示在思考，这种情况下最好不要打扰；双手纠缠在一起，则表示正处于紧张、不安或害怕的情绪中；眯着眼睛，嘴角歪向一边，则表示不同意、心生厌恶或不欣赏；来回走动，则表明在发脾气或者受到挫折，难以安静；不敢正视对方，眼神闪烁，则表明不自信，或者在说谎；正视对方则传递着一种友善、诚恳的态度，同时表明自身性格外向，有安全感，自信，笃定等；挠头，则表示处于迷惑的阶段，或不相信；坐在椅子上，来回抖脚，则表明内心紧张；身体向前倾，表示注意或感兴趣；身体向后倾，表示心不在焉；头部挺得笔直，说明对谈判和对话人持中立态度；低头则说明对对方的谈话不感兴趣或持否定态度。

除了身体上肢的动作之外，下肢的动作也能明显地反映一个人的心理。比如，如果在交谈的过程中，一方叉腿站着，说明他(她)不自信，紧张而不自然。人们在一个陌生而不舒适的场合多半爱这么站。

三、如何与领导有效沟通

(一) 与领导沟通的原则

1. 尊重上级原则

初入职场，作为一名普通员工，一定要注意尊重上级领导，从各方面支持领导的工作，维护领导的权威，为领导排忧解难。尊重是相互的，在你满足领导对于尊重的需求的同时，自然也会得到领导的尊重。领导看重员工的才能，但更看中员工是否值得他信赖。

当然，尊重领导并不是随意吹捧，更不是盲目顺从。对领导交办的事情，要慎重，看问题要有自己的立场和观点，不能一味地附和。

2. 积极主动原则

职场新人最怕什么？领导最怕什么？职场新人最怕的是见领导，而领导最怕的是工作一项项部署下去后，就像泥牛沉入大海，没有踪迹可寻。

领导通常工作繁忙，方方面面的事情都要顾及，因而作为下属不应该被动地等领导来找自己询问工作进展情况，而是要积极主动地去找领导沟通。主动沟通、虚心学习几乎是所有职场成功人士的共有品质。作为职场新人不要因为怕犯错误、怕领导责备而不敢向领导请示、汇报工作。如果慑于周围人际环境的压力，不敢与领导进行有效沟通，自己的设想和建议得不到领导的了解和采纳，则不利于自己的职场发展。

3. 保持适度距离原则

与领导沟通，要注意保持人际交往的适度距离，不能毫无原则地套近乎。在职场中，下属履行职责时，应当有自己的态度和立场，在沟通中若总是过分地迁就或吹捧领导，反而会适得其反，容易让领导心生反感，妨碍正常沟通。下属与领导沟通时言谈举止都应表现出不卑不亢，做到从容对答、言之有物。

(二) 与不同风格的领导沟通

职场员工要善于研究上级领导的个性与做事风格，根据领导的个性特征寻找到高效简洁的沟通方式是做到成功与领导沟通的关键。

如果你能多了解领导一些，知道他喜欢什么，不喜欢什么，需要什么，不需要什么，然后作出默契的应对，往往能在职场关系中取得先机。由于个人的素质和经历不同，不同的领导会有不同的领导风格。在这里，我们把领导风格划分为三种，具体内容如表3-1所示。

表 3-1　领导风格划分

领导风格	性格特征	沟通技巧
控制型领导	态度强硬；竞争意识强；要求下属立即服从；讲究实际、果断；对琐事不感兴趣	开门见山与其沟通，尊重其权威。认真对待其指示，多称赞他们的成就，而不是他们的个性和人品
互动型领导	善于交际，喜欢与他人互动交流；喜欢享受他人的赞美；凡事喜欢参与	公开赞美，而且一定要真心诚意；开诚布公与其谈问题，不要私下议论或发泄不满情绪
实事求是型领导	讲究逻辑而不感情用事；为人处世有自己的一套标准；喜欢弄清楚事情的来龙去脉；理性思考，但缺乏想象力	与其交谈要言之有物，而且要务实；对其问题应直接回答；在汇报工作时，对关键性的细节应详细说明

(三) 怎样向领导请示汇报

在职场中，员工要主动向领导多请示、勤汇报，每次做出部署、决定，都要先请示，得到领导的首肯。同时也应该让领导知道自己在做什么，采取了怎样的工作方式，做到什么程度，有何想法等。

1. 仔细聆听工作指示

首先要明晰领导的意图和工作的重点，可以用传统的 5W2H 的方法来快速记录工作要点，即弄清楚该工作指示的时间(When)、地点(Where)、执行者(Who)、为什么(Why)、需要做什么工作(What)、怎么做(How)、需要多少工作量(How many)。

在领导传达工作指示后，需要简明扼要地向领导复述一遍，以确认自己是否有遗漏或者没有领会的地方。

2. 探讨目标达成的可行性

领导作出工作指示后，往往比较关注员工对该项工作的解决方案，希望员工能够对该项工作有一个大致的思路，以便在宏观上把握工作进度。

在接受工作任务之后，员工应积极主动思考，对即将开展的工作有一个初步的认知。及时将初步解决方案反馈给领导，尤其是对工作中可能出现的困难要有充分的预判。对于自己解决能力范围之外的困难，应当请示领导协调相关部门加以解决。

3. 拟定详细的工作计划

尽快拟订一份工作计划，交与领导审批。计划中必须详细阐述工作行动方案与步骤。尤其对工作进度要明确时间节点，以便领导进行监督。

4. 工作进行中及时向领导汇报进度

应当关注自己的工作进度是否和计划书一致，无论是提前完成任务还是延期完成，都应该及时向领导汇报，以便于领导了解你现在在做什么，已经取得了什么成效，并且及时听取领导的意见和建议。

5. 工作完成之后及时汇报总结

工作完成之后要及时总结成功的经验和其中的不足之处，以便在下一次工作中加以改进和提高。同时不要忘记在总结中提及领导的正确指导和下属的辛勤付出。

(四) 怎样给领导提建议

1. 选择恰当的时机

同样的问题，在不同的时间与领导进行沟通，可能会产生不同的效果。当领导正在紧张工作时，不要说；当领导处于焦虑状态时，不要说；当领导正在愤怒或者情绪低落时，更不要说。最佳的谈话时机是领导心情舒畅、精神饱满时。

与领导沟通问题要注意场合、时机的选择，办公室当然是谈工作的最佳地点。通常早晨刚上班时，领导最繁忙，而临近下班又是领导比较疲惫的时候，因此不要选择在这些时间与领导沟通。最好在上午十点钟左右与领导沟通，此时他可能已处理完早上的事务，这时提出问题和建议比较容易引起领导的关注。

2. 灵活运用事实数据

提出建议或推广一项新的提案时，一定要有足够的说服力，切忌夸夸其谈，言之无物。用事实和数据说话，说服力更强，更易被领导接受和认可。

3. 预测质疑，准备答案

领导对你的方案提出疑问时，如果你事先毫无准备，吞吞吐吐，自相矛盾，当然不能说服领导。因此，应事先设想领导会提什么问题，自己该如何回答，进行充分的思考和准备，做到胸有成竹。

4. 简明扼要，突出重点

在与领导沟通时，一定要重点突出、简单明了。你在说服领导时，应简明扼要地回答领导最关心的核心问题，而不应东拉西扯，分散领导的注意力。

5. 讲究沟通的艺术性

与领导沟通，不仅需要讲求方式和方法，更需要讲求一定的沟通技巧，要依据场合和领导的喜好等多种因素综合考虑。尽量站在领导的立场上，进行艺术性的沟通。如可采用比喻、讲寓言故事、反问、暗示等多种沟通方式。

6. 尊重领导的决定

最后要注意一点，领导毕竟是领导。无论你的工作方案和设想多么完美，也是从自己的角度考虑问题。即使领导不采纳你的方案或建议，也应该感谢领导的倾听。

四、如何与同事有效沟通

(一) 与同事沟通的原则

1. 真诚与平等原则

真诚是人际交往中"道"层面的要求，是有效沟通的前提与基础。"精诚所至，金石为开"，唯有真诚才能赢得信任和尊重，唯有真诚才能让沟通的双方敞开心扉。同事之间沟通要坦诚、尊重、信任、平等，不能以地位、身份、贫富、性别等差异而区别对待。

2. 相互协作原则

团队合作能够实现"人多好办事"，团队合作能够完成个人无法独立完成的工作项目。一个人单打独斗很难把事情都做全做大。多人分工协作，就会有人多力量大的优势，就能够把团队的整体目标分解成若干个小目标，然后再分配给团队的成员去协作完成，这样就能够缩短完成大目标的时间，从而提高效率。

相互协作能够营造一种团结互助的工作氛围，使每个员工都有一种归属感，这种归属感会让员工觉得在为团队目标努力的同时也是在实现自己的目标，与此同时也有其他伙伴在一起为这个目标而努力，从而激发更强的工作动机，有助于培养敬业精神和提高工作效率。在沟通中传递信息，在交流中相互学习，同事之间相互帮助、相互支持，会发现工作起来轻松很多，也能深深感受到同事之间的关心和友爱之情。

3. 相互包容原则

真正成熟的人往往都懂得换位思考，能够站在别人的角度考虑问题。每个人的成长经历、生活状态都不尽相同，都是独立的个体。职场中遇到自己不能理解的人或事，要以包容心对待，接受并尊重别人的不同观点或做事风格。"海纳百川，有容乃大"，心中能装多少事，就能做多少事；心里能包容多少人，就能管理多少人。

(二) 与同事沟通的技巧

1. 主动让利

同事之间既是"合作者"，又是某种意义上的"竞争者"。与同事相处要大度，对于一些非原则性的问题，切记不要去争什么你输我赢，有时主动让利反而能让你收获更多。对待升迁、荣誉、功利，应时刻保持一颗平常心，不要背后诋毁或说风凉话，这些做法损人不利己。

2. 委婉表达

"良言一句三冬暖，恶语伤人六月寒"。与同事沟通前应该认真思考对方能够接受什么样的表达、什么样的沟通方式，委婉地向同事表达自己的意见或建议。如果说话过于直率、言辞过于生硬或激烈，不但无法取得良好的沟通效果，还可能会带来麻烦。

3. 真诚赞美

每个人都想要得到其他人的肯定和称赞。但中国人普遍都比较含蓄，不太习惯赞美身边人，因此我们更应该学习如何赞美别人。首先，赞美一定要出自真心，要真心实意地感觉到对方的优点并加以赞赏。如果言不由衷，没有根据、虚情假意地赞美别人，不仅会让人莫名其妙，还会让人觉得你心口不一。其次，赞美同事时，可以让语言更具体一些，这样更能体现出你的真心，而不是在随口敷衍。赞美用语越具体，越说明你对他的了解，对他的长处越看重，越让对方感到你的真挚、可信。切忌含糊地赞美对方，说一些"你太好了""你真是个好人"之类空泛的话。

4. 关怀他人

要想和同事很好地沟通，就要善于在"情"字上下功夫，无论是在工作中，还是在生活上，要学会和同事在感情上的沟通。同事在工作中遇到难题向你求助时，要耐心地解答，做到知无不言，言无不尽；同事在生活中遇到难处时，要尽自己所能在精神上或者物质上及时给予帮助，使他感受到温暖。

5. 虚心请教

子曰："三人行，必有我师焉。"初入职场的新手，难免会有不懂的业务。不懂并不可怕，可怕的是不懂装懂还硬着头皮做错事。工作中如果遇到不明白的地方，一定要虚心向同事请教。积累工作经验很重要，但是注意不要事事请教，要注意观察同事中业务好的，看他怎样处理工作任务。要用心学习，遇到困难要以诚恳的态度向有经验的同事请教。学习中也要学会总结，不断提高自己的业务能力。工作方法是靠自己不断学习和总结得来的，没有一成不变的经验，要学会融会贯通，举一反三。适应工作环境，熟悉同事风格，找到学习榜样，跟上工作节奏，工作起来才能游刃有余。

★ 案例链接

小张的烦恼　　　主动确认细节，接受任务有逻辑　　　虚心使人进步

总 结 与 考 核

一、实践日志

日　期		天　气	
主要实践内容：			
体会与感想：			
努力方向：			

二、实践考核(第三周)

考核内容		分值	本周考核要求	本周自评得分
平时成绩 (80 分)	考勤	5 分		
	实践过程	5 分	积极主动沟通,认真配合搭档完成训练任务	
	实践表现	10 分	敢于沟通、乐于沟通,用心听,认真说	
	团队实践表现	30 分	有效沟通: 1. 积极配合; 2. 认真协作; 3. 敞开心扉	
	长程团队项目个人任务进程监控记录,个人贡献与反思	30 分		
	本周平时分数合计:			
实践感悟 (20 分)	心理实践或团队实践项目的感悟与能力提升	20 分		
备　　注	1. 平时成绩每课一结,个人自评,组长核查汇总。 2. 平时成绩每课总分 80 分,期末加总求平均数,作为期末成绩,占总成绩的 80%。 3. 实践感悟得分直接计入期末总成绩,占总成绩的 20%			

拓 展 实 践

一、实践内容

(一) 自我测评一

请根据自身情况作答,然后根据后面的评分结果进行打分。

1. 努力地回忆一下你最近一次倾听别人讲话时的情景,(　　　)与你的情况符合。

A. 我拒绝浪费时间去倾听一次令人乏味的演讲

B. 我很善于倾听,即使是乏味无趣的演讲

C. 除非我觉得演讲内容确实不错，否则我会一边假装在听，一边做其他事情

2. 某人讲话地方方言口音很重，很难听懂，这时(　　　)。

A. 请他重复一遍，并且做好笔记或录音

B. 停止听讲，去做其他的事情

C. 努力去听懂一些话，然后猜出其余的话

3. 在一次交谈中某人说了如下的话，其中你最可能接受的是(　　　)。

A. 我并不害怕在大庭广众下说话，只是有几次轮到我站出来讲话时，我的嗓子哑了，所以没有表达好

B. 如果我来决定，我就是那个要被提升的人

C. 我真的不知道怎么回答这个问题，我从来没有思考过这个问题

4. 某人说话声音很小，很可能表明该人(　　　)。

A. 想努力来掩饰他的错误

B. 害羞、嗓门低

C. 通过制造噪声，迫使人们仔细听

评分规则：将下面各题选项对应的分数相加，得出总分。

第1题：A选项1分，B选项2分，C选项3分。

第2题：A选项2分，B选项1分，C选项3分。

第3题：A选项1分，B选项2分，C选项3分。

第4题：A选项3分，B选项2分，C选项1分。

得分在7～9分：表明你在沟通中注意倾听，能够领会所说内容的含义。你是一位很好的倾听者。

得分在4～6分：表明你在沟通中能够有目的地选择倾听，倾听效果比较好。

得分在1～3分：表明你是个糟糕的倾听者。你应在平时的沟通中不断训练自己的倾听能力，从而增强沟通效果。

(二)　自我测评二

请根据自身的情况作答，然后根据后面的评分结果进行打分。

1. 你是否时常觉得"跟他多讲几句话没意思"？(　　　)

A. 是　　　　　　　　　　B. 有时　　　　　　　　　　C. 否

2. 你是否觉得那些太过于表现自己感受的人是肤浅的、不诚恳的？(　　　)

A. 是　　　　　　　　　　B. 有时　　　　　　　　　　C. 否

3. 你与朋友在一起时是否觉得孤独或失落？(　　　)

A. 是　　　　　　　　　　B. 有时　　　　　　　　　　C. 否

4. 你是否需要通过独处的方式来清理头脑？(　　　)

A. 是　　　　　　　　　　B. 有时　　　　　　　　　　C. 否

5. 你是否会在内心苦闷的时候找朋友倾诉？(　　　)

A. 是　　　　　　　　　　B. 有时　　　　　　　　　　C. 否

6. 在与一群人交谈时，你是否时常想起一些与谈论无关的事情？(　　　)

A. 是　　　　　　　　　　B. 有时　　　　　　　　　　C. 否

7. 你是否时常避免表达自己的感受，因为你认为别人不会理解？（　　）

A. 是　　　　　　　　B. 有时　　　　　　　　C. 否

8. 当有人对你讲一些事情时，你是否时常觉得很难聚精会神地听下去？（　　　）

A. 是　　　　　　　　B. 有时　　　　　　　　C. 否

评分规则：每题选 A 记 3 分，选 B 记 2 分，选 C 记 1 分。将各小题选项对应的分数相加，统计出总分。

得分在 20～24 分：表示你只有在需要的情况下才会同他人交谈，或者对方与你志同道合时，但你仍不会通过交谈来发展友情。除非对方主动频繁地跟你接触，否则你总是处在孤独的个人世界里。

得分在 15～19 分：表示你比较热衷于与他人交谈，如果你跟对方不太熟悉，你开始会表现得很内向，不愿意与他人交谈，但时间久了，彼此相互熟悉后，你便开始敞开心扉与他人交谈。

得分在 9～14 分：表示你与他人交谈不成问题，你非常善于沟通交际，善于营造一种欢乐的气氛，还会鼓励对方多开口，彼此十分投缘。

(三) 分析沟通环节中出现的问题

有一位老板告诉其秘书："你帮我查一查我们有多少人在成都分公司工作，星期四的会议上董事长将会问到这一情况，我希望你准备得详细一点。"

于是，这位秘书打电话告诉成都分公司的秘书："董事长需要一份你们公司所有员工的名单和档案，请准备一下，我们在两天内需要。"成都分公司的秘书又告诉其经理："董事长需要一份我们公司所有员工的名单和档案，可能还有其他材料，需要尽快送到。"结果第二天早晨，四大箱航空邮件被邮寄到了公司大楼。

请结合上面的案例，分析为什么会出现这种结果，沟通中哪些环节出了问题。

二、个人实践任务周进程监控表

个人实践任务周进程监控表

任务要求	本周任务执行情况							任务状态
	周一	周二	周三	周四	周五	周六	周日	
用心听别人讲话								
认真表达自己想要说的话								
赞美别人								
微笑								
团队项目	分配的个人任务、要求完成时间、完成情况：			贡献与反思：				
本周其他情况说明								

实践四　问题解决

提出正确的问题，往往等于解决了问题的大半。

——沃纳·海森堡

每天问一遍：是你解决了问题，还是你成了问题的一部分？

——汪中求

孤雁难飞，孤掌难鸣。

——中国谚语

切勿低估团队合作对解决问题的价值。

——詹姆斯·麦肯锡

扬汤止沸，不如釜底抽薪。

——《三国演义》

实 践 目 标

(1) 锻炼策划、组织和表达能力。
(2) 提高分析、解决问题的能力。
(3) 明确团队目标，加强团队沟通，增强团队凝聚力，提高团队士气。
(4) 以积极的心态面对问题，有效调动资源来解决问题。
(5) 了解创造性解决问题的策略，通过练习提高创造性解决问题的水平。

实践内容简述

通过团体活动活跃思维，调动积极性，明确提出问题，尝试解决问题。认识到用人单位对员工解决问题能力的重视。结合实例掌握解决问题的步骤，善于找到问题的核心点，能够对复杂问题进行层层拆解，在实践中锻炼和提高发现问题、解决问题的能力。

综 合 实 践

活动一　打 绳 结

1. 活动目标

创设问题情境，活跃学生思维，激发学生积极性，为后面的专题学习和训练打好基础，做好准备。

2. 活动准备

材料准备：每组准备 3 根软绳，长度为 80～100 cm。

3. 活动内容

具体的活动内容及步骤如下：

打绳结

1) 设置情境

很久以前，有一个著名的魔术师，她非常善于解决各种难题。一个好事者颇不服气，便想出了一个古怪的问题来考她。他给魔术师一根绳子，问魔术师能否在两手抓住绳子两端不松开的前提下，打出一个绳结来。

2) 以小组为单位解决问题

学生以小组为单位分析问题，群策群力，团结一心来解决问题，看如何帮助魔术师打出这个绳结。先想出答案的小组胜出。

4. 体验分享

请学生就活动过程中想到的解决方法进行分享，并侧重于不同方法的尝试和推广。

5. 活动总结

积极面对问题，多方面分析问题，发挥团队的聪明才智，往往可以使问题的解决更加高效和顺畅。在不同思想和方法的碰撞下，团队成员各抒己见，群策群力，气氛热烈，在这样的氛围和过程中锻炼和提高团队及其成员解决问题的能力。

活动二　案 例 分 析

1. 活动目标

调动学生的主动性和积极性，锻炼学生对自身、身边及社会中存在问题的鉴别和总结能力，锻炼学生善于发现问题、明确提出问题和解决问题的能力。

2. 活动准备

准备案例资料，小至个人学习、生活、工作中的问题，大至企业、社会在管理、改革、创新等方面所面临的问题和困难。对资料进行整理，能明确提出问题。(可参考后文"知识链接"和"案例链接"部分的资料。)

3. 活动内容

具体的活动内容及步骤如下：

1) 案例分析和讨论

提供案例供学生课上讨论。将案例中的问题、困难、矛盾呈现给学生，引导学生加以分析。以小组为单位进行讨论。

讨论规则：

(1) 每个小组成员都要发言，积极参与讨论。

(2) 强调讨论纪律，避免跑题和闲谈。

(3) 做好记录。

2) 提出对策

(1) 小组成员在讨论的基础上逐渐提炼解决问题的方法和对策，达成共识。

(2) 每组提出的对策或共识要明晰如下问题：案例中的当事人遇到了怎样的一些问题？换作是你，你会如何去解决？案例中当事人在解决问题和克服困难过程中运用的方法以及所体现的态度和心态对你有没有启发？

(3) 每组的对策要形成文字，由各组的记录员整理完成。

4. 体验分享

请学生就活动过程中的体验和收获进行分享，教师予以点评。

5. 活动总结

遇到问题和困难，遭遇发展瓶颈时，往往需要我们从中跳出来加以审视，积极面对，明确问题，拆解问题，保持良好的心态，调动自身和身边的资源，集中力量去加以解决，并形成文字或自己的认识，向他人汇报或说服别人。

知 识 链 接

一、影响问题解决的因素

1. 已掌握的有关知识

解决问题的任何一个阶段都涉及相关知识，没有相应的知识不仅难以发现问题，而且缺乏分析问题的基础和提出假设所必需的依据，即使检验假设也必须具有相应的知识。知识对解决问题的影响，还涉及在必要时是否能及时回忆起已有的相关知识，并恰当地加以综合应用。

2. 心智技能发展水平

心智技能是一种借助于内部语言在人脑中进行的认知活动方式，如默读、心算、写作、观察和分析等。心智技能是影响问题解决的极其重要的因素。解决问题主要是通过思维进行的，心智技能正是思维能力在解决问题中所表现的技能。

3. 动机和情绪

动机和情绪在问题解决中有积极和消极两方面的影响。恰当的学习动机和求知欲，不仅对发现问题有极其重要的作用，而且对深入分析问题、探索各种假设和反复检验，都是重要的内部动力。但只有中等强度的动机和平静的心境状态，才有利于问题的解决。如果动机和情绪的强度不够，则缺乏动力，而过于强烈则会干扰思维，影响问题的解决。

4. 刺激呈现的模式

每一问题中所包含的事件和物体，当它们呈现在问题解决者面前时，总要涉及特定的空间位置、距离、时间的先后顺序，以及它们当时所表现的特定功能，所有这些具体特点及其间的关系就构成特定的刺激模式。如果刺激模式直接提供了适合于问题解决的线索，就便于找出解决的方向、途径与方法；如果刺激模式掩蔽或干扰了解决的线索，就会给解决问题增加困难，甚至导向歧途。在教育领域，在教育教学过程中，教师要注意对刺激物的组织处理(如教具安排等)，并注意经常训练学生从多种角度观察同一事物，以揭露和认识这一事物在不同情境中可能具有的多种功能。

5. 思维定式

思维定式是指连续解决一系列同类型问题所产生的定型化思路。这种思路对同类的后继问题的解决是有利的。如果后继问题虽可用前法解决，但也可以采用更合理、更简易的方法，思维定式就会成为障碍，从而影响解决问题的速度。推广到教育领域，即平时既要注重训练学生思维的定向性，又要训练其思维的灵活性。

6. 个性特点

独立性、自信心、坚韧性、精密性、敏捷性、灵活性以及兴趣等个性特点，均会对解决问题的效率产生一定的影响。

二、成为解决问题的高手

在你成长的过程中，遇到问题和难题，你会怎么解决？你有没有陷入这样两种困境：第一种是遇见过类似问题，但之前的解决方案无效；第二种是这个问题完全没有遇到过，没有经验可循。

解决问题的高手在问题面前则显得游刃有余。他们在对待问题方面，有一整套的思维方式和逻辑。他们有能力用一套方法论去解决所有的问题，不管这个问题难不难，有没有遇到过，都能解决。

解决问题有四个步骤：第一步，明确和理解问题；第二步，拆解和定位问题；第三步，提出解决方案；第四步，总结问题。对这四个步骤，很多人认为提出解决方案很重要。其实，拆解和定位问题反而是整套方法里最重要的。如果想要解决问题，就必须用80%的精力去拆解和定位这个问题，剩下20%的精力去寻找解决方案就足够了。

1. 明确和理解问题

经常会有人说，自己在生活中遇到很多棘手的事情。这时我们需要反思：我要解决的到底是什么问题？也就是说，遇到具体问题时你一定要问自己：我遇到的问题本质到底是什么？

在工作中你可能遇到过这样的情况，自己辛苦做事，老板对结果却不满意。这时候你就要想想，你忙着解决的问题，到底是不是老板交给你的那个任务。很多时候老板在派任务时表达得并不足够清楚，他可能只是随口跟你说："小王啊，这个问题帮我解决一下。"但这个问题到底是什么问题，你很可能不敢问，只能自己揣测老板到底是什么意思。这种做法非常不可取。请务必自己明确一下问题，然后还要跟提出这个问题的人确认一遍。

明确问题，你可以从三个方面入手。

首先，你要找出对方关心的问题点。

以工作为例。你可以说："老板，我看了一下您这份工作材料。我们部门过去一个月产品付费率下跌超过了50%，目前只有10%的付费率。这个数字确实很惊人，对我们业务的发展肯定也不好，我想明确一下，您想让我解决的问题是不是这个？"

这个时候老板可能会说："对，我就是要解决这个问题，你去看一下问题到底出在哪儿，给个解决方案吧。"这就找到了问题点。

然后，明确问题的目标。

继续前面的例子。现在你知道了"过去一个月里产品付费率下跌超过了50%，目前只有10%的付费率"这个问题点，那老板是希望把产品付费率提升到原来的水平还是在现有基础上提升几个点呢？不同的目标对应的解决方案也不一样。比如你可以说："老板，我对比了一下整个行业的数据，发现新产品付费率随着时间的推移下降其实是正常现象，一般产品付费率稳定后在13%左右。而我们现在10%的付费率确实是有点偏低了。我回去研究一下，怎么把我们公司的产品付费率提升到13%这个行业平均水平，你看行吗？"这个时候老板一般会觉得这是个比较满意的答案。你知道明确问题，找到了问题点，明确了问题的目标。

最后，明确可以用来解决问题的资源。

继续前面的例子。我们现在假设你和老板达成一致了，确定的目标是把产品付费率从10%提升到13%，那你就会需要业务部门的配合，需要调出产品的付费用户数、付费金额等数据，这些资源你都需要向老板去申请。老板也会授权你调用业务部门所有与产品相关的数据等各种资源。但凡明确到这一步，解决这个问题，其实就很简单了。

再来看一个现实中的例子——你现在所学专业是家人替你选的，你自己并不喜欢。

首先，我们来明确问题点。这里的问题点一定不是专业的选择者是谁。家人替你选专业，希望你能有一个更好的发展和未来，所以你不应该在谁选的专业上跟家人进行无休止的争执。

然后我们再来看看希望达到的目标。你自己希望达到的目标其实和父母是一样的，是顺利就业，希望自己的未来会更好。

这时我们就要明确可以利用的资源了，学校的教学和实训资源、自己的目标和努力、家人的后勤保障和情感支持等都是我们实现学好专业、顺利就业、更好发展的资源。把更多的精力放在"如何学好专业"上，而不再纠结于"专业不是我选的"，这个问题也就慢慢淡出了。

总结一下明确和理解问题的三个步骤：首先理解问题点是什么，其次明确你希望达到的那个目标，最后明确可以利用的资源。有了这三项，你就做好了拆解问题的准备工作。

2. 拆解和定位问题

很多问题之所以难解决，是因为它特别宏大而复杂，我们解决起来也不知道从哪里入手。比如，我们都希望自己的生活过得更好，但是怎么样才能达到这个目标，其实我们都不太知道。也许我们可以努力赚更多的钱，也许可以找到更好的生活方式，当然也可以调整自己的心态等，这些都可能是答案，却又都不是特别完全的一个解决方案。

为什么复杂问题我们总觉得解决起来千头万绪，找不到思路呢？答案很简单，同时也很重要，那就是因为我们生活中遇到的大多数问题都是复杂问题，而不是元问题。什么是复杂问题呢？就是掺杂了多个维度和变量的问题。什么是元问题呢？就是那些最细小的、待解决的问题。

复杂问题其实是不可以直接解决的，我们每天在应对各种各样复杂问题的时候，其实都会下意识地把复杂问题进行拆解，然后再一一进行解决。但是单靠下意识肯定靠不住，需要我们有意识地去训练拆解问题的习惯和能力，并在工作和生活中主动运用这种能力。

以就业为例，铁路院校的毕业生，如何通过面试实现到铁路局工作的目标？

这个问题看起来很明确和清晰，但它仍不是一个元问题，而是一个可以拆解的复杂问题。很多因素都会对面试通过与否产生影响。我们这样来拆解这个问题：首先把通过面试分为两个层面，一个是自身层面，一个是外部层面。

自身层面再拆分出硬件和软件两个方面。硬件方面包括学历、成绩、身体素质、职业资格证书、仪容仪表、所在地域等，软件方面包括能力、心理素质、性格特点等。拆成这样才是具体的元问题。

拆完了自身层面我们再来拆外部层面。外部层面又可以拆分成你获得就业信息的渠道、往届毕业生的就业情况、家庭能够给你的支持等。

拆解之后，就可以一项一项对照着问自己。比如，学历是不是有问题？如果学历是一个局限条件，那你是不是就要考取更高的学历？再比如，心理素质是不是有问题？具体是沉着冷静还是沟通表达有问题？是否需要多在众人面前练习发言，是否需要学习沟通表达的技巧和方法等。当问题被拆解成一个个具体的元问题时，你其实就会对如何通过面试实现就业有一个更好的认知了。

拆解问题是企业老板每天都在做的事情。比如，某公司老板的大目标是提高公司的营业收入，要实现这个目标，需要做些什么呢？老板就会把大目标拆分开来，分别安排给不同部门的人，可能分给你的那个目标就是把点击率提高10%。也就是说，如果你学会了拆解问题，也就学会了用老板的思维来思考问题。在上面的就业例子中，如果你学会了拆解问题，有助于你站在用人单位的角度来思考面试问题，有助于你在一个更高的站位、用更统筹的思维来要求自己。

3. 提出解决方案

把问题拆解成一个又一个元问题后，其实你已经对问题的解决成竹在胸了。因为当问题被拆分得足够细致且清晰时，你会发现解决方案原来是那么明显，每个人都可以找到。然后，就需要我们明确问题，加以分析，寻求可以利用的资源，提出最终的解决方案。

4. 总结问题

总结问题是解决问题的最后一项任务。总结问题的重要性，被很多人低估了。怎么突出表现自己的能力，怎么让别人相信这是一个好方案，或者说怎么争取更多的资源和机会，这些在很大程度上都取决于你的汇报如何，也就是你总结问题的能力如何。

我们以竞选进入学生会宣传部为例来说明总结问题的重要性。比如，你的文笔很好，来到新学校后很想加入学生会宣传部，展现自己的专长。你要如何说服面试官相信你的能力呢？

你要介绍自己的写作经历、发表的优秀作品，表达自己对写作的兴趣爱好和坚持，以及你会如何和其他部员处好关系，分工合作完成稿件，多出精品等。这样，面试官才乐于把机会留给你。

完成解决问题的四个步骤之后，就需要落地实施方案了，即在实践中检验解决方案的效果，判断问题是否被解决以及被解决的程度如何。然后循环往复，螺旋上升。

三、创造性地解决问题

一个问题很少只有一个解决的方法，一些方法可能比另一些方法更加可行，这就是创造性地解决问题最典型的特点。在几种创造性地解决问题的理论中，有一些普遍的概念(见图4-1)，但是，通向或者从这些概念出发的路径会随着使用者的不同而有着显著改变。

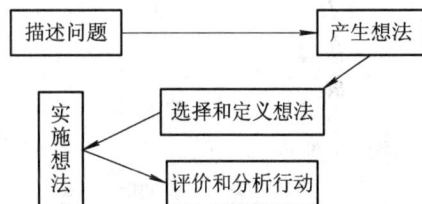

图 4-1　创造性地解决问题图示

1. 描述问题

在成功地处理一个问题之前，你必须先了解它。这就要从历史的角度、他人的视角等多个方面来看待这个问题，从客观层面阐述它、定义它，从主观层面阐述你对它的感觉，评估它可能产生的效果和影响。然后分析这个问题，把它掰开揉碎，看它的内部结构、优点和弱点，以及它的价值所在。一旦你能够把握这个问题的本质，就可以进入下一个环节了。在整个创造性解决问题的过程中，你会不断重复这个描述问题的步骤，这是因为，过一段时间你往往会搜集到更多关于它的信息，从而有可能改变你所选择的用来解决问题的方法。

2. 产生想法

想法可以来自我们自身，也可以来自我们周边任何可及的资源，如你读过的书、看过的电影、参观过的博物馆、旅游去过的城市、与同伴的交谈，还有你想到的一切。在这个探索过程中，要有意识地屏蔽头脑中可能产生的审查机制等条条框框，接受涌现的每一个想法，不论它当下看起来是什么样子。要知道，提出的想法越多，创造性地解决问题的概率也就越大。

3. 选择和定义想法

进入第三个环节，就需要在所有的想法中进行筛选了。你需要展开所有的想法，按照一定的标准和规则对这些想法进行排序和取舍。这个过程如能在团队中进行，团队成员集思广益，进行头脑风暴，思想碰撞，效果会更好，效率也会更高。一旦你选定了某一个想法，那接下来就需要展开调研，明确资源，进入第四个环节。

4. 实施想法

在展开调研的过程中，要明确可资利用的人、财、物等有形资源，也要挖掘那些无形的资源，比如每个人的隐藏才能，再通过扎扎实实的行动推动想法的落地执行。换句话说，实施想法就是把想法通过调研和行动逐步落地，在实践中检验想法产生的结果，这是一个巨大的转变过程。想法的实施往往需要坚定的信念、足够的勇气和魄力，尤其是实施一个创新性的想法，尤其是在遇到压力和阻力时，更需如此。

5. 评价和分析行动

想法落地实施后，可能出现截然不同的两种结果：或者通过现实检验，顺利实施；或者遭受现实冲击，需要推倒重来。这需要我们对想法的实施过程进行评判，来判断问题是否解决以及被解决的程度如何。

四、中小企业面临的问题及其解决

改革开放40多年来，我国中小企业的发展可谓突飞猛进。中小企业对我国的经济增长和社会发展起到了举足轻重的作用。然而，在新的发展环境下，众多中小企业在发展过程中仍然面临管理瓶颈，主要集中在三个方面：

第一，公司战略管理随意性较大。中小企业的创业成功大多是靠市场机遇，所谓战略，往往是老板的创业灵感。把企业家的战略意图变成清晰的战略规划，是中小企业内部管理升级的需要，也是发展外部环境的客观要求。

第二，人力资源管理机制不健全。许多中小企业在创业初期，往往是老板和几个亲信组成核心团队，共同打天下。此时，企业规模小，流程简单，效率较高。然而，随着原始积累的完成，企业规模的扩大，越来越多职业经理人的加入，人力资源管理机制逐渐跟不上公司的发展需要，"重业务、轻管理"的现象亟须改变。

第三，企业文化理念缺乏明晰性。许多人认为中小企业不需要企业文化，其实企业文化是与生俱来的，如何让潜在的思想观念变成明晰的管理导向，让企业家的个人思想上升为组织的文化思想，是众多中小企业打造常青基业的DNA。任何改革要成功，都必须先改变人，然后才能改变做事方式。人的思想和素质没有改善，升级只能"原地踏步"。

面对这三个方面的问题，中小企业要如何解决呢？

中小企业在解决众多问题的过程中，需要抓住三个关键：第一，要往哪个方向走？第二，要用什么样的人？第三，如何凝聚人心？如果这三大问题解决了，那企业基本的问题也就解决了。对此，有人提出"以战略为导向，以企业文化为核心，以人力资源为机制"的企业竞争力三环模型。这个模型需要企业通过以下三个途径建立"战略、文化和人力资源一体化的管理体系"。

第一，理清发展战略，明确前进方向。如果选择的方向是错的，那么无论怎么努力都将无济于事，甚至适得其反。因此，重要的不是我们身在何处，而是我们朝着什么方向前进。许多中小企业经过创业初期，或多或少会出现迷茫，企业家往往疲于应对具体事务，企业发展却迟迟上不去，劳而无果，劳而无功。这往往是战略不清或战略执行不到位所致。

第二，构建系统的人力资源管理体系。企业发展，人才是根本。面对用工荒、人力成本上升、年轻员工管理难度大等问题，中小企业需在理清公司战略的基础上，围绕人力资源规划、员工招聘、员工培训、绩效考核、薪酬激励、职业发展等，完善人才的选、用、育、留等机制，建立健全人力资源管理体系，推进人力资源管理系统的升级，为企业发展提供人才保障。

第三，塑造支撑战略发展的文化理念。许多企业在度过创业期后，往往出现高层激情消失，创业元老思维僵化，新人进不来或留不住，企业活力弱化的现象，这其实就是企业文化出现了问题。一年企业靠运气，十年企业靠经营，百年企业靠文化。事实证明，出几个好的市场策划，开发几个好的产品，搞几次突击管理培训等并不难，难的是观念的改变，即企业文化的变革。

中国企业的问题，还是要用中国式的解决办法，要倡导中国式管理。中国企业的竞争优势来源于真正意义的中国管理模式，这种管理模式既不是对西方管理理论的全盘继承，也不是对中国传统管理模式的全部采纳，它是将西方的管理科学和管理理论的精髓与中华优秀传统文化相融合而形成的本土管理模式。

五、企业看重毕业生解决问题的能力

企业需要什么样的人，用最简单的一句话来说，就是需要能解决问题的人。解决问题又分为两种：一种是在对你进行培训之后，你能解决问题了；另一种是给你抛出一个问题，你自己解决了。这两种方式差距非常大，如果是以第一种方式解决了问题，你可能一辈子都是一个合格的员工，如果是以第二种方式解决了问题，那么你可能会创造出很多的价值。所以从企业角度来考虑，都希望能找到第二种有潜力的毕业生。

工作实践能力，特别是执行能力和解决问题能力是用人单位非常看重的。职业院校学生毕业后往往在企业的一线岗位工作，既要负责本部门的生产经营管理，服从指挥，完成生产目标，还要胜任相关部门间的沟通协调，领会并执行领导的指示。工作繁忙辛苦，遇到问题在所难免，如何分析、解决问题，保质保量完成工作任务，是职业院校学生必须培养的能力。

解决问题能力是从所有职业活动的工作能力中抽象出来，具有普遍适应性和可迁移性的一种核心技能。它是指能够准确地把握出现问题的关键，利用有效资源，提出解决问题的意见或方案，并付诸实施，进行调整和改进，使问题得到解决的能力。

企业经营的过程就是不断地发现问题、解决问题的过程。企业发展的程度取决于员工解决问题能力的高低。一个员工的智商再高，人际关系处理得再好，如果缺乏解决问题的能力，也不会受到企业的青睐，企业不会欢迎一名不具备解决问题能力的员工。传统的竞争优势，如自然资源、技术、规模经济等日益变得易于模仿。企业的资源观认为，企业的持续竞争优势只有通过稀缺的、竞争对手难以模仿的价值创造过程才能获得。

新修订的《职业教育法》中明确提出，职业教育是与普通教育具有同等重要地位的教育类型，要着力提升职业教育认可度，深化产教融合、校企合作，完善职业教育保障制度和措施，更好地推动职业教育高质量发展。

社会需求加快推进了职业教育的改革。这就需要学校不能只教一些技术和知识，更重要的是教解决问题的能力。也就是说,把一个未知领域的话题或者课题抛给学生,学生能通过某种方法在最短的时间内将问题解决。学校教育要在学中做、在做中学,强化教学、学习、实训相融合的教育教学活动,提升学生的实践能力,提高他们解决工作现场各种问题的能力。

★ 案例链接

姚忠良与白象方便面　　　　　关于学校食堂拥挤问题的解决方案　　　　个性特质与适合的岗位

总 结 与 考 核

一、实践日志

日　　期		天　　气	
主要实践内容:			
体会与感想:			
努力方向:			

二、实践考核(第四周)

考核内容		分值	本周考核要求	本周自评得分
平时成绩 (80分)	考勤	5		
	实践过程	5	案例分析,提出解决问题的对策等	
	实践表现	10	讨论发言,5分; 完成各项实践,5分	
	团队实践表现	30	案例分析: 1. 积极参与 2. 表达清晰 3. 有借鉴意义	
	长程团队项目或个人任务进程监控记录,个人贡献与反思	30	问题解决: 1. 明确问题 2. 积极应对 3. 有效利用资源 4. 体现出创造性	
	本周平时分数合计:			
实践感悟 (20分)	心理实践或团队实践项目的感悟与能力提升	20		
备　注	1. 平时成绩每课一结,个人自评,组长核查汇总。 2. 平时成绩每课总分80分,期末加总求平均数,作为期末成绩的一部分,占总成绩的80%。 3. 实践感悟每课总分20分,期末加总求平均数,作为期末成绩的一部分,占总成绩的20%			

拓 展 实 践

一、实践内容

在实际生活经验的基础上,选取两个比较有代表性的问题,要求你运用创造性策略去加以解决。虽然这些问题只是假设的,仅供练习,但是,在将来解决实际问题时,这些技能一定能派上用场。沿着解决问题的步骤走,看看你能提出些什么。对每一个假设的问题试着提出至少3种想法。

(一) 室友问题

情境：在与你的室友们相处两年后，你实在无法容忍其中某个人，想搬出去。

(1) 描述问题：＿＿＿＿＿＿＿＿＿＿＿＿＿＿＿＿＿＿＿＿＿＿＿

＿＿＿＿＿＿＿＿＿＿＿＿＿＿＿＿＿＿＿＿＿＿＿＿＿＿＿＿＿＿＿

＿＿＿＿＿＿＿＿＿＿＿＿＿＿＿＿＿＿＿＿＿＿＿＿＿＿＿＿＿＿＿

(2) 产生想法：＿＿＿＿＿＿＿＿＿＿＿＿＿＿＿＿＿＿＿＿＿＿＿

＿＿＿＿＿＿＿＿＿＿＿＿＿＿＿＿＿＿＿＿＿＿＿＿＿＿＿＿＿＿＿

＿＿＿＿＿＿＿＿＿＿＿＿＿＿＿＿＿＿＿＿＿＿＿＿＿＿＿＿＿＿＿

(3) 选择和定义想法：＿＿＿＿＿＿＿＿＿＿＿＿＿＿＿＿＿＿＿＿

＿＿＿＿＿＿＿＿＿＿＿＿＿＿＿＿＿＿＿＿＿＿＿＿＿＿＿＿＿＿＿

＿＿＿＿＿＿＿＿＿＿＿＿＿＿＿＿＿＿＿＿＿＿＿＿＿＿＿＿＿＿＿

(4) 实施想法：＿＿＿＿＿＿＿＿＿＿＿＿＿＿＿＿＿＿＿＿＿＿＿

＿＿＿＿＿＿＿＿＿＿＿＿＿＿＿＿＿＿＿＿＿＿＿＿＿＿＿＿＿＿＿

＿＿＿＿＿＿＿＿＿＿＿＿＿＿＿＿＿＿＿＿＿＿＿＿＿＿＿＿＿＿＿

(5) 评价和分析行动：＿＿＿＿＿＿＿＿＿＿＿＿＿＿＿＿＿＿＿＿

＿＿＿＿＿＿＿＿＿＿＿＿＿＿＿＿＿＿＿＿＿＿＿＿＿＿＿＿＿＿＿

＿＿＿＿＿＿＿＿＿＿＿＿＿＿＿＿＿＿＿＿＿＿＿＿＿＿＿＿＿＿＿

(二) 寻找工作

情境：你即将毕业，要寻找一份工作(或者你不能忍受现在的工作，要换一份工作)。

(1) 描述问题：＿＿＿＿＿＿＿＿＿＿＿＿＿＿＿＿＿＿＿＿＿＿＿

＿＿＿＿＿＿＿＿＿＿＿＿＿＿＿＿＿＿＿＿＿＿＿＿＿＿＿＿＿＿＿

＿＿＿＿＿＿＿＿＿＿＿＿＿＿＿＿＿＿＿＿＿＿＿＿＿＿＿＿＿＿＿

(2) 产生想法：＿＿＿＿＿＿＿＿＿＿＿＿＿＿＿＿＿＿＿＿＿＿＿

＿＿＿＿＿＿＿＿＿＿＿＿＿＿＿＿＿＿＿＿＿＿＿＿＿＿＿＿＿＿＿

＿＿＿＿＿＿＿＿＿＿＿＿＿＿＿＿＿＿＿＿＿＿＿＿＿＿＿＿＿＿＿

(3) 选择和定义想法：＿＿＿＿＿＿＿＿＿＿＿＿＿＿＿＿＿＿＿＿

_____

_____

(4) 实施想法：_____

_____

_____

(5) 评价和分析行动：_____

_____

_____

二、个人实践任务周进程监控表

任务要求	本周任务执行情况							任务状态
	周一	周二	周三	周四	周五	周六	周日	
明确问题 (个人学习、生活、工作中的问题，企业、社会在管理、改革、创新等领域的问题)								
积极应对 (分析问题，提出对策)								
有效利用资源 (对问题解决有益的方法和人、事、物)								
体现出创造性								
拓展训练								
团队项目(搜集和分析资料、提出对策、达成共识)	分配的个人任务、要求完成时间、完成情况：				贡献与反思：			
本周其他情况说明								

实践五　自主管理

生而知之者，上也；学而知之者，次也；困而学之，又其次也；困而不学，民斯为下矣。

——《论语》

书不记，熟读可记；义不精，细思可精；惟有志不立，直是无着力处。

——朱熹《理性精义》

从什么地方和什么时候开始自我教育呢？有一句古老的格言说："战胜自己是最不容易的胜利"。

——苏霍姆林斯基

勤劳一日，可得一夜安眠；勤劳一生，可得幸福长眠。

——达·芬奇

实　践　目　标

(1) 了解大学生自主管理的概念及重要性。自主管理是学生在教师积极引导下发现自我价值、发掘自身潜力、确立自我发展目标、形成适应社会发展和推动个体与社会发展的意识和能力的一种教育模式；自主管理是大学生的内在需求；自主管理不是仅依照个人意愿来完成个人发展，而是要将冲突维持在一个适当的水平。

(2) 自主管理充分注重人性要素，充分注重人的潜能发挥，注重学生个人目标与发展目标的统一，在实现发展目标的同时实现学生的个人价值。

(3) 学会科学、合理地培养自主管理能力，是个人发展的需要。

实践内容简述

团队成员共同协作完成穿越火线、驿站传书、盲人方阵等游戏。在个人与个人、个人与团队、团队与团队的关系中，体会自主管理的力量。追根溯源，了解自主管理的历史。体会什么是自主管理，掌握自主管理的概念，体会自主管理对大学生的意义，指出大学生在自主管理上存在的问题，分析其产生的原因，进而有针对性地解决相应问题；同时，注重加强如何有效提高自主管理能力。然后，理论结合实际，通过"周总理的台历""张桂梅校长教育报国"两个案例，加强大学生对自主管理应用的实际意义和作用的感受。最后进行总结考核，建立实践日志，体会感受、明确方向，对自身练习结果进行考核评价。通过实际得分明确自身实际差距。找到差距后，深度发掘自我发展的内驱力，进行拓展训练，引导大学生养成"自我负责"的管理意识，从而通过"个人实践任务周进程监控表"进行有目的、有计划、有步骤的训练。

综 合 实 践

活 动 一　穿 越 火 线

1. 活动目标

通过导入激趣、参与体验、分享交流、整合升华等环节，让学生在参与中体验，在体验中交流，在交流中成长，形成自主管理，引导学生认识到任务完成需要每个人参与，只要大家目标一致、齐心协力，再复杂的问题都可以解决。

2. 活动准备

材料准备：网绳(有大小形状不一的网状洞口)、空场地、欢快的音乐、悲伤的音乐。

3. 活动内容

具体的活动内容及步骤如下：

(1) 将全班学生分成几个小组，每组 8~10 人，每组成员座位安排在一起。拿起纸张记录下活动规则：假想网绳上有高压，在规定的时间内，全体队员要互相配合在不触碰网绳的情况下穿越过去；如果触碰则失败重来，并且穿越过的洞口不能再过人，在最短时间内完成穿越的小组获胜。

(2) 网绳的两端进行固定，安排小组参与活动的顺序，由裁判维持现场秩序，不能出现混乱，提倡合作共赢。有队伍胜利时要播放欢快的背景音乐，如果有队伍失败则播放悲伤的音乐来烘托气氛，提倡所有人都能穿越"火线"。

(3) 活动结束后总结升华主题，请优胜的队伍和失败的队伍分别分享活动经验。针对活动中出现的问题有没有及时解决、每个人有没有完成自己的任务、谁在本次活动中付出最多等，鼓励同学表达自己的感受。

(4) 教师引导学生体会活动需要每个人的参与才能成功，每个人都有每个人的任务，无论多么好过的洞口都是没办法一个人通过的，需要有人在网绳的两边协助。同时感谢一些人在活动中的付出和努力。

4. 注意事项

(1) 要保证有足够的空间，而且要有清晰的背景音乐烘托气氛，产生动静分明的效果。

(2) 强调游戏的规则，不能触碰网绳，裁判要及时监督。

(3) 当出现洞口非常小，有人想要放弃的情况时，教师要暗示、鼓励他(她)一定可以通过。在通过过程中，可以采用抬、跨等方式，一定不要放弃。

(4) 活动中要注意安全，避免扭伤、抓伤等。

5. 体验分享

活动结束后，请学生就活动过程中的体验和收获进行分享，教师予以点评。

(1) 在穿越"火线"过程中，小组成员间的意见总是一致的吗？如果不一致，发生意见冲突时你们是如何处理的？

(2) 请成绩最好的团队分享成功的秘诀。

6. 活动总结

"穿越火线"是一个需要我们发挥主观能动性和积极付出的过程，每个人体型不一样，需要的网格大小也不一样，大的网格需要让给需要的人，自己通过也需要他人协助，如果大家一味都想使用大的网格通过，必然失败。

在游戏的过程中，如果能选出或自然形成一个领导者，对于通过网格是很有帮助的。他可以帮助我们更好地进行合作，让大家用一个声音说话，从而更好地解决问题。

活动二　驿站传书

1. 活动目标

体验每个人都是集体的中坚力量，感受每个人都能发挥自身主观能动性，帮助集体赢得胜利。

2. 活动内容

具体的活动内容及步骤如下：

驿站传书

(1) 将团队成员 8～12 人分为一组，每组人数必须相同，每个小组排成一列，每个人都是驿站的一部分，负责传递信息。将数字信息交到第一个人手中，开始依次传递，最后一个人收到传递的信息后立即起立念出信息。

(2) 比赛进行四轮，信息传递过程中会有规则约束，例如：不能说话传递，不能用纸条传递等，前一轮的传递方式不能使用，最快完成信息传递的小组获胜。

(3) 信息传递过程中，教师监督防止成员违反规则，各个小组集思广益，每个人都是驿站的一部分，最后的胜利要靠大家争取。每次最先完成的队伍，说出自己队伍的完成方式。

3. 注意事项

(1) 传递过程中容易出现说话等现象，要及时纠正。

(2) 出现跑动等现象时，注意安全保护，避免磕碰。

(3) 每次重复规则时表达要清晰，便于学生理解后进行活动。当有小组遇到困难，想要放弃的时候，多进行启发，提示他们可以利用手上的资源进行传递。

4. 体验分享

活动结束后，请学生就活动过程中的体验进行分享，教师予以点评。

(1) 活动中你觉得最难的地方在哪里？

(2) 每个人在团体中有没有发挥自己的价值？

(3) 一个驿站中哪个角色最重要？有没有人来扮演这个角色。

5. 活动总结

"驿站传书"游戏是在无声中进行的。通过每一次的规则修正，集思广益找到新的方式进行信息传递，成功的秘诀是每个人都在任务中发挥自己的作用。没有担当的意识，没有积极配合的态度，没有有效竞争的能力，被淘汰将会是必然的。

活动三　盲人方阵

1. 活动目标

提高团队成员相互配合、相互协作的能力；感受个人与集体的关系；体会团队合作的乐趣。

2. 活动准备

材料及场地准备：长绳一根、眼罩、空旷的场地。

3. 活动内容

具体的活动内容及步骤如下：

(1) 将学生分为 8～16 人一组，选出一个队长。游戏规则：让所有队员蒙上眼睛，在规定时间内，将一根绳子拉成一个最大的正方形，所有队员都要均分在四条边上。

(2) 注意：在大家确定绳子的方向后，再戴上眼罩，不增加另外寻找绳子的环节，不允许在看见的时候进行站队，最后成功的队伍队长举手示意。

(3) 队员戴上眼罩后一定是不能看见的状态，不能私自摘下眼罩。场地必须空旷，不能有障碍物。

4. 注意事项

(1) 如果人数比较多，可以先选两组进行比赛，或者每组的人数是 4 的倍数，看看最后多少组挑战成功。

(2) 整个过程必须有一名裁判，务必保证没有同学在戴眼罩的状态下远离队伍，提醒同学们不要随意走动，听从队长的指挥。

5. 体验分享

活动结束后，请学生就活动过程中的体验进行分享，教师予以点评。

(1) 活动任务完成得还顺利吗？

(2) 你觉得活动中最大的困难是什么？

6. 活动总结

看似非常简单的游戏任务，完成起来可能并没有想象中那么容易。这个活动需要大家"心往一处想、劲往一处使"。在团队中，如果遇到困难或出现了问题，很多人马上会想到是别人的原因，却很少反思自己的问题。队员间的相互抱怨、指责和不理解，不利于团队共同目标的实现。这个游戏告诉大家："照顾好自己就是对团队最大的贡献"。

知 识 链 接

一、自主管理的历史溯源

大学生自主管理的起源要从中世纪的"学生大学"说起。中世纪提供了两种不同的大学模型，即学生大学和教师大学，其中最早的形态是"学生大学"，是一种学生行会组织，它以学生为中心并以满足市场需要为目标。在这种模式中，学生行会付给讲课者讲课费并对讲课者享有很大的权力，学生掌握讲课者的"生杀予夺"大权。同时，学生也掌握着学校的管理权，比如学生们想将大学从一个城市搬往另一个城市，那么这个大学就可以搬走，连警察都无权干涉。

当历史进入20世纪60年代，高等教育学史上又迎来了"学生时代"。学生自主管理有了多样化的表达方式和渠道。作为"威斯康新思想"的一部分，出现了大学生管理的浪潮。大学生发现了他们在课外活动领域的权力，并一直保持了下来，各式各样的课外活动丰富、扩充了大学生的生活。同时，学生要求参与治校的呼声日益高涨，绝大多数大学都允许学生代表参加各种委员会，如评议会、理事会的各种常规委员会等。学生通过选举产生学生自治会，他们经常和校方保持联系，通过议案和编写备忘录来争取参与大学的管理工作。20世纪60年代以来，学生权力在世界各国得到普遍承认并有一定的政策保障。从校长选拔到学生的事务管理，学生有广泛的参与机会和权力。西班牙人文主义思想家和社会活动家何塞·奥尔特加·加塞特在马德里大学学生联合会发表演说时表示，很想把整个"大学的使命"移交给学生，他认为"大学以学生为中心的概念必须得到贯彻，以达到能够影响其物质组织的程度。像过去一直以来所认为的那样，把大学看作教授接待学生的房子的观点是荒谬的，事实上应该是恰恰相反：让学生来管理大学这幢房子，使全体学生成为机构的躯干和骨架，而教员或教授们则作为辅助或补充。通过礼仪指导官实行的纪律维护行为引起了令人难堪的争吵，使学生们成了一群反抗者。不要责怪学生，该责备的应是设计、规划不善的机构。所以，以此目的合理组织起来的学生自身应该引导大学的内部管理，决定习惯和行为的礼仪，施行惩戒措施，肩负起维护风纪的责任"。

因此，大学在实施高等教育时，应当以学生价值的充分实现为根本原则、目的和出发点，在大学战略规划、制度制订和教育教学等方面都体现学生至上的原则。大学要给予大学生自主管理的空间，使大学生自主管理落在实处。

二、什么是自主管理

(一) 自主管理的概念

自主管理是指学生为了实现高校的培养目标，满足社会发展对个人素质的要求，在教师的激励与引导下，开展的一系列自我学习、自我教育和自我发展的活动。这种管理模式以学生为主体，能有效提升高校学生管理的效率，因此在高校开展学生自主管理具有很大的必要性。

首先，自主管理是大学生的内在需求。在大学阶段，学生的认知能力和思辨能力迅速提高，自我约束和控制能力也在逐渐加强，他们开始形成或已经形成了一定的世界观、人生观和价值观，并具有较高的自主管理、自主发展的意识和能力。学生在这个时期的特征表明，有必要让其发挥自主管理能力。

其次，自主管理是民主管理的必然选择。法治社会的到来，使得自由、公平和正义越来越受到人们的青睐，在大学生公民意识日益增强的今天，仍由辅导员对学生进行全面的管理将不利于学生的发展，所以应该让他们处于一种自主管理的觉醒状态，主动意识到自主管理的价值与意义。

(二) 自主管理的意义

大学是学生个体思想、行为、认知等方面从学生角色转换到社会角色的特殊时期。这期间，教学模式从被动转变为主动，生活从依靠父母转变为独立自理，多方面的转变会使学生存在明显的转型期特征，会表现出不安定、行为复杂、变化迅速等特点，特别容易脱离社会，误入歧途。因此，只有更多地激发学生的自主管理意识，不断提高自主管理水平，才能更好地适应大学学习生活，顺应社会发展需要。

大学生的自主管理既符合大学生的心理特点，也符合社会发展和时代对人才的客观要求。大学生身心发展已趋于成熟，他们正在或已经形成成熟的世界观、人生观和价值观，具有道德观念、观察力、判断力，并具有较高的自主管理、自主组织、自主发展的独立意识和自主意识。大学生的这些特点，要求大学遵循不同于中小学的教育对象的身心发展规律，对于大学生的管理应充分调动其自主性。21 世纪，社会已经进入知识经济时代，对大学生的素质要求越来越高，仅仅学好课本知识已经无法满足社会的政治、经济、科技和人的全面发展的要求。同时，人们也越来越重视"以学生为本"的理念，大学生自主管理与现代学生管理的人性化、民主化、法治化、科学化的趋势相一致。因此，在大学阶段，创造自主管理的平台和空间对于培养大学生各方面能力是大有裨益的。

三、自主管理存在的问题及分析

(一) 当今大学生在自主管理上存在的问题

1. 自我认识能力不足

自我认识是指作为主体的大学生对自己的言行举止及特点的感知和了解，即主体充分了解自己的性格特征、心理状况、学习生活现状，寻找自身优势，发现自身劣势，从而在以后的工作生活中扬长避短。一个人只有客观、全面、正确地了解自己的长处和短处，才能正确地评价自己、约束自己和激励自己，从而合理地进行自主管理。然而，有相当一部分的大学生对于自我的认识是存在问题的。

2. 学习、生活目标不明确

目标在大学生的学习和生活中具有重要的作用，它能引导、激励、调控、制约大学生的学习生活。很多大学生认为自己考上大学就已经完成了任务，以后就不用努力学习了，不知道将来的目标是什么，也不知道上大学是为了什么，只是在大学里随波逐流，老师让学什么就学什么。他们不会为学习制订计划，就算有目标，也是把学习目标定位在掌握专业知识、考试不挂科或者期末考试考个好成绩上，只有在考试来临或者需要考证的前期，才会强迫自己去安排自己的生活。

3. 缺乏自主管理意识

当代大学生大多数都是独生子女，从小到大都受到百般呵护，父母凡事都包办、替代，小到生活细节，大到读书。很多父母为了孩子放弃工作，专门陪读。不少新生刚入学的时候，家长在宿舍里忙东忙西打扫卫生，而学生在边上袖手旁观。此类现象致使学生自主管理的意识和能力退化。上了大学后，在学习上和生活上又过分依赖老师，他们已经习惯由别人帮助处理问题，并且心安理得地接受老师和家长的安排，完全没有了自主管理的意识。

4. 缺乏自控能力

当代大学生自尊心强，希望追求自由自在、无拘无束的生活，他们渴望独立，但又缺乏自控能力。在学习上，逃课、迟到和早退现象频频发生，上课时不能集中精力学习，总是不由自主地玩手机、开小差；在生活上，上大学后，自己有了一定的经济支配权，时常没有节制地花钱，铺张浪费，缺乏正确、理性的消费观。在与大学生的访谈中发现，尽管有人有自己的目标，也制订了计划，但一旦到了要实施计划的时候就不断地拖延，总想着明天再做，时间一长，就没有什么目标，不知道自己要干什么了。自控能力的缺乏导致各种目标都流于形式。

(二) 大学生在自主管理中产生问题的原因分析

1. 学校过于注重科学文化知识和职业技能的教育，忽略了对学生自主管理能力的培养

从小学到大学，科学文化知识的教育永远都排在第一位，对学生自主管理能力的培养却很忽视。甚至，学校只注重学生考试成绩的高低，忽视了对学生素质的全面发展的培养，更没有为学生提供自主管理方面的锻炼和教育。尤其是进入大学后，课程任务相对减轻，上课时间明显减少，同学们拥有了大量可自由支配的时间，许多人感觉到突然没有了压力，也没有人对自己进行约束，生活和学习的安排全部要靠自己，顿时感觉无所适从，没有了目标。

2. 家庭是一个人社会化的首要场所，对孩子的影响是潜移默化的

很多家长只是单纯地关注孩子的学习成绩和名次，事事为子女代劳，使他们缺乏自主管理的机会。溺爱子女的父母容易使孩子从小就形成对父母的依赖，进入大学离开父母后，遇到失败或挫折时就会认为自己很没用，怎么努力都不行，时间一长就产生了习得性无助感，只想一切都顺其自然，也就不愿意刻意地去管理自己。另外，严格控制子女的父母容

易使孩子从小就形成对父母的顺从，子女的学习和生活计划都是家长安排的，子女的一切事情，家长都要干预和控制。孩子进入大学之后，仍然一味地顺从父母的安排和计划，不会为自己设定下一步的目标。

3. 除了学校和家庭对于学生的教育之外，社会因素也是不能忽略的

我国现在正处在社会的快速转型时期，涌现出各种文化。不同文化之间相互碰撞冲突，使得整个社会的价值、规范处于不断变化之中，价值标准多元化的环境对大学生的思想造成了冲击，使他们在价值选择上无所适从，迷失方向。不少大学生很难依据自己的认识和经验去准确地选择和认同某一社会价值观念系统，从而深深陷入无以参照、无以复归的尴尬境地。比如部分媒体的舆论导向不明确，在大学生没能形成正确的道德观之前，会对学生产生潜移默化的作用；以名、利、权、财等作为衡量一个人的价值标准的不正确的社会舆论导向，也会歪曲正确的人生价值观。

四、大学生如何进行自主管理

大学是学生从学校步入社会的过渡阶段，作为当代大学生，要想获得良好的发展，为自己的将来打下一个良好的基础，就需要进行有效的自主管理。

大学生的自主管理分为两个方面，学习方面和生活方面。大学生自主管理指的是对自己的学习进行规划，制订长远的发展目标，充分利用自身时间、身体、资源、价值观等实现自我认知、自我计划、自我约束、自我激励、自我控制以促进自我发展的一系列管理过程。

(一) 学习方面

1. 制订计划

作为大学生要有一个自己今后的发展目标，为了实现这一目标，就需要给自己制订一个有效的计划。大学的学习方式与高中的学习方式不同，大学学习相对自由，需要有主动性，没有了老师和家长的束缚和要求，大学生往往会感到迷茫，会变得懒惰，不知道自己每天应该做什么，到了期末回想一下，才发觉自己浪费了一个学期的时光，开始后悔莫及。所以在大学入学后就应该根据自身特长、特点和发展需要，给自己制订一个计划，可以采取"先少后多，近细远粗"的方法，"近细"要做到每天都有计划，"远粗"是每天计划完成后成绩的汇总表现，切忌"三天打鱼两天晒网"。

2. 实施计划

很多人可能制订了计划，但是不能坚持下去，这样是无法进行有效的自主管理的，所以我们要学会实施计划。

(1) 合理分配时间。大学生每天平均有三分之一的时间做着无效的工作，在一点一点地浪费着自己的时间和生命。所以，要分析和记录自己的时间，提高效率，合理安排自己的时间。在实践中尽可能地按照计划执行，而且计划要分清主次，把重要的事情放前面，优先去完成。重要的事情都完成后，再进行其他的事情。

(2) 提高效率。应该在开始行动之前，先考虑用哪一种方法最合适，还要学会合理利用工具。比如完成资料查询，什么情况应该上网查，什么情况去图书馆查，什么情况问老

师，什么情况问同学，哪种方法能达到最好效果，就应该采取哪种方法。

(3) 自我认知。要建立良好的自我认知，充分了解自身特点、特长、优点和缺点。这个需要经常进行自我反思，充分发挥自身优势，尽量弥补自身弱势。

(二) 生活方面

1. 经济管理

培养健康的消费观念，杜绝攀比、享乐等消极思想。确定自己每日所需花销，学会记账，合理分配自己的支出，学会节俭。

2. 健康管理

俗话说：身体是革命的本钱。大学生现阶段正值青春期，身体正处在最健康的阶段，不要因不健康的生活习惯影响了自身的成长。饮食方面，一日三餐要吃好，注意营养均衡，避免高油高糖，多吃蔬菜和水果，不抽烟，不酗酒。同时，还要增强体育锻炼，例如长期坚持跑步，不仅可以维持体型，还能增强肺活量，提高自身免疫力。

(三) 情感方面

1. 亲情

与父母建立良好的亲情联系，会有助于树立良好的道德观、价值观及世界观，增强个人发展的稳定性。

2. 爱情

谈恋爱是大学里司空见惯的事，大学生应树立正确的爱情观，处理好恋爱、学业之间的关系，保持积极的学习和生活态度，面对困难能保持韧性，为实现共同的幸福去努力奋斗。

3. 友情

大学里友情的建立需要保持良好的人际关系，遇事要学会宽容，经常帮助别人，以一颗真挚的心来对待朋友。

五、如何有效提高自主管理能力

(一) 从内在方面提高自主管理能力

大学生内在方面的自主管理能力，是指大学生个人依靠内在主观能动性，按照社会目标和要求，有意识、有目的地对自己的思想、道德、行为进行转化、控制和管理的能力。它主要包括以下几点。

1. 自我认识能力

自我认知是对自己的了解和认知，包括自己的情绪状态、思维方式、行为习惯和知识面等。大学生自我认知的提升对今后个人的成长和发展起到了至关重要的作用。如何来提升自我认知呢？首先，了解和掌控自己的情绪。情绪是人类的基本特征之一，也是影响思维和行为的重要因素。当出现情绪波动时，自己的思维和行为也就出现了变化，从而导致无法获得理想的结果。此时，需要掌控自己的情绪状态，及时调整和控制情绪，保持理性和冷静的头脑。其次，要全面了解自己的思维方式，经常性总结自身的优点和不足，并及时调整自己的思维方式，尝试寻找新的方式和方法，以拓宽自己的思维视野。第三，总结自己的行为习惯，发现存在拖延、懒惰等不良行为时，利用合理的办法加以纠正，提高自身的综合素质。第四，通过大量的阅读和学习，拓展自己的知识面，从不同的认知角度来对自身加以评价，能获得新的理解和观点，更好地发现自身的优点和不足，从而更好的启发自己的思维和创造力。

2. 自我规划能力

大学生根据自己的目标对未来进行有目的、有意识的规划，是自我管理过程中不可或缺的重要组成部分。拟定一份自我规划才能使主体的行为有目标、有组织、有效率。大学生进行自我规划的核心是明确未来的目标。目标就好比地球的轴心，偏离了轴心，地球的旋转便没有了意义。大学生们必须明确自己的目标是什么、如何达到以及何时达到。人生路途中的目标很多，而且不同人生阶段的目标也会有所不同。一个个目标的确定和完成，就构成了充实的大学生活。

3. 自我控制能力

自我控制能力是指大学生主体发挥主观能动性，控制自己的情感冲动，并通过自我检查掌握自己目标实现的进展和质量，自行纠正目标实现过程中的偏差行为，从而使大学生的思想和行为朝着有利于目标实现的方向发展。在大学学习生活中会遇到各种各样的压力和诱惑，大学生只有学会进行自我控制，培养坚强的意志品质，对自身的思想、行为、经济等方面进行自我约束、自我调节和自我监督，才能够在走入社会的时候顺利转型。自我控制是保障自我管理顺利按照自我规划的预定方向和目标发展的重要环节。

4. 自我激励能力

自我激励是指大学生个人由于内在的动机和愿望而产生的一种内在的驱动行为，即自我向所期望的目标前进的心理活动过程。自我激励是大学生进行自我管理的推动力。大学生必须树立远大的理想和人生追求，面对社会现实，不断回顾自己目标实现的过程，总结经验教训。如果做得好，就给自己奖励；若做得还不够，就给自己敲响警钟。大学生只有充分挖掘和发挥自身潜质，积极乐观地投入到学习工作中，才有可能达到目标和实现自我价值。

(二) 从外在方面提高自主管理能力

1. 积极参与校园文化活动，实现自我教育

通过校园内设施建设所塑造出的形象，将办学的理念和特色，潜移默化地融入大学生的能力培养当中。学校应建设环境优美、功能齐全、文化氛围浓厚的校园环境，包括学校的大门、教学楼、图书馆、宿舍楼、食堂、操场等这些实体建筑及学校校训石、人文经典长廊、荣誉墙、宣传橱窗、校园绿植等文化设施。

通过物质设施带动精神文化的建立和传播，比如鼓励学生多参与社团活动、思政讲座、体育活动等，让大学生认识到人文修养的提高，不仅在于专业课的学习，还要注重与课外活动的结合，才能增强道德品质，让自己在精神上得到满足，使自身能力得到拓展和磨炼；才能培养出大学生的责任意识，意识到自己是学校的主体，更是未来家庭和社会的主体。

2. 积极看待家庭教育的影响，学会传递正能量

长期以来，中国式家庭教育方式，比如溺爱、指责、说教、控制学生思想行为等，使

大学生产生厌烦和叛逆心理，使大学生变得缺乏求知欲、好奇心，弱化了他们对于外界事物的辨别能力。

大学生应正确看待家庭教育，要学会聆听，积极表达自己所想，和父母建立良好的家庭关系，把父母当成朋友，交流生活和学习上的感受和烦恼；合理安排自身生活，养成良好的作息和行为习惯；仔细观察外面的世界，充分发挥创造性思维，勇于尝试，学会寻找社会正能量。

3. 积极参加社会实践活动，培养主观能动性

社会实践是大学教育的延伸，现代大学生拥有丰富的理论知识，但缺乏社会经验。当今社会，对于人才的要求不仅仅是丰富的知识储备，还要求大学生具备较强的实际应用能力和实际工作能力。

当代大学生应该正确认识社会实践的意义，积极投身于社会实践当中，在社会实践中磨炼自己，寻找真正适合自己的工作，巩固所学知识，吸收新知识，把知识变为自己的，这样才能最大程度地发挥自身潜能及主动性和创造性。同时，参与社会实践活动也培养了大学生的团队协作精神、与人交往和沟通的能力，包容、理解他人和换位思考的能力，提高了智商和情商。

★ **案例链接**

周总理的工作台历

张桂梅校长教育报国

总 结 与 考 核

一、实践日志

日　期		天　气	
主要实践内容：			

续表

体会与感想：
努力方向：

二、实践考核(第五周)

考核内容		分值	本周考核要求	本周自评得分
平时成绩 (80分)	考勤	5	全勤得分5分	
	实践过程	5	自主管理过程	
	实践表现	10	自主管理的方法，5分； 完成各项训练，5分	
	团队实践表现	30	自主管理的展示： 1. 积极参与 2. 表达清晰 3. 有启示作用	
	长程团队项目或个人任务进程监控记录，个人贡献与反思	30	自主管理： 1. 明确自主管理的方式 2. 掌握自主管理的方法 3. 结果展示	
	本周平时分合计：			
实践感悟 (20分)	心理实践或团队实践项目的感悟与能力提升	20		
备　注	1. 平时成绩每课一结，个人自评，组长核查汇总。 2. 平时成绩每课总分80分,期末加总求平均数,以此作为期末成绩,占总成绩的80%。 3. 实践感悟得分，直接计入期末总成绩，占总成绩的20%			

拓 展 实 践

一、实践内容

自主管理需要引导挖掘自我发展的内驱力，引导养成"自我负责"的管理意识，唤醒内在的生命力和求知欲，激发强烈的自我发展欲望，增强自身内在的驱动力，并用内化的信念去指导行为，从而有目的、有计划、有步骤地进行自我管理。

(1) 养成良好的作息习惯。人的精力是有限的，没有良好的休息就没有良好的工作和学习。要对自己每天的作息时间表有一个较为精确的执行。作息有规律最后带来的结果是会逐渐形成自己的"生物钟"。生物钟最大的好处就是能够强化自身肌体免疫力。

(2) 养成良好的饮食习惯。一日三餐有规律，吃饭的时候，努力做到不偏食不挑食，只有这样才能保证饮食营养的均衡。

(3) 养成坚持锻炼的习惯。要想不生病、少生病就必须加强体育锻炼，除了吃好睡好以外，适量运动就是增强体质的最佳途径。根据个人意愿或喜好选择一到两个体育项目加以锻炼，不仅能增强体质，还能磨炼意志力。

二、个人实践任务周进程监控表

日　　期	工作安排	所用时间	实际行动	所用时间
星期一				
星期二				
星期三				
星期四				
星期五				
星期六				
星期日				

完成上表，同时思考以下问题：

(1) 现状：每天在哪件事上花费的时间最长？如果是手机，那么在哪个软件上花费的时间最长？

(2) 分析：自己喜欢的事情和应该做的事情是一致的吗？

(3) 未来：在记录中充分分析未来方向，自己耗费时间最长的事情是否与未来方向相一致，培养主观能动性和自觉性，选择适当的时机对自己的学习、生活和日常消费管理方面进行反思。

实践六　情绪管理

喜怒哀乐之未发，谓之中；发而皆中节，谓之和。

——《中庸》

人莫鉴于流水而鉴于止水，唯止能止众止。

——《庄子·德充符》

能控制好自己情绪的人，比能拿下一座城池的将军更伟大。

——拿破仑·波拿巴

生气是用别人的错误惩罚自己。

——伊曼努尔·康德

实 践 目 标

(1) 了解在各种情绪状态下人的外部表现和生理反应，体会情绪对自己日常生活和学习的重大影响。

(2) 引导学生认识到：产生不良情绪性行为的根源是非理性信念，所以改变不良情绪性行为的关键是改变不合理的认知。

(3) 探讨和掌握调控情绪的有效方法，从而能左右自己的情绪，做情绪的主人。

实践内容简述

以团体实践活动为主要手段，以体会和感悟为重点，让同学们认识情绪、体会情绪、调整情绪，了解情绪发生发展的过程，分析自己在情绪调控方面的优势和劣势，锻炼提高情绪管理能力，做情绪的主人。

综 合 实 践

活 动 一　情 绪 脸 谱

1. 活动目标

通过情绪角色扮演，训练学生认识情绪。使学生能够合理表达自身情绪以及准确判断他人情绪，体验他人感受，强化对别人情绪的关注，从而更好地管理自己的情绪。

情绪脸谱

2. 活动准备

材料准备：写有各种情绪词的卡片若干张。

3. 活动内容

具体的活动内容及步骤如下：

(1) 分组。两人一组。

(2) 分配角色。一人为表演者，一人为猜测者。

(3) 表演者随机抽出一张卡片，将卡片上的情绪词用肢体动作、面部表情表演出来，注意不能用言语表达。猜测者依据表演者的表演，猜测卡片上的情绪词。

4. 注意事项

(1) 情绪卡片的内容要丰富，比如满足、自信、害羞、得意、羡慕、震惊、狂喜、自豪、困窘、委屈、感激、思念、解脱、开怀大笑、微笑、苦笑等。

(2) 可以限定时间，小组竞猜；也可不分小组，一位同学表演，其他同学猜。

(3) 鼓励学生放下自我，全心投入活动。

5. 体验分享

(1) 肢体动作、面部表情与人的情绪之间的关系是什么？

(2) 通过肢体动作、面部表情等所传递的情绪信息有哪些？

6. 活动总结

在日常生活中，尽管人的情绪多种多样，表现形式也不相同，但一些基本的情绪和情绪表达却是人类共有的。一般认为，喜、怒、哀、乐、悲、恐、惊是我们常说的基本情绪。心理学家将情绪划分为积极情绪和消极情绪。高兴、喜悦、愉快、兴奋、平静、爱等都属于积极情绪；悲伤、难过、愤怒、沮丧、自卑、恨等都属于消极情绪。每种情绪都有其生物学意义，都是适应环境的结果。

活 动 二　情 绪 传 递

1. 活动目标

(1) 认识情绪传递的重要性。

(2) 掌握在生活中面对压力、紧张等不良情绪时的调节方法。

2. 活动准备

选择组织活动的场地，以室内为宜。

3. 活动内容

具体的活动内容及步骤如下：

第一轮：

(1) 请同学们在场地中央围成一圈站好，闭上眼睛。

(2) 教师在这个圈外绕行几周，然后轻轻地拍一下某个同学的后背，这个同学就是"情绪源"。

(3) 请同学们睁开眼睛，在室内自由散开，同学之间可以相互握手、自由交谈，尽可能地与更多人交流。

(4) "情绪源"的任务就是通过眨眼睛的动作将不安的情绪传递给任意三位同学，而任何一个获得眨眼睛信息的同学都要将自己当作已经受到不安情绪传染的人，一旦被传染，他的任务就是向另外三个人眨眼睛，将不安的情绪传递出去。传递给别人后，不要再眨眼睛，继续走动交谈。

(5) 五分钟后，同学们都坐下来围成一个圆圈。让第一个受到情绪传染的人即"情绪源"站起来，接着是那三个被他传染的同学，再然后是被那三个人传染的同学，直到所有被传染的人都站了起来。你会惊奇于情绪传染的可怕！

第二轮：

(1) 教师告诉大家已经找到了缓解不安情绪的"灵丹妙药"，这种"灵丹妙药"是通过真诚的微笑传播的。

(2) 大家站起来闭着眼围成一圈，教师告诉大家将会选一个同学作为"微笑情绪源"，他会向任意三个人微笑。得到微笑的人应该对另外三个人微笑，作为回报。

(3) 教师在圈外绕行几周，但不要碰任何人的后背，在恰当的时候，假装已经指定了"微笑情绪源"，微笑着说"开始"。同学们自由活动三分钟，然后坐下。

(4) 教师请收到"灵丹妙药"的同学举手，并指出认为是"微笑情绪源"的那个人。这时候就会发现大家的手会指向很多不同的人。

(5) 教师告诉大家，其实根本没有"微笑情绪源"，也没有缓解不安情绪的"灵丹妙药"。

4. 体验分享

(1) 被不安情绪传染时，你的感受怎么样？

(2) 是否有人能避免情绪被传染？怎么避免的？

(3) 当微笑被传播时，你的感受怎么样？

(4) 什么情绪对大家的学习成绩影响最大？为什么？

(5) 为了避免自己被负面情绪传染，应该怎么做？

5. 活动总结

情绪是具有传染性的。特别是面临重大危机事件时，人容易产生应激的焦虑、抑郁等负面情绪。为避免悲观情绪的蔓延，我们需要进行积极信息的传递，避免陷入不合理认知与恐慌情绪之中。

在一个班集体中，情绪的作用显得尤为重要。当考试来临之际，学生的紧张情绪往往相互传递并相互影响，很容易使整个班级形成一种焦虑、压抑的气氛，从而不利于考试时的正常发挥，以至于影响考试成绩。所以，保持一个健康的心态，时常以一个微笑的面孔对待他人、以一种轻松快乐的情绪感染他人是至关重要的。因为这种情绪不仅能影响你自己，也能影响你身旁的每一个人。

活动三　打击"魔鬼"

1. 活动目标

通过辩论活动，让学生学习调整情绪，认识情绪的产生是由于自己的不合理信念，学习有意识地建立积极的理性信念，管理好自己的情绪。

2. 活动准备

每个人都想一想在生活中碰到的令自己觉得困扰的事件。

3. 活动内容

具体的活动内容及步骤如下：

(1) 将全体同学分成若干活动小组，每组六人。

(2) 为组员分配角色：一位主角、两位魔鬼以及三位天使。主角陈述一个在生活中碰到的令自己觉得困扰的事件，魔鬼对主角的陈述提出非理性信念，三位天使反击魔鬼，并给予主角正向反馈。

4. 体验分享

(1) 同一事件为什么会引起不同的情绪体验？

(2) 使我们产生情绪的是事件本身吗？

(3) 活动结束后你的心得体会是什么？

5. 活动总结

人的情绪问题是由人的非理性信念造成的，它使人逃避现实、自怨自艾，不敢面对现实中的挑战。当人们长期坚持某些不合理的信念时，便会导致不良的情绪体验；当人们接受理性与更加合理的信念时，焦虑及其他不良情绪就会得到缓解。

知 识 链 接

一、认识情绪

(一) 情绪的概念

心理学家对情绪进行过长期深入的探索研究，对"到底什么是情绪"提出过很多看法，但由于情绪的复杂性，一直没有统一定论。当前比较流行的看法认为，情绪是人对客观事物是否符合主观需要而产生的心理体验，是伴随特定生理反应与外部表现的一种心理过程。

(二) 情绪主观体验的外部表现模式

我国古代把情绪分为喜、怒、哀、乐、爱、恶、惧七种基本形式，现代心理学把情绪分为快乐、愤怒、悲伤、恐惧四种基本形式。这些基本情绪，其表现具有全人类的共通性。表情动作是一种独具特色的情绪语言，它以有形的方式表现出情绪的内在体验，成为人际间感情交流和相互理解的工具之一，也是了解情绪主观体验的客观指标之一。表情动作包括面部表情、姿态表情和言语表情。

1. 面部表情

面部表情是情绪在面部的表现，它是情绪表达的主要通道。不同的情绪会产生不同的面部表情。由于面部表情能精细、准确地反映人的情绪，因而它是人类表达情绪最主要的途径。

2. 姿态表情

姿态表情是除面部之外身体其他部位的表情动作。头、手和脚是表达情绪的主要身体部位。例如，高兴时，手舞足蹈，昂首挺胸，欢呼雀跃，捧腹大笑；愤怒时，双手握拳，捶胸顿足，浑身颤抖；悲伤时，失声痛哭，低头肃立，步履沉重，动作迟缓；恐惧时，紧缩双肩，手足无措，全身发抖等。

3. 言语表情

言语表情是情绪在言语的声调、节奏和速度上的表现。同样一句话用不同的方式讲出来会表达出不同的含义。例如，"你干嘛"用升调说出来时表示疑问，用降调则表示不耐烦，用感叹语气强调"嘛"字则表示责备。人在高兴时，音调高昂，节奏轻快，音调高低差别大，音色悦耳动听；愤怒时，音调高亢尖锐，声音严厉、生硬、刺耳；悲哀时，音调低沉，语速缓慢，音调高低差别小；恐惧时，音调高而急促，声音刺耳、颤抖等。

表情动作与语言一样是人际交往的重要工具，在以上三种主要表情动作中，面部表情起主要作用，姿态表情和言语表情往往是情绪表达的辅助手段。

(三) 影响情绪产生的因素

情绪的产生是外界环境刺激、生理状态和人对外界环境刺激和对生理状态的认知评价三者相互作用的结果，而认知评价又起着决定作用。

1. 外界环境刺激

人的情绪很容易受到周围环境的影响。比如，周围的人现在很平静，那么你的心情通常也会很平静；如果周围环境很嘈杂，那么你也会跟着浮躁起来；如果周围的环境气氛很紧张，那么你也会跟着紧张。

2. 生理状态

生理状态对一个人的情绪有很重要的影响。比如，你现在感冒发烧了，或者是关节不好，腿很疼，那么再好、再舒适的环境，你也会觉得情绪很糟糕。

3. 认知评价

认知评价比前面两个因素更为重要。实验表明，生理状态和外界环境刺激在情绪的产生中肯定会起作用，但对情绪体验来说却不是决定性的，决定性的因素是人对外界环境刺激和对生理状态变化的认知。

二、情绪的意义

1. 情绪是生命里不可分割的一部分

从生理学的角度分析，情绪其实是大脑与身体相互协调和推动所产生的现象。因此，一个正常的人，必然是有情绪的。不仅如此，没有某些情绪的人，其实是有缺憾、不完整的人。

2. 情绪诚实可靠

除非我们内心的信念、价值观有所改变，否则，每次对同样的事我们都会自然地有同样的情绪反应。如果你是一个对某些事物特别反感或害怕的人，偶然遇到这些事物时，你的惊叫、跳起或者其他行为，不是每次都一样，并且马上出现吗？

3. 情绪从来都不是问题

如果你感到不适去看医生，医生说你的额头很烫，需要做手术将它切除，你会觉得这个医生精神有点不正常吧。人人都知道额头很烫是身体有病的症状，可能是肠胃有毛病，也可能是感冒发烧。症状使我们知道健康有问题，但它本身不是问题。情绪也是一样，它只是症状而已，可是绝大部分人都把情绪看作问题本身(我们往往指责并压抑我们的不良情绪)。情绪只是告诉我们，有些事情出现了，需要我们去处理，我们内心某些需求需要得到满足。

4. 情绪教我们在遇到事情时有所学习

人生中发生的每一件事都是提供给我们学习怎样使人生变得更好的机会。每份情绪都有其意义和价值，不是给我们指明一个方向，便是给我们一份力量，甚至两者兼有。如果我们没有痛的感觉，便不会把手从火炉上抽回；如果我们没有不甘心被别人看低的感觉，便不会发奋图强！

5. 情绪应该为我们服务，而不应成为我们的主人

如果情绪能被妥善运用，是可以使人生变得更好的。只是要"运用"它，你就必须先使它臣服，受你驾驭。情绪是生命的一部分，就像我们的手与脚、过去的经验、积累的知识能力等，都是为我们服务的。可惜的是，当今社会中有很多人都陷入了迷惘、苦恼中不能自拔，成为了自己情绪的奴隶，而不是驾驭自己情绪的主人。

6. 情绪是记忆存储的必需部分

我们的大脑在把摄入的资料存储为记忆的过程中，把这些资料的意义确定下来是最重要的一个程序，我们称之为"编码"程序。这个程序，其实就是把摄入的资料与已存储的过去的资料作比较合并后得出的模糊意思，再经由我们的信念和价值观作一次过滤，所得出的意义才能纳入我们的记忆系统并长期存储。这份意义必有一份感觉与之并存。没有这份感觉的，便是没有做或者未做好"编码"的程序。何以见得？可以回想一下我们少年时在学校曾经熟读的那些书的内容，现在还记得多少？相反，小学三年级时被老师罚站在教室门外的一次经历，却让人难忘。为什么呢？这就是因为前者未做好"编码"工作，而后者做好了。如果《长恨歌》那么长的唐诗你还记得，那肯定是因为诗中的每一句你都有很深的感触。所以说，情绪是记忆存储的必需部分。

7. 情绪就是我们的能力

时至今日，你当然拥有很多能力。面对困难，你有自信、有勇气；面对压力，你可以冷静面对，放松心态；面对挫折时，有坚定的决心，也或者是有创造力、幽默感，更或者是敢冒险、灵活、随机应变……你会发觉所有这些能力都是一份内心的感觉。即使有知识、技能和其他的资源去帮助你，但使用这些资源的原动力，仍是这份内心的感觉。没有这份感觉，我们即使拥有了这些资源也不会去用，或者用不好。

三、管理情绪

（一）ABC 理论

1. 什么是 ABC 理论

ABC 理论是美国临床心理学家阿尔伯特·艾利斯合理情绪疗法理论的精华所在，它不但说明了人们的情绪困扰产生的原因，还阐释了消除情绪及行为困扰的心理治疗途径。如果我们能够透彻地理解这种理论，经常有意识地运用这种理论，那么我们将很难陷入自己设置的情绪陷阱之中。

何为 ABC 理论？其实完整的治疗模式由 ABCDEF 六个部分组成。

A：activating events，指发生的事件。

B：beliefs，指当事人对事件所持的观念或信念。

C：emotional and behavioral consequences，指观念或信念所引起的情绪及行为后果。

D：disputing irrational beliefs，指劝导干预。

E：effect，指治疗或咨询效果。

F：new feeling，指治疗或咨询后的新感觉。

人们面对外界发生的负面事件时，为什么会产生消极的、不愉快的情绪体验？人们常常认为罪魁祸首是外界的负面事件(A)。但是阿尔伯特·艾利斯认为，事件(A)本身并非是引起情绪反应或行为后果(C)的原因，人们对事件的不合理信念(B)(想法、看法或解释)才是真正的原因所在。因此，要改善人们的不良情绪及行为，就要进行劝导干预(D)，以理性的信念代替非理性的信念。等到劝导干预产生了效果(E)，人们就会产生积极的情绪及行为，心理的困扰因此减弱或消除，就会有愉悦充实的新感觉(F)产生。

简而言之，影响心情的不是事件本身，而是我们对事件的认知或信念。那么，不合理的信念具有哪些特征呢？

2. 不合理信念的特征

(1) 绝对化的要求。绝对化要求是指人们以自己的意愿为出发点，对某一事物怀有认为其必定会发生或不会发生的信念，它通常与"必须""应该"这类字眼连在一起。比如"我必须获得成功""别人必须对我好""生活应该是很容易的"等。这种绝对化的要求在现实生活中是难以达到的。如果事情的发展难以如愿，那么由失望而导致的情绪障碍就在所难免。

(2) 过分概括化。过分概括化是一种以偏概全、以一概十的不合理思维方式的表现。阿尔伯特·艾利斯曾说过，过分概括化是不合逻辑的，就好像以一本书的封面来判定其内容的好坏一样。过分概括化的一个方面就是人们对自身的不合理的评价。如遭遇失败时，就认为自己"一无是处""一钱不值"，从而导致自责自罪、自卑自弃的心理及焦虑和抑郁情绪的产生。另一个方面是对他人的不合理评价，即别人稍有差错就会一味地加以责备，以致对方产生敌意和愤怒等情绪。

(3) 糟糕至极。糟糕至极是一种将可能的不良后果无限严重化的思维定式。这种观念认为如果一件不好的事情发生了，那将是非常可怕和糟糕的。这将导致个体陷入极端不良的情绪体验中，如陷入耻辱、自责、焦虑、悲观、抑郁的恶性循环中难以自拔。例如，"我没考上理想的学校，一切都完了"，这种想法是非理性的。因为对任何一件事情来说，都会有比这更坏的情况发生，所以没有一件事情可以被定义为糟糕至极。

在人们的不合理的信念中，往往都可以找到上述三种特征。我们要学会识别什么是合理的信念，什么是不合理的信念，当不合理的信念影响到自己情绪的时候，要学会与不合理的信念进行辩论，用合理的信念去战胜不合理的信念。我们每个人都会或多或少地有一些不合理的信念，但只要能很快地从中解脱出来，就不会影响到我们的心理健康。

3. ABC 理论的操作模式

(1) 找出使自己产生异常紧张情绪的诱发事件(A)，如当众讲话、考试、学习压力、人际关系等。

(2) 分析自己对诱发事件的解释、评价和看法，即由它引起的信念(B)，从理性的角度去审视这些信念，并且探讨这些信念与所产生的紧张情绪(C)之间的关系，从而认识到异常的紧张情绪之所以产生，是由于自己存在不合理的信念。

(3) 从丰富自己的思维角度，与自己的不合理信念进行辩论(D)，动摇并最终放弃不合理信念，学会用合理的思维方式代替不合理的思维方式。还可以通过与他人讨论或实践验证的方法来辅助自己转变思维方式。

(4) 随着不合理信念的消除，异常的紧张情绪开始减少或消除，并产生出合理、积极的行为方式。行为所带来的积极效果又巩固了合理信念，让心情轻松愉快。最后，个人通过情绪与行为的成功转变，从根本上树立起合理的思维方式，不再受异常的紧张情绪的困扰(E)。

(二) 情绪管理的步骤

1. 察觉情绪

情绪管理的第一步就是要先察觉我们的情绪，并且接纳自己的情绪。情绪没有好坏之分，只要是真实的感受，就要正视并接受它。只有当我们认清自己的情绪，知道自己现在的感受时，才有机会控制情绪，也才能为自己的情绪负责，而不被情绪所左右。

2. 体会情绪

在察觉情绪的前提下，进一步问自己几个为什么，找出情绪产生的原因。比如，我为什么焦虑？我为什么难过？我为什么觉得挫折无助？我为什么……只有找出原因我们才能知道这样的反应是否正常，只有找出原因我们才能对症下药。

3. 叫停或处理情绪

当我们处于负面情绪中时，要及时叫停坏情绪，学会处理情绪。想想看，可以用什么方法来缓解自己的情绪呢？也许可以通过深呼吸、肌肉松弛法、静坐冥想、运动、到郊外走走、听音乐等来让你的心情平静，也可以用大哭一场、找人聊聊、涂鸦、用笔抒情等方式来宣泄，或者换个乐观的想法来改变心情。

(三) 情绪调节的方法

1. 合理宣泄情绪

所谓宣泄，就是把积存在心里的郁闷打扫干净，使精神通道畅通无阻。宣泄就是把积聚、压抑在心中的不良情绪挥发出去，从而达到因势利导、摆脱苦恼、恢复心理平衡的目的。著名心理学家西格蒙德·弗洛伊德曾称宣泄疗法为"心理净化"疗法，这是十分恰当的。宣泄的方法很多，具体来说有以下几种。

(1) 挥泪痛哭法。从科学的观点来看，哭是自我心理保护的一种措施，它可以释放不良情绪产生的能量，调节机体的平衡，促进新陈代谢。哭是解除紧张、烦恼、痛苦的好方法。许多人大哭一场后，痛苦、悲伤的情绪就会缓解许多。

(2) 倾诉苦衷法。此法是通过言语或文字来倾吐和发泄情绪情感的方法。在社会生活中，人们难免会遇到不顺心的事，忧愁不解或郁闷在心。这时，如果能找到自己的知心朋友或亲人尽情倾吐苦衷，发泄情绪，那么，苦恼郁闷的情绪情感就会逐渐消失。如果能够用诗文抒发自己的情感，也不失为一种宣泄不良情绪的有效方法。请记住弗朗西斯·培根的一句名言："如果你把快乐告诉一个朋友，你将得到双倍的快乐，而如果你把忧愁向一个朋友倾诉，你将会被分掉一半的忧愁。"

2. 运动改善情绪

研究表明，心情低落的原因之一是脑神经元中缺乏多巴胺物质。运动后，多巴胺会显著增加，所以，运动能改善人的不良情绪。运动心理学家主张，不要等到出现了低落心情时才去运动，平常也要进行健身，以促进人体内多巴胺分泌量的增加。这样，即使遇到不如意的事，也不至于心情低落，不会使人长期郁闷。《"健康中国 2030"规划纲要》中也明确规定：确保学生在校内每天体育活动时间不少于 1 小时。因此，拥有良好的情绪，最好的办法就是去参加适当的体育运动，如打乒乓球、健步走、跑步、踢球等，使自己全身心沉浸于运动中，享受运动的乐趣，淡忘痛苦的事情，这样就可以有效地改善情绪。

3. 转移注意力稳定情绪

转移注意力就是把注意力从引起不良情绪的事情转移到其他事情上，以淡化或忘记令人不愉快的情绪体验，从消极情绪中解脱出来，从而激发积极、愉快的情绪反应。当发现自己情绪不好时，我们可以做一些自己平时感兴趣的事，通过转移注意焦点，使自己从消极情绪中解脱。

4. 反向调节情绪

人的情绪变化往往是由于人的认知评价引起的。一个人对周围的事物或自己的行为作出消极的评价时，会给自己带来不良的暗示，导致消极情绪的产生；相反，如果能够给自己积极的评价和暗示，则会产生积极的情绪。在很多情况下，人们的痛苦与快乐，并不是由客观环境的优劣决定的，而是由自己的心态决定的。遇到同一件事，有人感到痛苦，有人却感到快乐，这完全是不同的心态使然。假定桌子上有一瓶只剩下一半的酒，乐观主义者看见这瓶酒会高喊："太好了！还有一半"，如果有人对着这瓶酒叹息："糟糕！只剩下一半"，那他很可能是悲观主义者。

　　人生之路不可能一帆风顺，总会有困难、挫折、痛苦，这些都是客观存在的，你叹息也好，焦急也好，忧虑也好，恐惧也好，都无助于问题的解决。在这种情况下，不如拿起心理调节武器，使情绪由"阴"转"晴"，摆脱烦恼。

　　★ 案例链接

"装"也治抑郁　　　　情绪会传染吗？　　　　控制情绪一分钟　　　　硬核"铁路蓝"

总 结 与 考 核

一、实践日志

日　期		天　气	
主要实践内容：			
体会与感想：			
努力方向：			

二、实践考核(第六周)

考核内容		分值	本周考核要求	本周自评得分
平时成绩 (80分)	考勤	5分		
	实践过程	5分	认识情绪,体会情绪,调整情绪	
	实践表现	10分	讨论发言,5分; 完成各项实践活动,5分	
	团队实践表现	30分	情绪管理活动: 1. 积极参与; 2. 表达清晰; 3. 分享体会	
	长程团队项目及个人任务进程监控记录,个人贡献与反思	30分	情绪管理: 1. 能够判断情绪动因的不同; 2. 掌握情绪调节方法; 3. 增强情绪自我管理能力	
	本周平时分数合计:			
实践感悟 (20分)	心理实践活动或团队实践项目的感悟与能力提升	20分		
备 注	1. 平时成绩每课一结,个人自评,组长核查汇总。 2. 平时成绩每课总分 80 分,期末加总求平均数,作为期末成绩的一部分,占总成绩的80%。 3. 实践感悟每课总分 20 分,期末加总求平均数,作为期末成绩的一部分,占总成绩的20%			

拓 展 实 践

一、实践内容

(一) 分析自己的情绪

回想你曾经在面对某个人时情绪爆发的时刻,可能是因为一场争论,或是令你生气,或是让你心烦,或是给你施加压力等。第一步是要分析所发生的事情,回忆一下对方曾经对你说了些什么以及怎样对你说的。

对情境的分析:

(1) 确认那个人的情绪(对方的体态语言说明了什么)。

(2) 注意所描述的事实(对方实际上说了些什么)。

(3) 洞察那个人表达的情绪和他的内在需求(注意：人的表现和内在需求可能会不相同，需求有时可能并不直接表现出来，要考虑对方的体态语言)。

(4) 你作出了什么反应？你希望已经作出了什么反应？

你自己的体验可以作为了解情绪的信息源。"情绪日记"容易记而且有启发性。对于每次体验，要尽量回答以下问题。

(1) 引起我愤怒的具体事情是什么？最激怒我的是什么？

(2) 我愤怒的根源是别人吗？是我自己吗？是一件东西或事情吗？

(3) 对这次事情我怎样解释？还有我没有考虑到的其他原因吗？在事情发生之后哪些话使我更为愤怒？

(4) 有什么身体上的感觉伴随愤怒的体验？

(5) 我表现出了什么行为反应？我的反应是口头攻击吗？

通过将情绪分类，可以使情况缓和，也可以使压力缓解。用这种方式分析一系列事件会显露出你的愤怒形式，并且可以使你对自己有一个比较理性的认识。

(二) 拆除自己的情绪地雷

1. 找出自己的情绪地雷

首先要做的，就是找出自己的"情绪地雷区"。既然会引爆我们负面情绪的事件都有迹可循，那么你我的首要任务，就是把这些情绪引爆点搞清楚，我们把它们称为"情绪地雷区"。每个人都有自己独特的情绪地雷区，需要靠自己反省及检视才能画出完整的情绪地雷区图。一个人的情绪地雷区可能是另一个人的安全区。例如，有人很在意别人守不守时，有人却对他人的迟到行为不以为意，但却很看不惯别人说谎。形成这些差别的原因就在于我们从小到大都有着不同的生活经验，父母亲的教导、自己的历练，再加上本身的个性，于是每个人的情绪地雷区图就有了不同的面貌。

2. 画出你的情绪地雷区图

怎么画出自己的情绪地雷区图？这里介绍在 EQ(情商)训练中经常使用的几个练习。

1) 情绪检视练习

请你回想过去的一个月内，自己曾出现过如下情绪时的情境(至少各列三项)：

当＿＿＿＿＿＿＿＿＿＿＿＿＿＿时，我感到很难过(伤心)。

当＿＿＿＿＿＿＿＿＿＿＿＿＿＿时，我感到很生气。

当＿＿＿＿＿＿＿＿＿＿＿＿＿＿时，我感到很担心(害怕)。

当＿＿＿＿＿＿＿＿＿＿＿＿＿＿时，我感到很恶心。

当＿＿＿＿＿＿＿＿＿＿＿＿＿＿时，我感到压力很大。

2) 思索自己的核心理念

核心理念就是你我心中那些根深蒂固的想法，这些核心理念的组合，形成了个人"我之所以为我"的基础。正因为如此，核心理念不容易改变，而且往往会是一个人一辈子的坚持。任何人(包括自己在内)的言行违反了我们自己的核心理念，我们心中的怒火就会一触即发，这样就容易形成情绪地雷。

例如，有人认为诚实很重要，这是他的核心理念之一。只要他发现别人说话有所隐瞒，就很容易按捺不住地大发脾气。而有人深信人人平等，要是有人说话时贬损了某个族群，或者老是瞧不起某个团体，他就会觉得此人大大不对，马上面有愠色，挺身主持公道。

这些对我们而言非常重要的理念，也往往是我们情绪地雷的导火线，理所当然要先检查一番。

要找出核心理念，请试着回答下面的问题。

(1) 我认为一个人应该表现出的理想特质包括＿＿＿＿＿＿＿＿＿＿＿＿＿；

(2) 对我而言，生活中非常重要的价值观及规范是＿＿＿＿＿＿＿＿＿＿＿；

(3) 我欣赏的偶像身上具备的超赞的特质是＿＿＿＿＿＿＿＿＿＿＿。

现在你该对自己的核心理念有所了解了吧！核心理念找出来后不但能让自己更了解自己，也能有更多的线索去发现自己的"情绪地雷"。

3. 采取"避雷"方案

画出情绪地雷区图之后，接着就得采取"避雷"方案。首先不妨把自己画好的情绪地雷区图贴在显眼的位置，并时常提醒自己，这些地方是情绪死穴，要努力地开始自我扫雷计划。怎么做？这就要靠你自己来发挥创意了。想想看怎样才能让这些地雷不被引爆呢？

1) 安排 B 计划

这是个很棒的做法。例如，你的情绪地雷是"他人迟到"，每次只要跟你约会的人没准时到，你就会非常不高兴。那么从现在开始随身带本书，别人晚了你就展开 B 计划——把书拿出来认真地看。这样既不会浪费时间，又可以避免自己因东张西望而把心情弄得焦躁不安，反正这会儿自己再急也于事无补。先拆了自己的地雷，你就会发现自己甚至能平静地告诉来晚道歉的朋友："别急，慢慢来，反正我有事可做。"这样，既保住了自己的心情，又能征服朋友的心，岂不漂亮优雅？自己的地雷自己拆，赶快想想，你还能用哪些高招去拆除地雷呢？

2) 公开自己的情绪"死穴"

另外，高情商的人也可以将自己的情绪地雷区图和周围的人分享，索性昭告天下，自己有着这些地雷区。例如，你明白地告诉同住一间宿舍的舍友，哪些情况容易让自己情绪失控，然后笑着说："请大家多帮忙，在我还没能成功拆雷前请尽量避开我的死穴。"这么做不但救了自己，也能帮助周围的人避开地雷区，防止不知情人士误闯"地雷丛林"而被炸得莫名其妙。当情绪地雷一个个被拆除后，你会发现自己的情绪地雷版图日渐缩小，自己的心情也愈来愈好了。

(三) 控制愤怒

愤怒是人类最原始的情绪之一，也是常被不适当表达的一种情绪。许多人学不会健康的宣泄方式，有的极力压抑，有的动辄暴怒。下面提供两个控制愤怒的小方法。

(1) 通过下列三个步骤帮助自己更好地控制愤怒。

① 使自己认识到愤怒的行为对自己及他人均有害；

② 学习新的表达技巧以取代旧的有害行为；

③ 不断练习，直到新的适应行为在日常生活中运用自如为止。

(2) 使用抗拒性独语(内部语言)，以达平心静气之境界。每次快生气时就默念下面这些话：

平心静气之道

冷静，放轻松点！

只要保持冷静，一切都会没事的。

想想，怎样可以不受制于这家伙。

我没必要在别人面前逞强。

没有生气的必要。

多往好处想想吧！

我可不能被他给气倒，气坏身子划不来。

她的表现实在很丢脸，我可不能像她一样。

他不是认真的！没有关系！

我总不能期望别人事事都如我所愿吧！

他大概以为我气坏了。嗯，他会失望的。

总会有办法的。

我很平静，我不会被惹火的！

慢慢来，深呼吸几下吧！

大人不计小人过，算了吧！

别和他一般见识。

(四) 找出你的情绪"温度计"

让人体感到舒服的是空气温度适宜，而让"心"感到舒服的是情绪温度"开心"。不过"开心"也有不同的程度。请根据下表，记录自己连续一个星期的"情绪温度"。

	上午	下午	晚上
星期一			
星期二			
星期三			
星期四			
星期五			
星期六			
星期日			

(1) 在这 7 天中，你最开心的是哪一天？为什么？

(2) 在这 7 天中，你最不开心的是哪一天？

(3) 同学之间互相交流"最开心的一天"。

(五) 坐一坐空椅子

当出现愤怒、伤心、痛苦、绝望等消极的情绪时，将一把空椅子设想成引起你情绪反应的人，自己坐在空椅子对面的一把椅子上，尝试着与空椅子所代表的人对话，讲出对他的看法或自己的观点。然后，马上换到空椅子上，扮演对方并回应你刚才提出的观点或看法。当你听完"对方"的解释以后，从自己的角度思考"对方"的答案，并继续提出自己的观点。在不断的角色转换和自我辩论中，自己就可以慢慢地理解双方的冲突，并可能逐渐地接纳对方，同时有效地调节自己的情绪。

认真去尝试一下这种方法，你会有意想不到的收获。写下自己使用该方法的实际感受、效果以及启发。

(六) 提高情绪智力的策略

领　域	策　　略
自我监控	针对每天情绪的变化做个记录，且陈述令你情绪变化的活动和信念，并将情绪变化情况在一个 10 点量表上进行评定
自我调节	关于悲伤：要避免陷入悲伤的情境，尽量关注困难情境中不使你感到悲伤的方面，果断地挑战悲伤。 关于焦虑：重新评估威胁，看到挑战和机遇且通过进入危险的情境锻炼勇气，利用应对策略降低焦虑。 关于气愤：回避引起气愤的情境，尽量关注困难情境中不那么困扰的方面，果断地要求激怒你的人减少煽动性行为，自我克制且锻炼共情
沟　通	听的时候，只聆听不判断，保留自己的观点和情绪；总结你听到的别人说话的内容，检查你的总结是否准确。 在说话的时候，确定你的要点，有逻辑地组织它们，清楚地表达出来；确定对方已经理解你了，不带攻击、责备或生气的情绪去陈述你的观点，必要时重复一遍
问题解决	把大的、模糊的问题分解成很多小的、具体的问题； 根据可解决的条件定义这些问题； 对事不对人； 设想可能的解决方法； 当所有的解决方法都想到以后，检查每种方法的优点和缺点，选择最终的解决方法，并执行这种解决方法； 回顾计划完成的效果

二、个人实践任务周进程监控表

任务要求	本周任务执行情况							任务状态
	周一	周二	周三	周四	周五	周六	周日	
了解个人情绪产生的原因								
掌握调节情绪的方法								
提高情绪管理能力								
拓展训练								
团队项目 (讨论情绪对学习和生活的影响；分享情绪处理的经验教训)	分配的个人任务、要求完成时间、完成情况：				贡献与反思：			
本周其他情况说明								

实践七　挫　折　应　对

天将降大任于是人也，必先苦其心志，劳其筋骨，饿其体肤，空乏其身，行拂乱其所为。

——孟子

有志者、事竟成，破釜沉舟，百二秦关终属楚。苦心人、天不负，卧薪尝胆，三千越甲可吞吴。

——蒲松龄

要想不经过艰难曲折，不付出极大努力，总是一帆风顺，容易得到成功，这种想法只是幻想。

——毛泽东

实 践 目 标

(1) 了解挫折的内涵，认识挫折的意义。
(2) 学会辩证地看待挫折，树立正确的挫折观。
(3) 从中华优秀传统文化中汲取力量，积极面对挫折。

实践内容简述

实践围绕体验挫折感，学会正确作出挫折归因和在挫折中成长展开。首先，请同学们以个人课前作业的形式，完成抗挫折能力自测问卷，了解自己抗挫折能力现状。收集传统文化中关于挫折的故事、人物、诗歌。通过课前作业训练，使学生对挫折有一定认识。其次，通过课上的实践活动，使学生深刻体会挫折的特性，体会在遭受挫折之后，会伴随着一系列复杂的情绪反应,比如烦躁、愤怒、恐惧、焦虑、不安,以及生理和心理活动的失衡等。再次,通过实践,使学生辩证地看待挫折,学会分析挫折产生的原因,树立正确的挫折观,掌握挫折心理调适的方法,提升抗挫折能力。

综 合 实 践

活 动 一 超 级 进 化

1. 活动目标

通过活动,让学生深刻体会挫折的偶然性、必然性,对于遭遇挫折要做好充足的心理准备。个人或组织实现目标的过程不是一帆风顺的,有时候要经过很多次挫折。

超级进化

2. 活动准备

(1) 背景音乐《阳光总在风雨后》。

(2) 主持人 1 名,监督人 1 名。

3. 活动内容

具体活动内容及步骤如下:

划定四块区域,代表不同阶段的聚集地。分为四个角色:鸡蛋、小鸡、猴子、人类,代表进化的四个阶段(用不同姿势区分)。主持人介绍规则:进化的途径是通过猜拳,三局两胜,赢者进化,输者退回。

主持人介绍四个阶段的姿势:鸡蛋的姿势是蹲下抱头;小鸡的姿势是站立,双手在两侧打开;猴子的姿势是模仿猴子一手搭额前一手放在背后;人类的姿势是抱手站立。

主持人介绍活动流程:

(1) 所有的学生最初都在鸡蛋聚集区(蹲下抱头)。

(2) 主持人宣布"进化开始"。学生自由找同伴猜拳。赢者进化为小鸡,进入小鸡聚集区,保持小鸡姿势。监督人检查汇报各区结果:现在有鸡蛋××枚,小鸡××只。

(3) 主持人宣布"继续进化"。鸡蛋找鸡蛋再猜拳,小鸡找小鸡再猜拳。鸡蛋赢者进化为小鸡,输者原地不动。小鸡赢者进化为猴子,输者退回鸡蛋状态。监督人检查汇报各区结果:现在有鸡蛋××枚,小鸡××只,猴子××只。

(4) 主持人宣布"继续进化"。鸡蛋找鸡蛋再猜拳,小鸡找小鸡再猜拳,猴子找猴子猜拳。赢者进化,输者退回。监督人检查汇报。

(5) 第 N 个人类产生,主持人宣布活动结束。活动时间为 15~20 分钟。

4. 体验分享

活动结束后,组织讨论和分享。

(1) 是不是所有同学每次都能顺利进化?

(2) 当你从鸡蛋进化成人类后你的感觉是什么？

(3) 当你还是鸡蛋的时候，有人已经进化成人类了，你的感受是什么？

(4) 当你已经进化成猴子，又退回到小鸡或鸡蛋的状态，你的感受是什么？

(5) 你成了人类，在一旁看别人的进化或退回，你的感受是什么？

5. 活动总结

很顺利地"进化到人类"是幸运的，也是极少数的。大多数人都不会一直一帆风顺，"退回"在所难免，就像人的一生中，挫折和坎坷也不可避免一样。应对挫折的过程也是我们感受人生、享受人生的过程。

活动二　天使与恶魔

1. 活动目标

通过活动，让学生体会挫折的两面性，引导学生多关注挫折的积极面，树立正确的挫折观。

2. 活动准备

(1) 背景音乐《真心英雄》。

(2) 天使翅膀一副，魔鬼面具一副。

3. 活动内容

具体活动内容及步骤如下：

(1) 角色分工，所有成员分成 3 组：天使、凡人、恶魔。

(2) 凡人组的小组成员分享以前经历过、现在面临的或以后可能遇到的挫折。提出一个挫折，向恶魔和天使咨询处理意见。

(3) 恶魔组的小组成员讨论这一挫折的消极面，越多越好。

(4) 天使组的小组成员讨论这一挫折的积极面，越多越好。

(5) 恶魔和天使小组成员依次交替发表对这一挫折的看法。

(6) 恶魔和天使组派出代表发言，阐述如何面对挫折，给出建议，并说明理由。

(7) 凡人组进行小组讨论，最终选择恶魔组成天使组的建议，并说明理由。

(8) 角色轮换。三个角色每个人都体会一次。活动时间为 15～20 分钟。

4. 体验分享

(1) 参与这个活动时你的感悟是什么？

(2) 你更愿意选择哪个角色，为什么？

(3) 分享让你印象深刻的一次挫折，你当时是如何处理的？如果是现在，你打算怎么处理？

(4) 你认为今后可能遇到的最大的挫折是什么？你打算怎么处理？

5. 活动总结

多听听天使的话，让恶魔闭嘴。任何事物都有两面性，"塞翁失马焉知非福"，多关注挫折的积极面。

活动三　诗词中的挫折

1. 活动目标

从中华优秀传统文化中学习优秀历史人物对待挫折的态度，从中汲取榜样的力量，在面对挫折时能进行积极的心理调适。

2. 活动准备

(1) 收集关于面对挫折、困难、苦难的诗词。

(2) 设计分员 1 名。

关于挫折的古诗资料如下：

生于忧患，死于安乐

孟　子

舜发于畎亩之中，傅说举于版筑之间，胶鬲举于鱼盐之中，管夷吾举于士，孙叔敖举于海，百里奚举于市，故天将降大任于是人也，必先苦其心志，劳其筋骨，饿其体肤，空乏其身，行拂乱其所为，所以动心忍性，曾益其所不能。

人恒过，然后能改，困于心，衡于虑，而后作，征于色，发于声，而后喻。入则无法家拂士，出则无敌国外患者，国恒亡。然后知生于忧患而死于安乐也。

报任安书

司马迁

古者富贵而名摩灭，不可胜记，唯俶傥非常之人称焉。盖文王拘而演《周易》；仲尼厄而作《春秋》；屈原放逐，乃赋《离骚》；左丘失明，厥有《国语》；孙子膑脚，《兵法》修列；不韦迁蜀，世传《吕览》；韩非囚秦，《说难》《孤愤》；《诗》三百篇，大底圣贤发愤之所为作也。

长风破浪会有时，直挂云帆济沧海。——李白《行路难》

酒酣胸胆尚开张，鬓微霜，又何妨！持节云中，何日遣冯唐？会挽雕弓如满月，西北望，射天狼。——苏轼《江城子密州出猎》

天生我材必有用，千金散尽还复来。——李白《将进酒》

亦余心之所善兮，虽九死其犹未悔。——屈原《离骚》

功名多向穷中立，祸患常从巧处生。——陆游《读史》

千淘万漉虽辛苦，吹尽狂沙始到金。——刘禹锡《杂曲歌辞·浪淘沙》

天行健，君子以自强不息。——姬昌《周易》

山重水复疑无路，柳暗花明又一村。——陆游《游山西村》

玉经磨琢多成器，剑拔沉埋更倚天。——王涣《上裴侍郎》

千磨万击还坚劲，任尔东西南北风。——郑燮《竹石》

不经一番寒彻骨，怎得梅花扑鼻香。——黄檗禅师《上堂开示颂》

道足以忘物之得丧，志足以一气之盛衰。——苏轼《贺欧阳少师致仕启》

3. 活动内容

(1) 所有成员分成 2 个小组，选出记录员。

(2) 小组内分享关于面对挫折的诗词。记录员一一作好记录。

(3) 以小组接龙形式轮流分享诗词。接龙一次计 1 分。超过 3 秒没有接龙，计 0 分。

(4) 得分最多的小组给予表扬与奖励。

(5) 各小组有气势地大声朗诵最喜欢的古诗。

4. 体验分享

(1) 你最喜欢的诗词是哪句？

(2) 你从古诗中体会到了怎样的情感？

知 识 链 接

一、挫折与挫折应对

(一) 挫折的内涵

个体遇到无法克服的障碍，需要得不到满足，目标不能实现而产生的紧张状态和情绪反应，就是挫折。挫折是个体的主观感受，是个体对动机和需求得不到满足的消极的情绪体验。

挫折包含三个方面的含义。

(1) 挫折情境：动机或目标不能实现，需要不能被满足的状态。挫折情境有两种：一种是客观存在的，如学生竞选班委落选；一种是主观臆想的，如怀疑周围人看不起自己，但实际上并非如此。

(2) 挫折认知：个体对挫折情境的认知与评价。这种认知和评价的过程存在很大的个体差异。

(3) 挫折反应：在对挫折认知与评价的基础上，产生的情绪或行为反应，如沮丧、焦虑、逃避等。挫折反应主要取决于个体对挫折情境的认知。挫折反应有理性行为，如改变策略、降低要求等；也有些挫折反应是非理性的，如遇到挫折后出现攻击他人的行为。

挫折情境并不一定导致挫折反应，关键在于对挫折的认识和感受。个体对挫折情境的认知不同，挫折感也就不同。面对同一挫折状况，一些人眼中的成功，有可能是另一些人的失败。奥诺雷·德·巴尔扎克说过："世上的事情，永远不是绝对的，结果完全因人而异。苦难对于天才来说是一块垫脚石。"

挫折的产生有必然性和偶然性。挫折的必然性在于，在人生长途中，必然会遇到或大或小的困难和坎坷；挫折的偶然性在于，人们往往不知道挫折会在时间、什么地点发生。

(二) 挫折应对

挫折应对是指个体评价挫折情境，控制或改变挫折环境，缓解由挫折引起的情绪反应的认知活动和行为。挫折应对的内容包含挫折应对技能、挫折应对策略，挫折应对风格。

挫折承受力是个体适应挫折、抵御和对抗挫折的能力，是个体在遭受到挫折，承受精神上的打击时，使心理或行为免于失常的一种能力。挫折承受力包含：① 有效处理精神及压力并适应日常挑战的能力；② 从失望、困境及创伤中修复，并发展出明确且切合实际的目标的能力；③ 与他人友好相处，尊重自己及他人的能力。

二、挫折产生的原因

(一) 客观因素

1. 自然因素

自然因素指非人力所能抗拒的自然灾害，如洪水、地震、海啸等。随着科技的发展和技术的进步，人类抵御自然灾害的能力也越来越强，但是完全避免是不可能的。

2. 社会因素

社会因素指个人在社会生活中受到的限制和阻碍，包含政治、经济、法律、道德、宗教、文化等方面。例如，学生的成长环境对学生心理有直接或间接的影响。过分受父母保护的学生更容易产生挫折感。大学新生初入陌生环境，生活的压力、学业的考核、人际交往的冲突、多元文化等都有可能带来受挫感。

(二) 主观因素

主观因素指导致目标不能实现的自身的局限因素，具体包括以下两种。

1. 生理因素

生理因素指引发挫折的体态、容貌、健康状况等个体的生理条件。如因身材矮小不能实现当模特的理想而产生的挫折心理。

2. 心理因素

心理因素指引发挫折的认知方式、人格特质、动机水平、气质类型等心理条件。

三、正确认识挫折

每个人都希望一帆风顺。但在人生的长途中，不可能不遭遇挫折，或大或小，或多或少，挫折是我们生活的一部分。现今的社会充满机遇，也充满挑战。大学生处于人生发展的关键期。一方面，他们自我意识强，思想活跃，感情丰富，精力充沛，富有探索精神，理想抱负水平高；另一方面，他们能力水平有限，社会经验不足，对有些事物的认识还存在误区。在激烈的竞争环境中，大学生要想有所作为，要做好充分的心理准备，树立正确的挫折观，学会正确对待挫折，在挫折中成长，在拼搏中前行。

(一) 调整认识挫折的角度

客观事实并不是导致挫折产生的主要原因，引起挫折感的，与其说是困难和失败本身，不如说是对挫折的认知及所采取的态度。人生路上遇到挫折是正常的、自然的。有时候挫折也是一种机会，挫折更能促进有毅力、有抱负的人发挥潜能。

(二) 辩证地认识挫折

挫折具有两面性。一方面，挫折具有消极性，使人失望、痛苦，意志消沉，不思进取；另一方面，挫折具有积极性，能使人认清现实、锻炼意志，使人更加成熟、坚强，在逆境中越挫越勇。应就事论事，全面客观辩证地分析，而不是简单地下结论。学会宽容自己和他人，接受自己和他人有可能犯错的现实，不因一时失误或错误就全盘否定。"塞翁失马焉知非福"，磨难有时也不全是坏事。

(三) 认识到挫折的积极意义

经历挫折是对我们最好的锤炼。多关注挫折的积极方面，"失败是成功之母"，挫折可以转化为动力和机遇。梅花香自苦寒来，人生难免会经历挫折和逆境，但正是这些不顺的经历，提升了我们的能力，让我们变得更有智慧。我们可以在挫折中寻找机遇，在挫折中吸取教训、总结经验，增强挫折承受力，在困境中成长，培养生命的韧性。同时，我们也要看到，生活中并不总是挫折，还有很多幸运美好的事情。

四、大学生常遇到的挫折

人的一生中，会遇到各种各样的挫折。在不同的年龄阶段，不同群体面对的挫折具有不同的特点。大学生常遇到的挫折有以下几种。

(一) 学业困难

对于大学生来说，学习是未来立足社会的前提。大学的学习方式、学习内容、学习环境与高中有较大差别，如果不能及时调整学习状态，就会影响学习效果，导致挫败感的产生。

(二) 经济压力大

大学生的经济来源大多是家庭，即使勤工俭学收入也不多，而大学的住宿费、生活费等开支较大，对于家庭经济困难学生、盲目追求高消费的学生来说容易产生挫折感。

(三) 人际交往困难

人有人际交往的需求，大学生更是渴望交往，渴望友情和爱情，渴望得到别人的认可。五湖四海的学生因为生活习惯、语言文化、脾气性格等方面的差异，在交往过程中难免有摩擦，甚至冲突。还有异地求学的大学生因为第一次离开父母的呵护，远离熟悉的家乡和亲友，容易产生孤独感。

(四) 情感困扰

大学生正值青春懵懂的年纪，有强烈的与异性交往的情感需求。有些大学生爱情观尚未完全成熟，不能妥善处理恋爱过程中的摩擦和矛盾。当发现理想的恋爱和现实的情境存在差距时，大学生可能会感受到挫折。

(五) 就业压力大

激烈的竞争环境下很多大学生容易产生就业难的挫折感。一方面有的大学生对就业环境和个人综合素质缺乏正确的认识，就业选择的期望值过高，主观期望和客观现实落差较大。有的大学生没有制订个人明确的生涯规划，就业方向不明确，职业定位迷茫，导致心理受挫。另一方面经济全球化背景下，新兴职业和未知挑战使得踌躇满志的大学生惶然无措。受传统观念影响，有的大学生在就业选择时仍存在"铁饭碗"思想，灵活就业意识不强。

五、挫折的心理调适

"宝剑锋从磨砺出，梅花香自苦寒来""自古雄才多磨难，从来纨绔少伟男"，没有一个人可以不经历失败就轻而易举获得成功。人生路上的挫折，是一次危机，更是一种挑战。学会面对挫折是人生的一门必修课。

(一) 正确的归因

美国心理学家伯纳德·韦纳认为，能力、运气、努力程度、工作难度、身心状况和其他方面是影响个体归因的六个因素。韦纳把成败的归因划分成三个维度：控制点(内控、外控)、稳定性(稳定的、不稳定的)和能控性(可控的、不可控的)。韦纳的归因理论提出了三个观点：① 人的个性化差异和成败经验等因素影响个体的归因方式；② 个体对一次成功事件的归因会影响到其对下一次行为的期望、努力程度和情绪；③ 个人的期望、情绪和努力程度对成就行为有很大影响。韦纳认为成功和失败的归因，会使个体对未来行为结果的预期产生重大影响。例如，一个人如果把工作失败归因于自身的能力不够，那么他可能预期以后的工作结果仍会失败，因为能力作为自身的素质是个稳定的因素。如果他把工作失败归因于运气不好等外部因素，那么他可能预期以后的工作结果就有可能不会失败，因为运气作为时有时无的东西，是个不稳定的因素。

挫折由客观因素和主观因素造成。个体把挫折归于何种因素，对以后的活动有很大影响。把挫折都归因于客观因素(任务难度、运气等)，容易产生愤怒和敌意。把挫折都归因于主观因素(能力、努力程度等)，容易产生内疚和无能感。有些学生倾向于把人际关系的成败归因为个人的能力与努力；有些学生习惯把自己学习上遇到的挫折归因于客观因素，忽视了自身的能力、技能和努力程度。

我们要正确分析自己的挫折归因模式，对挫折作出准确的符合实际的归因，冷静、客观地分析遭遇挫折的真实原因，吸取教训，调整方法，避免重蹈覆辙。正确归因可以帮助我们明晰自己究竟是在什么地方失败了，是什么原因导致的失败，这些导致失败的因素中哪些是我们可以努力提升改变的，哪些是我们无法改变的。面对无法改变的因素，要学会悦纳自我，坦然接受自己的一切，面对自己的优势和劣势，要扬长避短。

(二) 调整预期目标

挫折是目的行为受阻碍、目标没有实现引起的，目标越高，行为动力越强，成就也就越大。但一个人如果对自己的能力估计过高，抱负过高，预期目标过高，失败的可能性就越大，挫折就越容易产生。所以，设置既有较大把握、又需经过努力才能达到的目标，或是把大目标分解为可以实现的小目标，逐步增强成功体验、积累自信才是比较可取的。有些学习基础不太好的同学就不能盲目地将学习成绩的目标定为全科优秀。合适的做法是首先确保通过努力所有科目都及格，进而在个别科目上取得更好成绩，循序渐进，最终实现全面进步。

(三) 合理宣泄

挫折会给人们带来较大的心理压力，因此可以通过语言或行为，在较短的时间内将可能危害健康的、过度的不良情绪发泄出来，使身心维持健康水平。语言宣泄的方式有找人倾诉、唱歌、呼喊等；行为宣泄的方式有跑步、打球、哭泣等。

(四) 积极的心理防御机制

挫折一般都伴随着心理平衡的破坏。个体出于自我保护的本能，倾向于减轻或消除这种状态，采取某种方式重建平衡。这种减轻不安、摆脱痛苦、恢复平衡的自我保护机制称为心理防御机制。心理防御机制是人在面对挫折时自发产生的反应，能帮助人们暂时缓解消极情绪。心理防御机制并不改变原先的事实，只是改变人们对事实的看法和观点。心理防御机制分为积极心理防御机制和消极心理防御机制。消极心理防御机制如压抑、否定、退行、躺平、摆烂等，表面上能够缓解状况，使人逃避现实，但降低了个体的适应能力，有可能导致更大的挫折。积极心理防御机制能提高人的挫折承受力，减轻精神痛苦，促进人格发展。面对挫折时要有意识地运用积极心理防御机制，缓解受挫后的心理压力，调整心理状态。

积极心理防御主要有以下几种：

(1) 效仿。也称认同，是在遇到挫折时效仿他人获得成功的经验或办法来改变自身的境况，以此来减少自身的挫折感，使自己的言行更适应社会及环境的要求。大学生可以历史名人、模范人物作为自己的效仿对象，从榜样的身上汲取力量和信息。例如大学生申请奖学金失败，可以向得到奖学金的同学取经，增强对优秀同学的认同感，为下一次申请做好充分准备。

(2) 补偿。受主客观条件的限制，暂时没有达到目标，于是设置新的能实现的目标加以代替，弥补受挫的痛苦，称为补偿。以新的目标代替原有目标，以新的成功体验去弥补原有失败的痛苦，所谓"失之东隅、收之桑榆"。比如竞选班长失败后成功竞选学习委员。

(3) 升华。把动机、需要、欲望投入实践、学习、文体活动中，抛开杂念与烦恼，执着地追求正当的目标，使精神升华。有的同学在与别人竞争时，把对更优秀的人的嫉妒转化为奋发图强的斗志。伟大的文学家约翰·沃尔夫冈·冯·歌德就是在失恋中得到灵感，创作了世界名著《少年维特之烦恼》。

(4) 幽默。在遇到尴尬、处境困难或遭受挫折时，用幽默的方式来化解困境，保持心理平衡，是心理素质较高的表现。

人的一生是不断适应的过程。适应力是一个人应对挫折和变化的能力，它有助于我们在逆境中保持前进，不至于一蹶不振。人的心理承受能力不是天生的，是在后天不断面对挫折、接受压力的过程中逐渐增强的。大学生要积极参加各种社会活动，勇于接受挑战，有意识地积累生活技能和处理挫折方面的知识和经验，培养应对问题、处理问题的能力，提升灵活性和坚韧性，增强挫折适应力，化解挫折的消极影响，积极面对人生。

★ 案例链接

| 鸡蛋、石头和皮球 | 从困难模式到世界级水准 | 挫折是一种宝贵的财富 |

总 结 与 考 核

一、实践日志

日期		天气	
主要实践内容：			
体会与感想：			
努力方向：			

二、实践考核(第七周)

考核内容		分值	本周考核要求	本周自评得分
平时成绩 (80 分)	考勤	5 分		
	实践过程	5 分	积极参与,认真配合	
	实践表现	10 分	保持热情,分享发言	
	团队实践表现	30 分		
	长程团队项目个人任务进程监控记录,个人贡献与反思	30 分		
	本周平时分合计:			
实践感悟 (20 分)	心理实践或团队实践项目的感悟与能力提升	20 分		
备 注	1. 平时成绩每课一结,个人自评,组长核查汇总。 2. 平时成绩每课总分 80 分,期末加总求平均数,作为期末成绩,占总成绩的 80%。 3. 实践感悟得分,直接计入期末总成绩,占总成绩的 20%。			

拓 展 实 践

一、 抗挫折能力自测

请在下列 10 道题的 A、B、C 三个答案中,选出最适合自己的一项。

1. 发生十分令人担心的事时,你会( )。
　A. 无法正常生活　　　　B. 照常生活　　　　　　　　C. 介于二者之间

2. 碰到讨厌的对手时,你会( )。
　A. 无法应付　　　　　　B. 应付自如　　　　　　　　C. 介于二者之间

3. 遇到难题时,你会( )。
　A. 失去信心　　　　　　B. 动脑筋解决问题　　　　　C. 二者之间

4. 当困难落到自己头上时,你会( )。
　A. 嫌弃和厌恶　　　　　B. 认为是锻炼自己的好机会　C. 二者兼而有之

5. 产生自卑感时,你会( )。
　A. 不想再干任何事情　　B. 振奋精神去做事　　　　　C. 介于二者之间

6. 当老师分配给你很困难的任务时,你会( )。

    A. 顶回去了事　　　　　B. 想尽一切办法完成　　　　C. 顶一会儿再去干好

7. 当条件恶劣时，你会(　　)。

    A. 无法完成　　　　　　B. 克服困难完成　　　　　　C. 介于二者之间

8. 做事感到疲劳时，你会(　　)。

    A. 总觉得疲劳，脑子不好使

    B. 休息一会儿，忘了疲劳

    C. 介于二者之间

9. 当面临失败时，你会(　　)。

    A. 破罐子破摔

    B. 将失败变为成功

    C. 随机应变

测试评分：

计分标准：选 A 为 0 分，选 B 为 2 分，选 C 为 1 分，将所得分数相加。

17 分及以上：说明你抗挫折能力很强，能抵抗失败和挫折。

10～16 分：你虽有一定的抗挫折能力，但对某些较大的打击依然难以承受，须加强心理素质的锻炼。

9 分及以下：你的抗挫折能力亟须提高，甚至一些细小的挫折就能让你消沉半天。

二、我的挫折

    人的一生起起伏伏，挫折不可避免。给自己一些时间，认真回忆自己的人生历程，用辩证的眼光分析让你印象深刻的一次挫折。

那次挫折发生在什么时间？

_____

_____

那次挫折的经过是怎样的？

_____

那次挫折的消极影响是什么？

_____

_____

那次挫折的积极影响是什么？

_____

_____

三、个人实践任务周进程监控表

本周任务执行情况								
任务要求	周一	周二	周三	周四	周五	周六	周日	任务状态
记录身边发生的挫折事件								
观察并记录人们抗挫折的方式和方法								
记录自己经历的挫折事件								
记录自己抗挫折的策略及方法								
团队项目	分配的个人任务、要求完成时间、完成情况：			贡献与反思：				
本周其他情况说明								

实践八　思维训练

思维是灵魂的自我谈话。

——柏拉图

正统不必常相继。

——司马光

一切感官获取的知识都是可以怀疑的，唯有怀疑本身不可怀疑。

——笛卡尔

提出一个问题往往比解决一个问题更重要，因为解决一个问题也许仅是一个数学上的或实验上的技能而已。而提出新的问题，新的可能性，从新的角度去看旧的问题，却需要有创造性的想象力，而且标志着科学的真正进步。

——爱因斯坦

实 践 目 标

(1) 帮助学生了解自己的批判性思维倾向和创新行为现状。
(2) 锻炼学生的批判性思维、创新性思维。
(3) 提高学生创新能力的自我效能感。
(4) 增强学生在批判性思维、创新性思维上抗负面评价的信念。
(5) 激发学生的创新信念，并提升其创新自信心。

实践内容简述

以课前作业的形式，让学生完成批判性思维能力测量表、创新行为量表等测试问卷，了解自己的思维现状，增进对自我的认识和了解。组织团队活动，使学生更加直观、深入地体验到团队中的批判性思维和创新性思维带来的工作乐趣；通过对批判性思维知识及训练方法的学习，让学生进一步认识批判性思维；通过案例分享，树立榜样意识；通过拓展实践，掌握锻炼批判性思维和创新性思维的方法，坚持思维训练30天后再次填写批判性思维能力测量表、创新行为量表等测试问卷，检测思维能力的变化。

综 合 实 践

活动一　口是心非(热身活动)

1. 活动目标

(1) 锻炼学生的反应能力、思维能力。

(2) 帮助学生树立批判性思维意识。

2. 活动准备

(1) 学生思考自己的问题清单。

(2) 教师准备问题清单以供学生参考。

(注意：活动的提问内容要传递正能量，体现尊重与平等，不可侵犯个人隐私。)

3. 活动内容

具体活动内容及步骤如下：

(1) 教师通过随机分配，让每两个小组之间的成员进行一对一比拼。

(2) 两个小组通过组长猜拳的方式来决定由哪一组先提问。

(3) 被问者的回答是真实的，但是要以相反的动作表达出来。比如对方指着你的头发问，这是你的头发吗？回答：是的。但是要以摇头的方式表现出来。

(4) 两组之间轮流提问，每个小组的成员有两次错误的机会。如果小组所有的机会用完就代表输了，将要面临对方给予的惩罚。

4. 体验分享

本活动结束后，同学们可自由发言，谈体验，分享心得感受。

(1) 你觉得在这个活动中遇到的最大的困难是什么？

(2) 在平时的生活里，你是否有过对权威观点的怀疑？是否和自己的固有思维说过"不"？

5. 活动总结

在我们的生活中，有很多时候我们对一些固有的、权威的观点会不假思索地相信，虽然在一定程度上这种相信可以提高我们的办事效率，但是也会固化我们的思维。每一种创新都来自对原有思维的质疑。本活动意在通过反向动作提醒大家，我们要有和自己的固有思维做辩驳的意识，要敢于质疑自己曾经相信的观念。

活动二　穿越 A4 纸

1. 活动目标

(1) 打破固有的传统思维，将可用的有限资源的利用扩大化。

(2) 让学生体验到创新性思维带来的乐趣。

2. 活动准备

(1) 准备 A4 纸、剪刀。保证每个小组至少两张 A4 纸，一把剪刀。活动中一定注意安全第一位，用道具时要保护自身与他人安全。

(2) 宣读《团体活动安全协议书》并让学生签字。

3. 活动内容

具体活动内容及步骤如下：

(1) 以小组为单位，发给每个小组若干张 A4 纸和若干把剪刀。

(2) 将纸张剪出环形式样，并且环形式样必须是完整无缺的，纸张不可以拆分、粘贴、打结，裁剪后要保持一个整体。

(3) 要求全组成员从剪出来的纸环中穿过去。

4. 体验分享

活动结束后，组织讨论和分享：

(1) 完成活动任务时，你有怎样的体验？你是怎样想到这样的办法的？

(2) 回顾整个活动过程，你的感受是怎样变化的，这些变化是思考带来的吗？

5. 活动总结

可能在刚开始，我们听到活动要求时会觉得不可思议，但通过努力思考，多次尝试，成员之间的相互帮助，最终想出了办法，成功完成了活动任务，并从中体验到成功的快乐，也增强了对自己思维力的信心。

活动三　垒　宝　塔

1. 活动目标

(1) 使学生能够认识到思维越练越灵活，要多动脑，多思考。

(2) 发现创新性思维的乐趣，提升创新自信心。

2. 活动准备

(1) 准备报纸、剪刀、胶带、吸管、笔、橡皮筋。保证每组分到 4 张报纸、1 把剪刀和 1 卷胶带，其他的为备选材料。活动中一定注意安全第一位，用道具时要保护自身与他人安全。

垒宝塔

(2) 宣读《团体活动安全协议书》并让学生签字。

3. 活动内容

具体活动内容及步骤如下：

以小组为单位，每一个小组领取 4 张报纸、1 把剪刀和 1 卷胶带。各小组用领取的材料进行宝塔搭建，要求在 15 分钟内完成，并为宝塔命名。

4. 体验分享

请同学们就刚才学习讨论的内容做体验分享，分享结束后，教师对活动情况进行引导。

(1) 在活动的过程中，你的创作理念是什么？

(2) 小组成员通过努力共同完成了一个看似艰巨的任务，这带给你哪些启示？

5. 活动总结

简单的材料在我们的手里变成了丰硕的成果，这就是创造的力量。培养创新性思维，可以拓宽我们的思路，虽然在这个过程中我们可能会面临诸多的失败，但小组成员一起努力过，一起思考过，一起讨论过，这些都是最美的回忆，更是宝贵的经验。可能有的塔看上去不太美观，但是带着新鲜创意、承载着每一个人的努力的它，就是最美的。

活动四　了解个人的批判性思维倾向和创新行为现状

1. 活动目标

(1) 了解自己的批判性思维倾向和创新行为现状。

(2) 了解批判性思维、创新性思维与职业的关系。

(3) 分析讨论，明确自己的努力方向。

2. 活动准备

准备中文版批判性思维能力测量表、创新行为量表。

3. 活动内容

具体活动内容及步骤如下：

(1) 批判性思维倾向测试。

"Critical(批判的)"一词源于希腊文 kriticos(有提问、理解某物的意义和有能力分析，即"辨明或判断的能力"的意思)和 kriterion(标准)。从词源上说，该词暗示发展"基于标准的、有辨识能力的判断"。

填写说明：在代表赞同程度的数字下方画"√"即可。

题　项	非常赞同 ←→ 非常不赞同					
1. 当面对困难时，要考虑事件所有的可能性，这对我来说是不可能做到的	1	2	3	4	5	6
2. 研究新事物能使我的人生更丰富	1	2	3	4	5	6
3. 最好的论点，往往来自对某个问题的瞬间感觉	1	2	3	4	5	6
4. 我的注意力很容易受到外界环境的影响	1	2	3	4	5	6
5. 面对有争议的论题，要从不同的见解中选择其一，是极不容易的	1	2	3	4	5	6
6. 当他人只用浅薄的思维去为好的构思护航，我会感到着急	1	2	3	4	5	6
7. 所谓真相，不外乎个人的看法	1	2	3	4	5	6
8. 我总是会先分析问题的所在，然后才解答它	1	2	3	4	5	6
9. 我欣赏自己拥有精确的思维能力	1	2	3	4	5	6
10. 对某件事如果有四个理由赞同，而只有一个理由反对时，我会选择赞同这件事	1	2	3	4	5	6

题 项	非常赞同 ←→ 非常不赞同					
11. 付出高的代价(例如金钱、时间、精力)便一定能换取更好的意见	1	2	3	4	5	6
12. 学校里大多数的课程是枯燥乏味的，不值得去选修	1	2	3	4	5	6
13. 需要思考而并非全凭记忆作答的测验较适合我	1	2	3	4	5	6
14. 我可以不断谈论某一问题，但不在乎问题是否得到解决	1	2	3	4	5	6
15. 我的好奇心和求知欲受到别人的欣赏	1	2	3	4	5	6
16. 即使有证据与我的想法不符，我也会坚持我的想法	1	2	3	4	5	6
17. 在小组讨论的过程中，若某人的见解被其他人认为是错误，他便没有权利去表达意见	1	2	3	4	5	6
18. 我并不是一个很有逻辑的人，却常常装作有逻辑	1	2	3	4	5	6
19. 我很容易整理自己的思维	1	2	3	4	5	6
20. 当面对一个重要抉择时，我会尽力去搜索一切有关的资料	1	2	3	4	5	6
21. 面对问题时，因为我能做出客观分析，所以我的同辈会找我做决定	1	2	3	4	5	6
22. 我持开放态度时，便不知道什么是真，什么是假	1	2	3	4	5	6
23. 我看见新产品的说明书复杂难懂时，便会放弃继续阅读下去	1	2	3	4	5	6
24. 了解别人对事物的看法，对我来说是重要的	1	2	3	4	5	6
25. 我的信念都必须有依据支持	1	2	3	4	5	6
26. 如果可能的话，我会尽量避免阅读	1	2	3	4	5	6
27. 人们说我做决定时过于冲动	1	2	3	4	5	6
28. 学校安排的必修科目是浪费时间的	1	2	3	4	5	6
29. 处理复杂问题时，我感到惊慌失措	1	2	3	4	5	6
30. 外国人应该学习我们的文化，而不是要我们去了解他们的文化	1	2	3	4	5	6
31. 人们认为我做决定时犹豫不决	1	2	3	4	5	6
32. 要反对别人的意见，就要提出理由	1	2	3	4	5	6
33. 当我表达自己的意见时，保持客观是不可能的	1	2	3	4	5	6
34. 对于自己能够提出有创意的选择，我很满足	1	2	3	4	5	6
35. 我正尝试少做主观的判断	1	2	3	4	5	6
36. 我发现自己常评估别人的论点	1	2	3	4	5	6
37. 对我自己所相信的事，我是坚信不疑的	1	2	3	4	5	6
38. 主动尝试去解决各样的难题，并非那么重要	1	2	3	4	5	6
39. 他人不该强逼我去为自己的意见做辩护	1	2	3	4	5	6
40. 做决定时，其他人期待我去制定适当的准则做指引	1	2	3	4	5	6
41. 我期待去面对富有挑战性的事物	1	2	3	4	5	6
42. 研究外国人的想法是很有意义的	1	2	3	4	5	6

续表二

题 项	非常赞同 ←→ 非常不赞同					
43. 我的求知欲很强	1	2	3	4	5	6
44. 我只会寻找一些支持我看法的事实,而不会去找一些反对我看法的事实	1	2	3	4	5	6
45. 解决难题是富有趣味性的	1	2	3	4	5	6
46. 对自己能够了解其他人的观点,我很满足	1	2	3	4	5	6
47. 用"比喻"去理解问题,像在公路上驾驶小船	1	2	3	4	5	6
48. 我可以算是个有逻辑的人	1	2	3	4	5	6
49. 我喜欢去找出事物是如何运作的	1	2	3	4	5	6
50. 当问题变得棘手时,其他人会期待我继续处理	1	2	3	4	5	6
51. 处理难题时,首先要弄清问题的症结所在	1	2	3	4	5	6
52. 我对争议性话题的意见,大多跟随最后与我谈论的人	1	2	3	4	5	6
53. 无论什么话题,我都渴望知道更多相关的内容	1	2	3	4	5	6
54. 要想知道哪一个是较好的解决办法,是不可能的	1	2	3	4	5	6
55. 解决难题的最好方法是向别人问取答案	1	2	3	4	5	6
56. 有很多问题,我会害怕去寻找事实的真相	1	2	3	4	5	6
57. 我善于有条理地去处理问题	1	2	3	4	5	6
58. 对不同的世界观(例如进化论、有神论)持开放态度不是那么重要的	1	2	3	4	5	6
59. 我会尽量去学习每一样东西,即使我不知道它们何时有用	1	2	3	4	5	6
60. 生活的经验告诉我,处事不必太有逻辑	1	2	3	4	5	6
61. 事物的本质和它的表象是一致的	1	2	3	4	5	6
62. 既然我知道怎样做这决定,我便不会反复考虑其他的选择	1	2	3	4	5	6
63. 有权势的人所做的决定便是正确的决定	1	2	3	4	5	6
64. 我们不知道应该用什么标准来衡量绝大部分问题	1	2	3	4	5	6
65. 各人有权利发表他们的意见,但我不会理会他们	1	2	3	4	5	6
66. 我善于策划一个系统的计划去解决复杂的问题	1	2	3	4	5	6
67. 个人的经验是验证真理的唯一标准	1	2	3	4	5	6
68. 我害怕在课堂上提问	1	2	3	4	5	6
69. 我经常反复思考在实践和经验中的对与错	1	2	3	4	5	6
70. 我不会怀疑众人都认为理所当然的事	1	2	3	4	5	6

测试计分方法如下:

中文版批判性思维能力测量表(CTDI-CV),共 70 题,分 7 个特质,每一特质下有 10 个题项,正性题目共 30 题,负性题目共 40 题,最高总分 420 分。

寻找真相特质:负向题共 10 题,题号为 5、10、16、29、33、44、56、62、64、67。

开放思想特质：正向题共 3 题，题号为 24、35、42；负向题共 7 题，题号为 1、17、30、39、58、65、70。

分析能力特质：正向题共 7 题，题号为 6、25、32、36、48、51、57；负向题共 3 题，题号为 18、54、60。

系统性能力特质：正向题共 4 题，题号为 8、19、66、69；负向题共 6 题，题号为 4、14、23、27、31、52。

批判性思维自信心特质：正向题共 9 题，题号为 9、13、15、21、34、40、43、46、50；负向题共 1 题，题号为 68；

求知欲特质：正向题共 7 题，题号为 2、20、41、45、49、53、59；负向题共 3 题，题号为 12、28、38。

认知成熟度特质：负向题共 10 题，题号为 3、7、11、22、26、37、47、55、61、63。

本量表采用 6 分 Likert 量表记分法，即负向题由 1 分到 6 分，1 分表示非常赞同，6 分表示非常不赞同；正向题由 6 分到 1 分，即 6 分表示非常赞同，1 分表示非常不赞同。

温馨提示：正向题的计分方法为反向计分，即原题目选非常赞同计 6 分，非常不赞同计 1 分。例如，第 2 题为正向题，若原题选 1 则计 6 分，若选 2 则计 5 分，若选 3 则计 4 分，若选 4 则计 3 分，若选 5 则计 2 分，若选 6 则计 1 分。

总分为 420 分。如果各个单向特质达到 40 分或以上，则表示在此特质有较强的表现。如果总分达到 280 分或以上，表示有较强的批判性思维特质。

总分低于或等于 210 分时表示其具有负性批判性思维能力(即不具备批判性思维能力)，总分达到 211～279 分时表示意义不明确，总分大于或等于 350 分时表示其批判性思维倾向性较强。各个维度的总分为 10～60 分，小于等于 30 分时表示其在该维度具有负性批判性思维能力，31～39 分时表示意义不明确，40 分及以上时表示其在该维度具有正性倾向，大于等于 50 分表示其在该维度具有较强的倾向性。

七个特质的含义具体如下：

寻找真相特质是指对寻找知识抱着真诚和客观的态度。若找出的答案与个人原有的观点不相符，甚至与个人信念背道而驰，或影响自身利益，也在所不计。

开放思想是指对不同意见采取宽容的态度，防范个人偏见的思维倾向。具有开放思想的人能敏感地意识到个人偏见、思想开放和容忍有分歧，尊重他人具有不同观点的权力；以理解他人的观点、对有分歧的世界观仍采用包容的思想为特征。

分析能力是指能坚定问题所在，以理由和证据去理解症结和预计后果。高分析能力者对潜在的有问题的情境保持警觉并预测可能的结果，即使手边的问题非常困难或具有挑战性，也欣赏运用理由和证据的倾向；以对使用批判性思维的机会保持警觉、信任理性质询过程、清晰地陈述问题、遇到困难能坚持为特征。

系统性能力是指有组织、有目标地努力处理问题的倾向。系统性能力强的人努力有序地去处理特殊的问题，以有序地处理复杂的问题、勤奋地收集有关信息、集中精力关注手边的问题为特征。

批判性思维自信心是指对自己的理性分析能力的把握。批判性思维自信心强的人相信自己能作出健全的判断并相信其他人会信任他的这种做法，相信自己的推理能力是它的特征。

求知欲是指对知识的好奇与热衷，就算这些知识的实用价值并不是直接明显的，仍尝试学习和理解。

认知成熟度是指审慎地做出判断或暂不做判断或修改已有判断，有警觉性地接受多种解决问题的方法，即使在欠缺相关知识的情况下，也能明白权宜的决定有时是必要的。

(2) 创新行为量表。

请您判断是否认同以下说法，每个题目的回答选项通常包括依次递进的五个选项(A、B、C、D 和 E)，分别代表非常不同意、不同意、一般、同意和非常同意。请您逐一阅读每个题项，在最能代表您意见的选项上画"√"。

① 我总能寻找到新技术、新方法、新技巧或新的想法。

　　A. 非常不同意　　　　　　B. 不同意　　　　　　C. 一般
　　D. 同意　　　　　　　　　E. 非常同意

② 我总能产生有创意的想法。

　　A. 非常不同意　　　　　　B. 不同意　　　　　　C. 一般
　　D. 同意　　　　　　　　　E. 非常同意

③ 我总是给别人提供新的想法。

　　A. 非常不同意　　　　　　B. 不同意　　　　　　C. 一般
　　D. 同意　　　　　　　　　E. 非常同意

④ 我总是能筹集到实行新想法的基金。

　　A. 非常不同意　　　　　　B. 不同意　　　　　　C. 一般
　　D. 同意　　　　　　　　　E. 非常同意

⑤ 我总是能为新想法的实行提供充足的安排和计划。

　　A. 非常不同意　　　　　　B. 不同意　　　　　　C. 一般
　　D. 同意　　　　　　　　　E. 非常同意

测试计分

该量表借鉴了大量国外其他学者的研究，提供了适合大学生情境的题项。该量表共有5 个题项，采用五点计分，"完全不同意"得 1 分，"完全同意"得 5 分。被测试者在量表中的得分越高，代表其创新行为越强。

4. 体验分享

请同学们阅读知识链接，并结合自己的测试结果，谈体验，分享自己的心得体会。

(1) 分析自己的批判性思维能力和创新行为，并与职业要求比较，明确今后的努力方向。

(2) 对照 9 个常见的思维误区，我有哪些需要纠正的？

(3) 我打算如何去培养自己的批判性思维和创新性思维？

5. 活动总结

根据大家的分享，我们可以意识到自己在思维方式上还存在哪些进步的空间。好的思维方式造就好的人生，大家在学习生活中要多训练自己的思维，不断提高自己的批判性思维和创新性思维，提升心灵品味，使自己的职业发展更进一步，拥有实现自我价值的人生。

知 识 链 接

一、思维概述

有这样一个问题：盘子里有四块蛋糕，由四个孩子平均分，到最后，盘子里还有一块蛋糕。请问：他们是怎样分的呢？

你是不是已经开始思考了呢？这就是我们在用自己的思维解决问题。

那么，什么是思维呢？

彭聃龄主编的《普通心理学》一书里指出，思维是指借助语言、表象或动作实现的，对客观事物概括的和间接的认识，是认识的高级形式。其作用在于揭示事物的本质特征和内部联系，主要表现在概念形成、问题解决和决策等活动中。

思维具有三个基本特征：概括性、间接性和对经验的改组。其中概括性是指在大量感性材料的基础上，把一类事物共同的特征和规律抽取出来，加以概括。思维的概括性是我们形成概念的前提，也是思维活动能迅速进行迁移的基础。思维的间接性是指借助一定的媒介和知识经验对客观事物进行间接的认识，这一基本特征可能让我们超越感知觉提供的信息，认识那些没有直接作用于人的感官的事物和属性，从而揭示事物的本质和规律。思维也是对经验的改组，是一种探索和发现新事物的心理过程，它常常指向事物的新特征和新关系，这就需要人们对头脑中已有的知识经验不断进行更新和改组。

在生活中，无论遇到什么样的问题，我们都需要充分的信息来帮助我们选择解决问题的办法。

这个时候，我们需要弄明白：正在发生什么？遇到的问题是什么？想要达成什么样的目标？当我选择相信这个观点的时候，我是否在欺骗自己？当我想做某件事的时候，我应该如何做准备？失败的后果是什么？我如何才能做得更好？这是我最大的问题所在吗？

恰当地应对这些问题是思维每天都要面对的任务。而"我为什么这样想？我怎么会想到这种办法？我这样的决定有没有问题？这是我真正的想法吗？还是我的思想被他人左右了？"则是对我们思维方式的思考。

在一生中，我们很少认真地对自己的思维方式进行思考。但是，如果你停下来想一想思维方式在你的生活中所起的作用，你就会发现你做过的、想要做的和感觉到的任何事情都受到你思维方式的影响。进一步讲，如果你像植物学家观察植物那样开始关注自己的思维方式，你的人生会就此改观。

你逐渐会发现：我们所有人在成长道路上都或多或少养成了一些不良的思维习惯。例如，在没有证据的时候就匆匆得出结论；让刻板印象主导我们的思考；形成不合理的信念；立场先行、以既定视角来观察整个世界；忽视和抨击那些与我们相悖的观点；编造一些谎言和虚假的讹传；进行一些与我们的经验不符的思考。

当你发现自己的思维中存在这些问题的时候，希望你能询问自己或思考一些关键的问题：我能够学着避免这些不良的思维习惯吗？我能够养成良好的思维习惯吗？我是否能够很好地或者更好地进行思考呢？

随着你对于良好思维方式和不良思维方式理解的加深，你就会受益更多，你就可以做出恰当的决策，可以享有更多重要的权利。你的生活也会有更多的可能性，会有更多的选择，会减少错误，会对生活有更多的理解。

如果思维方式是一个人幸福、成功与否的决定性因素，我们为何不去发现和学习那些幸福、成功人士的思维方式呢？

幸福、成功人士常具有以下一些思维特征：

(1) 总是在思考他们的思维过程，并做出调整。他们不认为思维是自动的，也不认为优秀的思维方式是天生的，他们关注自己的思维过程，评估自己的思维方式，并不断地对其进行反省和调整。

(2) 有明确的目标。他们从不盲目，他们知道自己的目标所在。他们清楚自己想要什么，拥有明确的目标并知道这些目标之间的优先顺序。他们不断地检查和调整自己的行动使其服从于目标。

(3) 能够将思维与自身感受、需求分离。他们知道人会不理性地感到愤怒、害怕或者缺乏安全感，但不会允许这些无端的情感左右他们的决策。他们能洞察自己的心思，这使得他们可以审察自身思维运作的过程，从而可以仔细地控制思维过程。

(4) 常常分解、剖析事情。他们不相信凭借心智可以自动对思维方式进行分析，和拉提琴或弹钢琴相似，思维也是需要每天练习的。通过训练，我们的思维能力是可以养成的。

(5) 凡事有自身独到的见解，拒绝人云亦云的思维方式。他们有足够的承受力来应对不随波逐流给自己带来的思想压力。很多人都会跟着其他人的思维走，但总有一群人在按照自身的思维行事，而通常取得成功的也往往正是这群人。

我们并不能准确地向别人说明应当怎样去思维，正如我们不能准确地说出自己应当怎样呼吸，以及自己的血液循环的情景一样。可是，人们思维的各种不同的方式却能够被说明，思维的一般特征能够被描述。某些思维方式与另一些思维方式相比，是比较好的。对于为什么好，也可以提出一些理由来。那些懂得什么是较好的思维方式，并且知道为什么这些思维方式比较好的人，只要愿意，就可改变自身的思维方式，从而使思维变得更有成效。

二、批判性思维及其训练方法

所有的人都会思考，思考是我们的本性。但是我们大多数人的思维，留给自己的都是有偏差的、扭曲的、不全面的、信息不足的或者完全怀有偏见的。当我们抱着一种提升自己思维的想法去思考自己的思维时，批判性思维就启动了。

1. 批判性思维的定义

近代史上，很多学者都对批判性思维的具体内涵做了定义。

批判性思维专家理查德·保罗博士将批判性思维定义为：批判性思维，就是通过一定的标准评价思维，进而改善思维，批判性思维是积极且熟练地解析、应用、分析、综合、评估支配信念和行为的那些信息的过程，这些信息通过观察、实验、反省、推理或沟通收集或产生。加拿大心理学家罗伯特则认为，批判性思维是用慎思的态度去从事活动的倾向或技能。

最有名、最被广泛接受的是美国伊利诺伊大学荣誉教授罗伯特·恩尼斯(Robert H. Ennis)的版本，他的定义非常简洁，只有一句话：所谓批判性思维，是针对相信什么或做什么的决定而进行的理性的反省思维。在这个定义中，我们可以提取出两个关键词。

关键词一：理性。

批判性思维要求我们要能理性思考。那什么是理性呢？

简单来说，理性就是人们为了获得预期结果，有自信与勇气冷静地面对现状，快速全面了解现实，分析出多种可行方案，判断出最佳方案且对其有效执行的能力。理性的实质，就是尽可能综合考虑各方面因素，不因某一方面的信息畸变而影响对全局的理解。

理性的思想内核，是一种思维上的开放性和包容性，是一种全局性思想。

关键词二：反省思维。

反省思维最初由美国著名的哲学家、教育家、心理学家约翰·杜威提出。在 1910 年，约翰·杜威出版了 *How We Think*(《我们如何思维》)一书，系统论述了反省思维。

书中写道，人类天生的思维模式，常见的有三种，分别是：

(1) 意识流，即遍布于脑海中无意识且不受控制的思维漫步，如发呆、胡思乱想等；

(2) 虚构故事，我们问一位讲故事的人，他是否看到过发生的那些事，他也许会回答说："没有看到，我只是想象那些事"；

(3) 没有证据的信念，如我相信明天一定降温，或我认为他一定出卖我了等。

这些人类天生的思维模式，可以帮助人类快速解决简单问题，但是对复杂问题毫无帮助，甚至是有害的。因此约翰·杜威提出反省思维，它是指对某个问题进行反复的、严肃的、持续不断的深思。

反省思维有三个特点：

(1) 反省思维具有自觉的目的性，旨在求得结论。

(2) 反省思维是持续不断且井然有序的。

(3) 反省思维包含对个人的考察、检验和探究。

确定的思维目的、深入连续的思维过程、实证主义和怀疑精神，是反省思维最核心的要素。

2. 批判性思维的训练方式

批判性思维要入门，有一个捷径，就是学会提问。提问，就是个体不断对接收的信息进行发问，通过问题的形式，解释、分析、评估、推论、说明和校准信息，最终达到思维深度和广度的升华。

我们传统的教育中，很多时候并不喜欢人们提出问题，只希望学生照做就可以了。然而批判性思维的核心和精髓，就是从提问开始的。

理查德·保罗在他的《批判性思维工具》一书中写道：

一个不善于提问的人不会是优秀的批判性思考者。答案不能推动思维的发展，真正能推动思维发展的是问题。那些学科(例如物理学或生物学)的奠基人，如果不善于提出问题，那么这些学科就不可能发展起来。

在书中，他进一步论述提问和思维的关系：

所提出问题的质量决定着你思维的质量。当没有问题时，你便不再思考解决问题的答案。

理查德·保罗甚至比较绝对地说道，没有问题等同于不理解，表面的问题等同于肤浅的理解，不清楚的问题等同于含糊的理解。

一个人只有能在某一领域提出高质量的问题，才说明他真正懂得了这个领域的知识。那么该如何提出高质量的问题呢？有两种提问方法。

(1) 5 WHY 提问法。

对于某个不清楚的问题或者不清楚的信息，连续问 5 个为什么，刨根究底。经过连续 5 次发问，基本上能触达问题的核心。

这种提问方式，最开始产生于美国著名的咨询公司麦肯锡，他们发现问题的本质常常深埋于复杂的表象之下，仅仅通过简单的提问，很难触达问题的实质。于是，他们发明了这样一种暴力的提问方式，结果意外发现竟然非常有效，于是大规模推广开来。

例如，我们发现车间的机器总是出故障时，就可以问：

① 为什么机器总是停？答：因为运行超过了负荷，保险丝总断。

② 为什么会超过负荷？答：因为转轴的润滑不够。

③ 为什么润滑不够？答：因为润滑泵吸不上来油。

④ 为什么吸不上来油？答：因为油泵轴因磨损而松动了。

⑤ 为什么会磨损？答：因为没有安装过滤器，混进了铁屑等杂质。

就这样通过连续不停地问 5 个为什么，也许就找到了机器故障的根本原因。

(2) 苏格拉底式提问法。

苏格拉底式提问法，也是一种连续提问方法。通过连续提出问题，让被提问者通过理性思考来发现谬误、拓宽思路、获得真相。该方法最初起源于古希腊哲学家苏格拉底，故得此名。

一般来说，苏格拉底式提问法包括 6 个步骤：

① 澄清问题，即明确问题的概念和边界，发问方式包括：这个问题的意思是什么？为什么会有这样的问题？是什么让你有这样的问题？

② 澄清假设，即明确问题的假设，发问方式包括：你这个问题的假设是什么？为什么会有这样的假设？你如何证明这个假设？

③ 明确推论，即明确是如何推论的，发问方式包括：你是如何得出这一结论的？你为什么相信这是真的？是否有理由怀疑这一结果呢？

④ 探索其他观点，即找出是否有不同的观点，发问方式包括：对这个问题，其他人有什么看法？别的不同的观点是什么？还有其他的可能吗？

⑤ 探究结果，发问方式包括：这个问题会带来什么结果呢？会有什么隐藏的影响吗？这个结果真的有发生的可能吗？

⑥ 回归原问题，发问方式为：最初的那个问题，有新的答案了吗？

经过苏格拉底式提问，能够极大扩充解决问题的思路，引入新的认知，找到新的解决方案。苏格拉底式提问法，在以后被不断地充实和应用。

一个人不可能一夜之间就成为一个优秀的篮球运动员或者是舞蹈家，同样，我们也不能期望自己一夜之间就变成一个熟练的批判性思考者。

思维的进步，需要投入大量精力和持续的练习。

3. 批判性思维的价值

当投入大量精力学习批判性思维时，我们并不是在做一件没有意义的事情，这是确确实实能够给自己带来极大提升的。它的好处包括但不限于以下几个方面：

(1) 克服盲从心理，养成独立思考的习惯；

(2) 认知能力和知识水平的大幅提升；

(3) 思维深度和广度的拓展；

(4) 决策和行动的质量提升；

(5) 探究本源，奠定创新性思维的基础。

有了批判性思维，就为创新性思维打下了很好的基础。没有批判性思维的人，是无法进行伟大的创造和创新的。

三、创新性思维及其训练方法

关于创新性思维，哲学界、心理学界和教育学界都对此做过研究。由于各学科研究的侧重点不同、方法论不同，因此，他们赋予创新性思维的内涵和外延亦各不相同。这里，仅介绍一些有较大影响的、有代表性的观点：

第一种观点认为，创新性思维是认识史上第一次产生的、前所未有的、具有社会意义和社会价值的思维活动。这种观点认为，创新性思维既具有一般思维的共性，又具有其个性，即它必须解决前人未解决的问题。因此，具有创新性思维的人往往是少数的。

第二种观点认为，一个人对某一问题的解决是否属于创新性思维，不在于这一解决方法是否已有别人提出过，关键在于这一问题及其解决方法对解决者本人来说是否新颖。

第三种观点认为，创新性思维有狭义和广义之分。狭义的创新性思维是指在发明新技术、提出假说、形成新观念、揭示新规律、创造新理论等这样一些探索未知世界的认识活动中的思维。广义的创新性思维是指在超越思维主体现有的知识层次，超越常规的认识水平，自觉地、积极地探索未知世界(针对思维主体而言)的认识活动中的思维。显然，这种观点是第一、第二种观点的综合。

创新性思维是一种提供新颖、独特产物的思维活动，它难以在现有的知识仓库里找到现成的答案。相反，它要求人们摆脱习惯的思维方式，充分利用已有的信息进行重新组合，以探索出一种新的途径。这就既需要发散思维，又需要集中思维。所以创新性思维是发散思维与集中思维的统一，但首先并更多地表现在扩散性上。只有通过发散思维提出种种新设想，才谈得上如何通过集中思维从中挑选出好的设想。

可见，创造性思维首先表现在扩散性上。但是，并不能因此就否定集中思维的重要作用，发散思维与集中思维实际上是一个辩证统一的过程，创新性思维的整个过程都是为了达到创造、创新的目的。发散思维在于能提出尽可能多的新设想，集中思维在于能从中找出最好的解决方案。从这个意义上说，集中思维是发散思维的出发点和归宿。如果说"发散"是播种，那么"集中"就是收获，不播种就谈不上收获，但光播种而不收获，也是徒劳无益的。

1. 发散思维的培养

当你遇到一个发明创造的课题后，怎样去思考？如果你能围绕这个问题，沿着不同的方向去思考，去探索，尽可能地搜寻各种解决问题的可能性，那么，你就表现出了很强的发散思维能力。

例如，要想消灭老鼠，首先很容易想到下述的一些方法：养猫捕捉，毒饵诱杀，机械装置(捕鼠笼、捕鼠夹)捕捉，等等。如果拓宽思维再进一步思考，则会由养猫想到保护老鼠的天敌(蛇、猫头鹰)，由机械装置想到电击、火烧、烟熏、水淹、粘胶等。这样，思路明显增多，即思维开始发散。但以上仍是一些常见的方法。

如果撇开常见的灭鼠方法，进一步寻觅其他的方法，很可能找出一些人们不常想到的办法。如用电子装置模仿老鼠的叫声，引诱老鼠出洞，再捕杀；先给一只老鼠注射一种仅对老鼠有害且可在老鼠之间互相传染的病菌，然后把它放归鼠群，使大量老鼠染病死亡。这时候，思维发散得更开，灭鼠的方法就更多了。

凡是围绕一个问题，能突破常规思维的束缚，沿着不同的方向去思考，搜寻出解决这一问题的各种可能性，得到多种解决问题的不同办法，这样的思维方式就是发散思维。

2. 发散思维的特点

发散思维具有三个明显的特点：

(1) 流畅性。流畅性就是指在思维表达上反应敏捷，少有阻滞，能在较短的时间内表达出较多的概念。

(2) 灵活性。灵活性就是指一个人的思维能够举一反三，触类旁通，随机应变，不受消极的心理定势的阻碍，因而有可能提出不同于一般人的新构思、新办法。

(3) 独特性。独特性是指提出的解题方案或方法，不与他人雷同或大同小异，有自己独特的见解。

以上三个特点是相互关联的。流畅性往往是产生其他两个特点的前提。灵活性则是提出创新性思维的关键。灵活转换的能力越强，产生独特想法的可能性就越大。

3. 发散思维的类型

发散思维的具体类型有两种：

(1) 同型发散。同型发散是指围绕与问题直接相关的同类信息进行发散。如问钢笔的用途时，回答"写字""画钢笔画""打草稿"等。

(2) 异型发散。异型发散是指围绕与问题间接相关的非同类信息进行发散。这是真正体现发散思维创造性本质特征的主要方面。通过想象、联想，使原来联系不明显的信息产生清晰的关系，使一些看似无关的信息关联起来，于是，新的附加信息便产生了，这样就为以一种新颖而独特的方式解决问题提供了线索。如回答钢笔的用途时，摆脱常规用途观念，可根据钢笔的颜色、结构、形状、硬度、材质等各种属性产生奇特的非常规用途的想法，体现出发散思维的创造性本质特征。比如钢笔可以当玩具，可以当防身武器，可以当尺子，可以当变戏法的道具，可以当滴眼药水的器具，可以当容器，等等。

对于同一问题是否能尽可能进行异型发散，可以判断一个人发散思维能力的高低。

例如，我们向甲、乙两人提问：裤子有什么用途？

甲回答：① 御寒；② 遮身；③ 长裤剪短做裤衩；④ 男裤改为女裤；⑤ 大人裤子拆

了做小孩衣服；⑥ 旧裤子做鞋底；⑦ 做小孩子的尿布。

乙回答：① 御寒、遮身；② 浸湿后吹气做漂浮工具；③ 扎上裤腿装东西；④ 浸在硝酸里做炸药；⑤ 造纸；⑥ 在战场上撕了做绷带；⑦ 做稻草人吓鸟。

甲、乙两人同时得到"裤子有什么用途"这个信息，并都答出了七种用途，但二者有明显区别。甲的答案未脱离常规的裤子或布料的用途，基本上是沿着同一方向进行思考的，属于同型发散。而乙的答案不仅不局限于裤子的常规用途，而且从裤子和布料的特点出发，迁移到其他不同质的事物上去了。他的思维方式是沿着不同方向进行的，属于多向的、立体的、开放性的异型发散。这说明乙比甲的发散思维能力强。

4. 提高发散思维能力的方法

怎样提高一个人的发散思维能力呢？有以下几种方法。

(1) 大胆敞开思路。思考一个问题的解决办法时，要敢于大胆敞开思路，不要先考虑实际不实际、可行不可行。创新活动本身是一种探索性的活动，创新设想的产生不应受到任何限制。人的思路只有尽可能广泛地发散，才可能导致创新。

关于一个小球的用途，可以想到小球可用于各种球类活动，除此以外，还可以发散想到：小球可做地球仪，做汽车操纵杆的握柄，做玩具车的轮子，做渔网的浮子，切成两半可以做台灯的灯罩、灯座等。如果在思考时，你就判定小球很重会沉入水里，不能做渔网的浮子，小球太小不能做台灯的灯罩等等，那么就会扼杀许多好主意的产生。

(2) 学会发散的方法。一种常用的发散思维的方法，就是剖析问题具备的各种基本要素，并以此作为思考问题的方向。

我们来提一个"典型"问题：红砖有什么用途？一般的答案是可用来盖房子。"红砖能够盖房子"是把红砖作为建筑材料考虑的。从建筑材料的角度，还可以回答出红砖另外的一些用途，如用于铺路、砌花坛、修水沟等。如果再问：除此以外，红砖还可有什么别的用途？又该如何思考呢？我们可以做一个要素分析。红砖是物体，可以从物体的物理性能、化学性能、数学性能、美学性能等方面分析。例如，从物理性能的质量、体积、运动等方面考虑，红砖可当作锤子用来砸钉子、砸门、打狗、击鸟，也可用来压纸、压帐篷边缘、吊线，还可当作垫物防止车轮滑动；从化学性能方面考虑，从红砖中可以提取各种化学组成成分做染料等；从数学性能方面考虑，红砖可用于计数；从美学性能方面考虑，在红砖上可勾勒出各式各样的花纹，刻出各种图像，即红砖可用于艺术造型等。

例如，在有人提出"曲别针有什么用途"的问题后，我们不再从它能"钩、挂、别、连"的单一用途方面去考虑，而是从曲别针的材料、质量、体积、长度、硬度、弹性、形状等要素进行分析，展开异型发散。通过异型发散，我们就会得到成千上万的不同答案。

(3) 注重思考的独特性。在思考问题的时候，尽可能多地提出一些假设，从新的角度去思考独特的解决问题的方法。

(4) 有意识地进行自我训练。发散思维训练内容在日常生活中，以及在中学各门课程的学习中都可遇到，关键是要善于捕捉，经常训练。另外，相对于发散思维的集中思维，是指从发散思维所获得的众多设想中，依据目标的需要，从可行性与价值性两方面去评价和优选。因为它是集中到实现目标的需要上来思考的，因而称之为集中思维。寻找唯一正确答案的思维方式我们用得较多，在此不再单独提及。

四、十个常见的思维谬误

我们通过思维能进行各种复杂的思想活动，但也会时常犯错。因此我们要特别警惕自己思维中的谬误，这里选择了最具代表性的 10 个思维谬误介绍给大家。

1. 人身攻击

人身攻击是指在讨论时针对对方的人格、动机、态度、地位、阶级或处境等，进行攻击或评论，并以此当作理由、证据去驳斥对方的论证，或用来证明自己论点的正确。

人身攻击时不一定直接进行攻击，也可能通过背后捅刀子、暗示听众等方式来造成对对方人格的质疑。进行人身攻击的人试图用他对别人人格的攻击来取代一个有力的论述。

例如，当小明提出了一个很合理的关于基础设施建设的提议的时候，小红说她不相信任何小明说的话，因为小明这个人不爱国，经常批评政府，不懂得感恩。该例子中的小红就犯了人身攻击的谬误。

2. 晕轮效应

晕轮效应是指使用模糊、情绪化的美德词汇让我们不经仔细思考就接受观点。这种思维与人身攻击恰恰相反，用美好的情感化表达，让人接受他们可能非常有争议的观点。

比如，因为一个明星所演的角色很美好很成功，我们就觉得这个人说的话、做的事都是对的，对于他代言的产品的质量很放心。这种观点显然是不正确的。

3. 滑坡谬误

如果某事发生，则相关的很多事情肯定会发生，这属于滑坡谬误。

不讨论当下的事情 A，而是把讨论重心转移到了意淫出来的极端事件 Z 上。现实中没有任何证据证明 A 事件的发生一定会造成极端事件 Z 的发生，所以这是一种诉诸恐惧的谬误，会影响人们讨论 A 时的客观性。这种思维，无限制地将事件的影响扩大化，造成一个荒诞的后果，从而表达负面的意见。

例如，王明反对同性恋婚姻，因为他认为如果我们允许同性恋结婚，那么就会有人想要和桌子、椅子结婚。该例子中的王明就犯了滑坡谬误。

再如，因为一次考试没考好，就觉得家人会责怪自己、同学会嘲笑自己，自己以后就会在学校抬不起头来，自己以后的学习成绩会越来越差，自己会逐渐颓废成一个没用的人。虽然的确有很多人因一次考试(高考)定了终身，但任何事情都有自己的影响界限，拥有无限影响的事情是非常少甚至是没有的。

4. 赌徒谬误

认为随机事物的发生和之前发生的事情是有相关性的，这属于赌徒谬误。

例如，有人在看到独立的随机事件(比如抛硬币)时，总觉得会和前面的事情有相关性(前面连着五个正面，下一个肯定是反面)。

5. 妄求完美

如果某方法不能彻底解决某问题，就不采用此方法，这属于妄求完美。

这种思维谬误，主要出现在完美主义者身上。例如，有人说高考是有缺陷的，所以要取消高考；这个药物有副作用，所以就不能使用它。

实际上，生活中没有任何事情会是完美的，任何事物都会有一定的缺陷。一个能够解决问题的办法，永远比完美的办法要优秀得多！

6. 诉诸公众

利用公众的观点，认为公众支持的就是合理的，这属于诉诸公众。

法国社会心理学家古斯塔夫·勒庞在其著作《乌合之众》中指出，公众往往后知后觉。一个人为孤独的个体时，往往有着自己鲜明的个性化特征；而一旦融入群体，就会有情绪化、无异议、低智商等特征。

大多数人支持的观点，就是对的吗？如果是这样，就不会有"真理往往掌握在少数人手中"。

7. 诉诸权威

权威人士的确在某些领域更有发言权，但要特别警惕两种现象：

(1) 假权威，如 A 领域的权威对 B 领域发表观点，这样的观点往往没有太大效力。

(2) 权威本身的谬误。实际上，很多科学的巨大发现，都是建立在以前权威人士的不足或缺陷之上的。对于权威，我们一定不能盲信，要辩证地来认识，即接受又不盲从，养成独立思考的习惯。

8. 稻草人谬误

稻草人谬误，就是歪曲对方的观点，攻击其并不存在的观点。

通过夸张、歪曲，甚至凭空创造别人的观点，来让自身的观点显得更加合理。这是一种极端不诚实的行为，这不但影响了理性的讨论，也影响了自己观点的可信度。因为如果一个人可以负面地歪曲别人的观点，就有可能从正面歪曲自己的观点。如以下例子：

小丽：国家应该投入更多的预算来发展教育行业。

小红：想不到你这么不爱国，居然想减少国防开支，让外国列强有机可乘。

反对的一方，设立了一个并不存在的观点(也就是稻草人)，然后进行大力的批判。这种诡辩方式，我们一定要注意。

9. 诉诸情感

诉诸情感，就是通过操作别人的感情来取代一个有力的论述。

这种情况在我们的日常生活中非常普遍。因为我对你好，所以我的观点都是对的，你的观点都是错的。这恰恰是一种对理性思考的歪曲。一些人由于情感上的原因，被迫放弃理性思维，无奈地被人操纵。然而，情感并不等同于正确，也不等同于可以为所欲为。我们要坚持自己的底线和原则。

10. 非黑即白，非此即彼

"非黑即白，非此即彼"属于线性思维，在这种思维下的人主观上比较偏激，不明白这个世界有时候是跳跃的，多元的。要知道，好人也可能会做坏事，坏人也可能会做好事，人性是复杂的。

我们这个世界有很多中间地带，很多事情往往不是非黑即白的。很多复杂的问题，并不是一个"好或者不好""是或者不是"这么简单粗浅的答案就能回答的。有些事情本身没有对错，只是一个人看问题的不同角度而已。

★ 案例链接

最美职工——胡兴盛	勇于质疑的钟南山	咱一线工人也能成为创新达人

总 结 与 考 核

一、实践日志

日　期		天　气	
主要实践内容：			
体会与感想：			
努力方向：			

二、实践考核(第八周)

考核内容		分值	本周考核要求	本周自评得分
平时成绩 (80分)	考勤	5分		
	实践过程	5分	测试、热身活动、创新活动实践等	
	实践表现	10分	讨论发言 5 分，完成各项实践活动 5 分	
	团队实践表现	30分	活动参与：积极参与、能够主动分享自己的思路，分享体会。 创新创作：创新任务能快速完成并独特新颖；创新思路清晰	
	长程团队项目个人任务进程监控记录,个人贡献与反思	30分	思维训练： 1. 能够意识到自己的思维过程并对其作出评估； 2. 主动并坚持训练自己的批判性思维和创新性思维	
	本周平时分数合计：			
实践感悟 (20分)	心理实践或团队项目实践的感悟与能力提升	20分		
备　注	1. 平时成绩每课一结，个人自评，组长核查汇总。 2. 平时成绩每课总分 80 分，期末加总求平均数，作为期末成绩，占总成绩的 80%。 3. 实践感悟得分直接计入期末总成绩，占总成绩的 20%			

拓 展 实 践

一、实践内容

实践一：观看 3 场辩论赛并记录观后感。

姓名：	团队：
观看时间：	辩题一：
观后感：	
观看时间：	辩题二：
观后感：	
观看时间：	辩题三：
观后感：	

实践二：批判性思维自我练习。

学会对自己的思维进行审视是养成批判性思维的关键步骤，让我们一起通过 10 个问题来练习一下吧。

对于"小区里的养狗住户应该多交物业费吗？"请回答：

(1) 你的观点是什么？这是一个推断，一个猜想，还是一个感觉？

(2) 审视这个观点，对我重要吗？

(3) 这个观点是在回应论题吗？

(4) 这个观点是怎么得出的？

(5) 思考的过程中，有没有什么概念的意思不够明确？

(6) 思考过程中用到了哪些隐藏的假定？

(7) 换一种信念，你的结论会不同吗？

(8) 换一种立场，你的结论会不同吗？

(9) 换一种情绪或欲望，你的结论会不同吗？

(10) 这个结论，是不是只在某个范围内适用？例如，这个结论放在 300 年前或 300 年后，还会适用吗？

(资料来源于简书)

实践三：创新性思维训练。

(1) 假设人们眨眨眼睛就能把自己从一个地方运送到另一个地方，结果会出现哪些事情?(时间 3 分钟)

_____

_____

(2) 把图 8-1 中不完整的图画补充完整，并用你完成的图画讲述一个完整的故事，同时还需给你的图画起名。(时间 3 分钟)

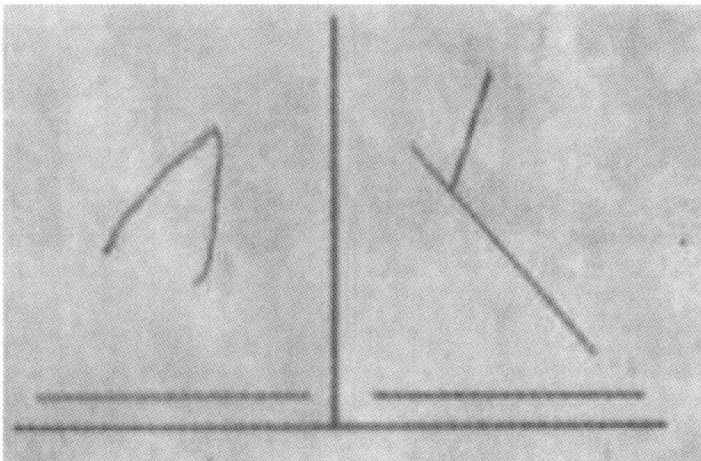

图 8-1

二、个人实践任务周进程监控表

任务要求	本周任务执行情况							任务状态
	周一	周二	周三	周四	周五	周六	周日	
思维训练								
拓展实践								
团队项目	分配的个人任务、要求完成时间、完成情况：				贡献与反思：			
本周其他情况说明								

实践九 换位思考

己所不欲，勿施于人。

——孔子

以责人之心责己，恕己之心恕人。

——《过庭录》

君子贵人而贱己，先人而后己。

——《礼记·访记》

对于我来说，生命的意义在于设身处地替人着想，忧他人之忧，乐他人之乐。

——爱因斯坦

实 践 目 标

(1) 引导学生开始自我探索，增进自我认识，了解自己的共情能力。
(2) 充分体会并感悟换位思考的含义以及重要性。
(3) 根据自身现实情况，分析换位思考对象。
(4) 培养并掌握换位思考能力。

实践内容简述

指导学生完成 Davis 共情能力测试量表，使学生了解自己的共情能力。组织相应的课堂活动，使学生充分了解换位思考的含义以及意义，并通过案例分析等方法，帮助学生掌握培养换位思考能力的方法与技巧。

综 合 实 践

活动一　认识和了解共情能力

1. 活动目标

(1) 了解共情能力的含义。

(2) 了解自己共情能力的高低。

(3) 通过分析讨论，明确自己以后的努力方向。

2. 活动准备

准备 Davis 共情能力测试量表。

3. 活动内容

具体活动内容及步骤如下：

(1) 填写 Davis 共情能力测试量表。

此量表共有 28 道测试题，请认真阅读每道测试题，判断其中的描述符合你的情况的程度，然后在 A、B、C、D 和 E 所代表的符合程度中作出选择。这 5 个字母所代表的符合程度具体如下：

A 表示非常不符合，B 表示有些不符合，C 表示不能确定，D 表示有些符合，E 表示非常符合。

Davis 共情能力测试量表如表 9-1 所示。

表 9-1　Davis 共情能力测试量表

Davis 共情能力测试题	选 项
1. 我常会幻想一些可能发生在我身上的事情	
2. 对那些比我不幸的人，我常会关心他们	
3. 有时我觉得很难从他人的角度来看事情	
4. 当别人遇到麻烦或困难时，有时我不怎么为他们感到难过	
5. 我会深深沉浸于小说中人物的感情	
6. 在紧急事件的现场，我会感到担忧、害怕而难以平静	
7. 我观看一部电影或戏剧时，不怎么被打动	
8. 在有争议的时候，我会尽量先从每个人的角度去看，再做决定	
9. 当我看到有人被捉弄的时候，我会有种想保护他们的感觉	
10. 有时处于情绪非常激动的情境下，我会感到无助	

Davis 共情能力测试题	选 项
11. 我有时会想象从朋友的角度去看事情，借此来更好地理解他们	
12. 我很少会对一本好书或电影深深地入迷	
13. 当我看到有人被伤害的时候，我往往能保持冷静	
14. 别人的不幸很少会使我感到很困扰	
15. 如果我确定我是对的，我不会浪费很多时间来听别人的争论	
16. 在看完一场电影或戏剧之后，我感到自己如同是其中的一个角色	
17. 我害怕处于情绪强烈的情境中	
18. 当我看到有人受到不公平对待时，我有时感到不怎么同情他们	
19. 我通常能有效处理紧急情况	
20. 我常常被看到的事情打动	
21. 我认为任何事情都有两面性，并且我会尽量都考虑到	
22. 我会把自己描述成一个心肠很软的人	
23. 当我看一场好电影的时候，我很容易地把自己设想成主角	
24. 在紧急情况下我容易失去控制	
25. 当别人使我感到不快时，我常常会站在他/她的角度考虑一下	
26. 我在阅读有趣的故事或者小说时，会想象如果故事中的事情发生在我身上会有什么感受	
27. 当我看到有人处于紧急情况中急需帮助时，我会不知所措	
28. 在批评别人之前，我会试图想象如果我是他们会有什么感受	

（2）测试计分。

计分方式：将答案填入表 9-2 中，并根据表 9-3 中各选项对应的分值，填写表 9-2 中各题得分并将其统计到表 9-4 得分表中。

表 9-2　Davis 共情能力测试答题卡

题号	答案	得分	题号	答案	得分	题号	答案	得分	题号	答案	得分
1			8			15			22		
2			9			16			23		
3			10			17			24		
4			11			18			25		
5			12			19			26		
6			13			20			27		
7			14			21			28		

表 9-3　Davis 共情能力测试分值卡

题号	选项					题号	选项				
	A	B	C	D	E		A	B	C	D	E
1	1	2	3	4	5	15	−1	−2	−3	−4	−5
2	1	2	3	4	5	16	1	2	3	4	5
3	−1	−2	−3	−4	−5	17	1	2	3	4	5
4	−1	−2	−3	−4	−5	18	−1	−2	−3	−4	−5
5	1	2	3	4	5	19	−1	−2	−3	−4	−5
6	1	2	3	4	5	20	1	2	3	4	5
7	−1	−2	−3	−4	−5	21	1	2	3	4	5
8	1	2	3	4	5	22	1	2	3	4	5
9	1	2	3	4	5	23	1	2	3	4	5
10	1	2	3	4	5	24	1	2	3	4	5
11	1	2	3	4	5	25	1	2	3	4	5
12	−1	−2	−3	−4	−5	26	1	2	3	4	5
13	−1	−2	−3	−4	−5	27	1	2	3	4	5
14	−1	−2	−3	−4	−5	28	1	2	3	4	5

表 9-4　得 分 表

题　号	合计得分
1、5、7、12、16、23、26	
3、8、11、15、21、25、28	
2、4、9、14、18、20、22	
6、10、13、17、19、24、27	

(3) 结果分析。

量表采用五点计分法，共包含 4 个维度(分量表)，计分(反向计分题号前加"−")及解释如下：

① 幻想同理心量表(Fantasy Scale) (包含 1，5，−7，−12，16，23，26)。

幻想同理心是一种情感带入倾向，即把自己带入虚构的情况(例如代入书籍、电影和白日梦等等虚构的情节中的倾向)。该维度的最高分数为 23 分，最低分数为−5 分，分数越高表示幻想同理心越高。

② 换位思考量表(Perspective-Taking Scale) (包含−3，8，11，−15，21，25，28)。

换位思考表面上反映了一种能力或倾向，即在与他人打交道时将视角转换到"自我之外"的他人角度的能力或倾向。但注意构成这个维度的那些题项不是指虚构的情况和人物，而是指"现实生活"中真实发生的换位思考。该维度的最高分数为 17 分，最低分数为−13 分，分数越高表示"现实生活"中真实发生的换位思考越多。

③ 共情关怀量表(Empathic Concern Scale)（包含 2，-4，9，-14，-18，20，22）。

共情关怀量表反映了被调查者对被观察个体感受温暖、同情和关心的程度，也就是移情关注的程度。该维度的最高分数为 17 分，最低分数为 -13 分，分数越高表示个体移情关注程度越高。

④ 个人痛苦量表(Personal Distress Scale)（包含 6，10，-13，17，-19，24，27）。

个人痛苦量表测量的是个人在目睹他人的负面经历时的恐惧和不安情绪。该维度的最高分数为 23 分，最低分数为 -5 分，分数越高表示个人在目睹他人的负面经历时的恐惧和不安情绪越深刻。

4. 体验分享

本活动结束后，同学们可自由发言，谈一谈自己在 4 个维度的得分，分享自身真实经历与感受，以及今后努力改变的方向。

5. 活动总结

共情能力有助于个体更好地理解和关心他人，建立良好的人际关系，促进社会和谐。同时，共情能力也可以帮助个体更好地应对自身情绪问题，提高心理健康水平。

然而，共情能力并不等同于同情心，因为同情心更多关注他人的感受和需要，而共情能力更强调个体对他人的情感和经历的认知和理解。

此外，虽然共情能力是一种重要的社交能力，但并不是所有人都具有很强的共情能力。有些人可能更容易理解和关心他人，而有些人则可能更难做到这一点。因此，提高共情能力需要个体不断努力和练习，以更好地理解和关心他人。

活动二　了解换位思考

1. 活动目标

(1) 通过四个小活动，体会换位思考。

(2) 了解自己的换位思考能力。

(3) 通过分析讨论，明确自己以后的努力方向。

2. 活动内容

具体的活动内容以及步骤如下：

1)　"人"字形

(1) 活动规则：请所有学生伸出自己左手的食指和右手的食指，搭出一个"人"字并举起来展示给教师。

(2) 实施过程：一般学生都会按照自己的观察角度去摆搭，那么自己看到的是"人"，教师看到的则是"入"，但有些学生可能就会考虑到从教师观看的角度去摆字形。

(3) 体验与分享：

① 在参加游戏时，你的第一反应是什么？

② 游戏过程中，你是否与教师进行了换位观察，是否考虑到了不同的观察角度呢？

(4) 活动小结：

一个简单的游戏，让我们体会到在任何场合中都要"己所不欲，勿施于人"，要设身处地地为别人着想。

个人作为社会的一员，无论如何也离不开他人的帮助。如果说同类互助是人性中最原始的本性，那么换位思考则是人类历经磨难并战胜自身后，美好品德的升华。

能为他人着想的心是善心，能为他人提供帮助的事是善事，能为他人的绚丽生活而付出的人是不寻常的人，这类人必定有崇高的境界，高尚的品格，天使般的心灵。这类人是人心的旗帜，人世的脊梁，人群的灵魂。

2) 换个角度，跳出困惑

(1) 活动规则：请所有学生观看图 9-1，并回答自己所看到的是三根木头还是四根木头？

(2) 实施过程：一般学生都会按照自己的观察角度去观看图片，那么有的学生看到的是三根，有的学生则看到的是四根。

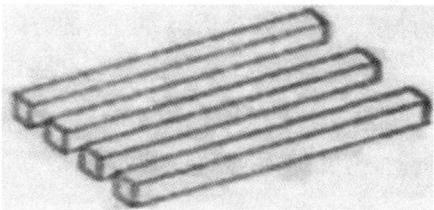

图 9-1

(3) 体验与分享：

① 在参加游戏时，你的第一反应是什么？

② 游戏过程中，你是否看到了两种结果，是否考虑到了不同的观察角度呢？

(4) 活动小结：

答案是三根还是四根，关键在于你站在哪个位置看。在不同的位置，你所看到的数量也会不同。

有这样一段对话：

老和尚问小和尚：如果你跨前一步是死，退后一步是亡，你会怎么办？

小和尚毫不犹豫地说：我往旁边去。

生活中，遇事并非只能向前向后，当进退两难，你要换一个角度，换一种想法。

人生不如意之事十有八九。如果你感觉自己陷入了思维的困境，不妨及时跳出来，换一种思维方式，从另外的角度思考问题，也许，事情的结果会大不相同。

3) 换个角度，多份理解

(1) 活动规则：请所有学生观看图 9-2，并回答自己所看到的是个花瓶还是两个女孩的头像？

(2) 实施过程：一般学生都会按照自己的观察角度去观看图片，那么有的学生看到的是酒杯、花瓶，有的学生则看到的是两个女孩的头像。

图 9-2

(3) 体验与分享：

① 在参加游戏时，你的第一反应是什么？

② 游戏过程中，你是否看到了两种结果，是否考虑到了不同的观察角度呢？

(4) 活动小结：

每一件事从不同角度看，就会有不同的见解。有时理解不同，结果就不一样，我们要学会换位思考。

有一人，请一个瞎子朋友吃饭，吃到很晚，瞎子说很晚了我要回去了，主人就给他点了一个灯笼，他就很生气地说："我本来就看不见，你还给我一个灯笼，这不是嘲笑我吗？"

主人说："因为我在乎你，才给你点个灯笼，你看不见，别人看得见，这样你走在黑夜里就不怕别人撞到你了。"瞎子很感动！

每一个人的理解都带有主观性，有时候甚至会误解别人的好意。生活中，应该多去感同身受，换个角度，换个思维，学会去理解，找到生活中美好的一面。

4) 换个角度，换个心态

(1) 活动规则：图9-3是一张十分经典的图片"老妇和少女"，请所有学生观看该图并回答自己所看到的是老妇还是少女？

(2) 实施过程：一般学生都会按照自己的观察角度去观看图片，那么有的学生看到的是满脸沧桑的老妇，有的学生则看到的是如图9-4所示的一位美丽的少女。

图 9-3

图 9-4

(3) 体验与分享：

① 在参加游戏时，你的第一反应是什么？

② 游戏过程中，你是否看到了两种结果，是否考虑到了不同的观察角度呢？

(4) 活动小结：

在图9-3中，大多数人看到的是满脸沧桑的老妇，而将图片倒过来再看却不再是老妇，怎么年轻了呢？这就是换个角度看问题的奇妙之处。世界就是如此奇妙，很多时候，我们会碰到不顺心的事，觉得心情郁闷，很烦恼，那么换个角度，换个思路，重新考虑一下，满脸皱纹的老妇就会变成美丽的少女。

所以，在前面没有路的时候，或者在遇到不顺心的事的时候，换个角度，你会发现，世界大不一样。遇到烦心事，只要换个思路，换种心态，就像如图9-3所示的图片一样换个角度，结果就会完全不同。

所以，时刻以乐观的心态去对待生活，才会越过越快乐，越来越年轻。压抑的时候，换个环境深呼吸；困惑的时候，换个角度去思考；犹豫的时候，换个思路去选择；郁闷的时候，换个环境找快乐；烦恼的时候，换个思维去排解；抱怨的时候，换个方法看问题。境无好坏，唯心所造，换个角度看世界，美好无处不在。

活动三 "潜移默化"

1. 活动目标

通过简单的活动，潜移默化地感悟出如何与人相处的真谛，从而更好地与人交流，处理好人际关系。

2. 活动准备

将学生分成两组(在分组和划分角色前先不公布游戏内容)，两组学生调整成面对面形式，但不可交流。

潜移默化

3. 活动内容

具体的活动内容以及步骤如下：

当两人见面时，每人都同时向对方打出一个代表自己希望与对方以何种见面礼节相见的手势。

出一个手指头，代表自己希望与对方的见面方式是"点头"；

出两个手指头，代表自己希望与对方的见面方式是"握手"；

出三个手指头，代表自己希望与对方的见面方式是"握手的同时，自然地拍拍肩膀"；

出四个手指头，代表自己希望与对方的见面方式是"拥抱"。

若双方所出的手势不一致，以小的手势的学生为准，即一方出"3"、另一方出"2"时，则双方完成"2"所代表的见面礼节。

实施过程：游戏的规则看似十分简单，但十分有趣。随着游戏的进行，热闹的表面下，学生的心理会发生十分微妙的变化。

起初，彼此因为不知道对方会出几，为了不让自己太尴尬，多数都试探性地出个"1"，互相点头。随着不断变换新的对象，慢慢地，有人开始出"2"或"3"，偶尔也会有人斗胆出个"4"。

全体人员在"大转盘"一轮一轮地转动中，内心也在不断地"挣扎"琢磨着每一次对方会出几，自己到底该出几。反正，每次游戏的结局几乎都是相同的；自然而然地大家最后都会互相出到"4"，即全体互相拥抱。游戏在极其热烈的气氛中结束。

4. 体验分享

找三到五名同学分享自己打出手势的顺序以及产生变化的原因。

5. 活动总结

与陌生人互相拥抱，对于没有这种传统礼节，但同时又有着含蓄、内敛、不愿打开心门的深厚传统文化的大多数中国人来讲，是一件需要一点勇气才能做到的事。

尽管有相当一部分人在出"4"及完成"4"所代表的见面礼节时的确有些不好意思，但其实在整个游戏过程中，尤其是在游戏结束时的表现中可以看出，每一个人的潜意识里最真实的感觉都是渴望彼此能以"4"相见。只不过绝大部分情况下，人们更希望的是对方先出"4"。

有一条"人际准则"是人们司空见惯的：

别人怎样对待我，我也怎样对待别人。

如果你对我热情，我也热情待你；

如果你敬我一尺，我也敬你一尺；

如果你对我不仁，那么就别怪我对你不义；

如果你对我出"4"，那我也对你出"4"。

在游戏中你能明显感受到，如果你秉持这条与人交往需要换位思考的准则，你的人生就会更加完美。

活动四　现场展示

1. 活动目标

通过使学生站在案例中不同角色的立场上分析相同案例，感悟换位思考的魅力。

2. 活动准备

准备案例《父亲，我，女儿》：

很小的时候，家中有这样一条规矩，好吃的东西必须先请父母品尝，于是每当我手中拿着 2/3 根冰棍的时候，心中总是埋怨父亲"这么大岁数的人怎么可以这么馋呢"。如今我是母亲了，在改正女儿抢占零食的过程中，我也是"被迫"立下了这条规矩，因为角色转变后，我知道了这规矩传承的是孝道，我的女儿你能懂吗？

上小学的时候，别人的铅笔都是 5 分钱，我的铅笔总是 3 分钱的，时常看到父亲把钱锁进抽屉，嘴上却说没钱，那时我眼中的父亲是最抠门的。如今，我是母亲了，我也时常会拒绝女儿更换智能手机之类的"无理"要求，因为独自撑起门来过日子，父亲那一句朴实的话"上有老下有小，花钱不能无度，过日子得有打算"就很有说服力了，转换了角色，我才理解，父亲的抠门教给我的是持家之道，我的女儿你能懂吗？

大学阶段，生活所迫，数千元的学费父亲要求我半工半读自己支付，无疑，那时父亲被我评价为天下最狠心的父亲，后来父亲去世前握着我的手说了一句"我知道你吃了不少苦"，我听得泪如雨下。如今，我是母亲了，生活好转，我也时常会对女儿做出一些没有困难制造困难的举措，因为我要将父亲留给我的精神遗产——自立自强传给她，它会使我们终身受益，我的女儿，这些道理你会懂吗？

3. 活动内容

具体的活动内容以及步骤如下：

(1) 将案例《父亲，我，女儿》中父亲的故事讲给学生，看学生是否与案例中"父亲"的想法感同身受。

(2) 将案例《父亲，我，女儿》中我的故事讲给学生，看学生是否与案例中"我"的想法感同身受。

(3) 分析案例《父亲，我，女儿》中女儿的感受。

4. 活动总结

生活中，我们常觉得别人不理解我们，别人什么地方做得不好，殊不知别人也有同感呢。

故事虽荒诞，却告诉我们：由于人性的弱点，我们在与人交往和处理问题时，往往立足于自我的立场，考虑更多的是自己的利益和需要，很少考虑他人的需要，更别说从对方的立场看问题。

倘若你能转换一下立场，考虑对方的需要和感受，以对方期待的方式来对待他，那么，你不仅掌握了一个高明的人际交往原则，还掌握了成功的诀窍。

希望同学们能够真正认识到：每一个人站的角度立场是不一样的，各有各的理由，我们应该学会站在对方的角度去思考问题，以开放的心态对待矛盾和冲突，从而获得新的理解。通过换位思考，可以让我们了解别人的心理需求，感受到他人的情绪；通过换位思考，可以让我们揣摩到对方的心理，达到同理对方的目的；通过换位思考，可以让我们欣赏到他人的优点，并给予对方真诚的鼓励，使我们的生活中少一些纷争，多一些理解、欣赏，促使我们在生活中去善待他人。

知 识 链 接

一、共情能力

共情能力，或移情能力，指的是一种能设身处地体验他人处境，从而达到感受和理解他人心情的能力。

二、换位思考

换位思考是人对人的一种心理体验过程。将心比心、设身处地是达成理解不可缺少的心理机制。它客观上要求我们将自己的内心世界(如情感体验、思维方式等)与对方联系起来，站在对方的立场上体验和思考问题，从而与对方在情感上得到沟通，为增进理解奠定基础。它既是一种理解，也是一种关爱。

人与人之间要互相理解、信任，并且要学会换位思考，这是人与人之间交往的基础——互相宽容、理解，多去站在别人的角度上思考。

换位思考，首先要做到对人对己同一标准，其次就是宽人严己。

社会是由无数个个体组成的，不同个体之间自然会有不同的利益冲突，有了利益冲突自然就有不平等现象，这是我们所不希望的。如果你希望平等，那么你应该做到对待别人像对待自己一样，把别人的利益当成自己的利益。虽然这个社会上绝大多数人是做不到这一点的，但还是要努力去做。当大家都努力这样做了，这个社会就有希望。把别人当成自己，只要稍微腾出一点心思，从自己的角度去为别人想，就更容易理解别人，爱护别人。同样的状况，我们从自己的角度去看，站在别人的立场去看，或换个角度想一想，很多事会不一样。

我们对待别人的时候，是否会站在别人的立场上？我们是否充分地尊重了每个人的独立性？把别人当成别人，就是要充分尊重别人的权利，尊重别人的隐私，给予别人自由的空间。把别人当成别人，就是要认清"人"与"我"的界限，培养、优化自己的距离观。所谓"距离产生美"，距离观就是对"人"与"我"的空间距离与心理距离的综合关系的微妙把握。

三、学生缺乏"换位思考"意识的原因分析

1. 学生自身特点

大学生在上学时期处于三观初步形成阶段，对自身拥有一定程度的认识，存在正处于青春期或者没有完全摆脱青春期的特点，自主意识较强。大学生正处于从学校到了解社会甚至进入社会的过渡期，对于大学生来说一切都是新鲜的，充满着不确定性，大学生对于如何进行正常且正确的社会交往的认识还不够全面、准确，还是会从个人主观角度出发去解决问题，再加上处于学生阶段的大学生又都强调"自我"，所以缺乏"换位思考"意识。

2. 教学忽视了学生思维方法的培养

教师在传授知识的时候，忘记了其实培养学生的思考能力远比让他们记住某些知识重要得多。有这样一个例子：一位中学校长教高三毕业班的化学，他所教的学生在高考中化学的平均成绩为94分，这些学生绝大部分进入了大学的不同专业。一年后这些同学放假回乡后纷纷来看望这位校长，他突发奇想，拿当年高考的化学试卷对这些同学再进行了一次测试，结果出乎意料，平均成绩只有16.3分。所得分数主要是与化学思维方法有关的内容。换句话说，具体的知识和运算方法几乎遗忘殆尽。从这个例子中可以看出，知识的记忆只是暂时的，然而科学的思维方法和能力将伴随一个人的终身。爱因斯坦说：负担过重必然导致肤浅。整天处于被动的应付、机械训练、简单重复之中，对于所学的内容总是生吞活剥、一知半解。试想在这种处境中的人如何能具有思考的能力？若教师经常给学生们总结各种各样的解题方法，经常告诉学生能牢牢记住知识的行之有效的办法。如此种种，教的时间越长，教师的经验越多，学生得到的现成的东西越多，自己思考的机会却越来越少，也因为教师总结的东西毕竟要比学生总结的东西全面、精辟一点，所以学生也不再需要自己去思考，这使得学生养成了"拿来主义"的懒惰习惯，从而使得学生独立思考的能力在无意中逐渐丧失。

四、当代大学生换位思考对象分析

要培养学生换位思考的能力，首先得了解学生在校期间换位思考的对象或者在校期间接触到的对象。本书将学生换位思考的对象分为学生、家长、教师、学校以及用人单位。其中，学生包括同寝室、同班级、同社团的同学等学生群体；家长包括父母、爷爷奶奶、外公外婆等家长群体；教师包括班主任、辅导员、任课老师等学校教师群体；用人单位指实习单位领导、指导老师、同事等。

1. 学生对学生的换位思考

学生在校期间接触时间最长、机会最多的还是学生群体。由于年龄相仿，学生间沟通

起来较为容易，但也容易产生矛盾和冲突。学生处于青春期、思维成长期，其思想不够成熟，家长比较娇惯等因素，都会导致学生间的矛盾和冲突。吵架、打架、冷暴力、要求换寝室等事件在学生间时有发生。如果学生能站在另一个学生的立场上考虑问题，那么双方间的矛盾就会减少。

2. 学生对家长的换位思考

家长是学生在校期间也是一生中关系最亲密的人。由于家中孩子比较少，家长会娇惯、溺爱孩子。因此，孩子会越来越以自我为中心，当自身意见、想法与家长发生不一致时，矛盾就会产生。另外，部分家长为了缓解经济、生活的压力，将孩子托付给爷爷奶奶、外公外婆照顾，与孩子的沟通机会减少，矛盾、冲突更易发生。由于父母责骂跳楼自杀、不听家长规劝沉迷网络等事件时有发生。如果孩子能站在家长的立场上考虑问题，那么双方间的矛盾就会减少。

3. 学生对教师的换位思考

相对于学生群体，学生与教师群体间产生矛盾、冲突的机会很少。原因主要是教师群体整体上思想成熟，对待学生的错误、缺点能更加客观，更具有包容心。但对于入学成绩普遍偏低、文化基础比较差、自尊心强、自卑心理比较严重的学生而言，对教师的评价比较敏感，一旦哪位教师说话不注意，就会刺激到他们的自卑心理，从而引起双方间的矛盾、冲突。如果学生能站在教师的立场上考虑问题，那么双方间的矛盾就会减少。

4. 学生对学校的换位思考

和学生息息相关的还有学校的图书馆管理中心、食堂管理中心、宿舍楼管理中心等后勤部门。为了规范工作内容，相关部门均会制定相应的规章制度来约束、管理服务对象。相关部门在规章制度的执行中难免会与学生产生一定的矛盾和冲突。如果学生能站在相关部门管理者的立场上考虑问题，那么双方间的矛盾就会减少。

5. 学生对用人单位的换位思考

为了促进就业，提高学生就业率，高职院校会安排大三学生参加顶岗实习和毕业实习。学生从学校跨到实习单位需要一段时期的磨合、适应。用人单位的领导、指导老师、同事等组成了新的生活、工作、学习环境。对适应了相对自由、宽松的学校环境的学生而言，用人单位紧凑有序的工作环境给他们造成了一定的心理压力，加上有些实习单位同时吸收本科及以上学历的毕业生实习，这也给这些学生造成了更大的压力。实习过程中学生与实习单位的领导、指导老师、同事及其他实习生之间也会产生一定的矛盾和冲突。如果他们能站在彼此的立场考虑问题，那么双方的矛盾也会相应减少。

五、如何培养换位思考能力

1. 遇事四部曲

(1) 摁下"暂停键"。

当你对某个人、某个局面感到有情绪时，不管是生气、伤心、困惑，或者你要与人发生争执，先在心里找到那个"暂停"的按钮并摁下"暂停键"。不管你感受怎样，先让自己停下来。

(2) 站到对方的位置上。

假装你是对方，设身处地地站到对方的角度、视野、职位等，重复整件事情。

(3) 体会对方的想法、感受、目的。

首先，对方看到的事实是怎样的，对方对这个事实有什么看法。例如，老师看到你迟了一天交作业，老师对这件事的看法是你对学习不用心、你学习态度不端正。之后，老师对这件事的感受是什么。老师对于你迟了一天交作业的感受是生气、不理解。最后，老师真正想要的，无非是希望你能够提高学习效率，端正学习态度，赶紧补救，以及避免以后发生这类事情。

(4) 寻找解决方案。

你在做这几步之前，可能会非常委屈，因为可能你最近学习、生活压力很大，好多事情堆积，你晚交作业，也不是故意的，而且这个作业，老师似乎也没有特别重视。但是，在你做完前 3 步后，你就会发现，你之前的这种理解，并没有换位思考。现在，你就要进行第 4 步，找出解决方案。例如，和老师诚恳地承认自己的错误，并提出今天无论到几点，都要把作业写完再走。同时，保证未来避免这类错误。当你能娴熟地掌握"换位思考"这项高级能力，相信你会更加游刃有余地应对学习、工作和生活中的各种事情。

2. 平时多用心

(1) 适当做到锦上添花。

很多人都喜欢做锦上添花的事情，当然，这种事情不是不能做，而是应该适当做，让别人知道你的美意，那么，对方也会成人之美，对你同样受用。

(2) 己所不欲，勿施于人。

如果是我们自己不想去做的事情，那么，我们千万不要强迫别人去做，否则，对方即使去做了，也会非常反感，这让我们在以后的相处中彼此会有所隔阂。

(3) 宽以待人，严于律己。

我们对待别人千万不要很苛刻，不要苛求对方的宽宏大量，而是尽量做到自己的自律和自爱。每个人都希望别人对自己好一点，那么，我们首先要自己做到对别人好。

(4) 学会取长补短。

我们一定要学会向别人多学习长处，发现别人的优点并及时学习，让自己有所提高，有所收获。相反，如果只盯着别人的缺点，一定不会提高太快的。能力会在批评下萎缩，而在鼓励下绽放花朵。尊重任何交往对象，努力做到我不会说任何人的缺点，我只说我认识的每一个人的优点。

(5) 学会给予别人。

我们应该听过一句话："送人玫瑰，手有余香"。其实说的道理很简单，如果我们总是喜欢给予别人，对别人付出，自然就会有好的回报，自己也会感觉非常幸福。

(6) 帮助别人。

如果别人遇到了困难，我们应该学会给人雪中送炭。其实，与朋友相处最好的方式就是互相支持，一定要将好事多做一些，尤其是在别人有困难的时候，尽量帮助他。

(7) 不要强人所难。

我们应该做到一点，就是己所不欲，勿施于人。自己都不想去做的事情，就一定不要强人所难，非让别人去做，那样是对别人非常不公平的，对方即使做了也会心生不满。

（8）突破思维定式，别被习惯套牢。

科学家曾经用两种鱼做了一个实验。实验者用玻璃板把一个水池隔成两半儿，把一条峻鱼和一条鲹鱼分别放在玻璃隔板的两侧。开始时，峻鱼要吃鲹鱼，飞快地向鲹鱼游去，可一次次都撞在玻璃隔板上，游不过去。过了一段时间，峻鱼放弃了努力，不再向鲹鱼那边游去。更有趣的是，当实验者把玻璃隔板抽出来后，峻鱼也不再尝试去吃鲹鱼！峻鱼失去了吃掉鲹鱼的信念，放弃了已经可以达到目的的努力。

人们很容易将思维编入既存的框架里，产生"命中注定"或"无法更改"的思维定式，从而逐渐失去踏出围绕自己框架的勇气，然后将自己对人生的梦想一个个抛掉。

（9）保持乐观心态。

王金刚在 5 岁时因电击失去双臂，在父母的不断鼓励下，他重拾生活信心，开始练习用脚生活。他每天要练字几个小时，练到脚抽筋，磨出血泡。在坚持两年后，王金刚做到了以脚代手，生活基本能够自理。17 岁时他开始训练游泳，凭借坚强的意志和全面系统的训练，在全国及国际性大赛中屡创佳绩，先后 4 次打破世界纪录。2021 年，王金刚在东京残奥会男子 S6 级 50 米蝶泳决赛中斩获金牌。此后，王金刚又获得感动鹰城十大人物、全国五一劳动奖章、中国青年五四奖章。

2023 年 10 月 20 日，王金刚作为第四届亚残运会第 76 棒火炬手，他的内心非常激动。在火炬传递现场，由于没有双臂，王金刚坐轮椅出行，火炬则固定在轮椅一侧。前一棒火炬手点燃王金刚的火炬，他面带微笑，向观众进行展示后，开始了火炬传递。

不管有没有人爱，我们也要努力做一个可爱的人。不埋怨谁，不嘲笑谁，也不羡慕谁，阳光下灿烂，风雨中奔跑，做自己的梦，走自己的路。

（10）时刻共情，时刻换位。

汤姆是一个来自贫穷人家的孩子，家里有六个兄弟。安迪则是家境富裕的医生的孩子。心理学家叫两个孩子看一幅图画，画中有一只小兔子坐在餐桌旁边哭，兔子妈妈则板着面孔，站在一旁，于是心理学家让他们把画中的意思说出来。

汤姆立刻说："小兔子为什么在哭，是因为它没吃饱，还想要东西吃，但是家里的东西已经没有了，而兔妈妈也觉得很难过。"

"不是这样的"安迪接着说，"它不是没吃饱在哭，而是因为它已经不想再吃东西了，但它妈妈非强迫它吃不可。"

人间百态，各有所难，我们每个人只能看到自己眼中的世界，看不到全貌。仅仅以自己所见到的世界去揣度他人的生活，其实是一叶障目、不见泰山。

一个人若是没有了同理心，没有了共情的能力，内心何来温暖。这世界上的温暖，正是由人与人之间一点一滴的爱组成的。感同身受，换位思考，是一种善良。

★ 案例链接

"飞针"采血

"孙爷爷"的故事

拿破仑·希尔的秘书

总 结 与 考 核

一、实践日志

日 期		天 气	
主要实践内容:			
体会与感想:			
努力方向:			

二、实践考核(第九周)

考核内容		分值	本周考核要求	本周自评得分
平时成绩 (80 分)	考勤	5 分		
	实践过程	5 分	测试环节等	
	实践表现	10 分	讨论发言 5 分,完成各项实践 5 分	
	团队实践表现	30 分	案例分析、活动分享与总结: 1. 积极参与; 2. 表达清晰; 3. 有借鉴意义	
	长程团队项目个人任务进程监控记录,个人贡献与反思	30 分	换位思考: 1. 明确当前自身共情能力; 2. 学会培养自身换位思考能力; 3. 体现出创造性; 4. 灵活运用	
	本周平时分数合计:			
实践感悟 (20 分)	心理实践或团队项目实践的感悟与能力提升	20 分		
备　注	1. 平时成绩每课一结,个人自评,组长核查汇总。 2. 平时成绩每课总分 80 分,期末加总求平均数,作为期末成绩,占总成绩的 80%。 3. 实践感悟得分直接计入期末总成绩,占总成绩的 20%			

拓 展 实 践

一、实践内容

案例一:宿舍熄灯后,学生 A 拿出一根蜡烛点燃起来,做他自己的事情。姑且不说会不会带来安全隐患，单单那一闪一闪的火光，就让学生 B 睡不着觉，这让学生 B 很烦躁。学生 B 多次叫他熄灭蜡烛，他都不听。于是学生 B 很恼火地从床上爬起来，一脚把蜡烛踹灭。

案例二：上学期的班级篮球比赛，在前几场比赛中，为了赢得比赛，主力队员 C 几乎打了全场，我(A)的上场时间非常少，作为球队的一员，我(A)认为大家都应该有上场表现自己的时间，所以我(A)对此有很大意见！我(A)找队长(B)商量，队长(B)说："谁的状态好，就给他多点时间发挥。"但我(A)还是很不开心！

附加思考题：

1. 请分析案例一、案例二中双方产生矛盾的原因。

_____

_____

_____

2. 请分析案例一、案例二中不同对象产生不同想法以及做法的原因。

_____

_____

_____

3. 请分析案例一、案例二中的不同对象应该如何化解矛盾。

_____

_____

_____

二、个人实践任务周进程监控表

任务要求	本周任务执行情况							任务状态
	周一	周二	周三	周四	周五	周六	周日	
明确自身问题 (共情能力、换位思考能力)								

续表

任 务 要 求	本周任务执行情况							任务状态
	周一	周二	周三	周四	周五	周六	周日	
积极应对 (如何培养换位思考能力)								
有效利用资源 (对提高自身换位思考能力的 方法、人、事、物)								
体现出创造性								
拓展训练								
团队项目	分配的个人任务、要求完成 时间、完成情况：				贡献与反思：			
本周其他情况说明								

实践十　冲　突　管　理

君子和而不同，小人同而不和。

——《论语·子路》

历史是这样创造的：最终的结果总是从许多单个的意志的相互冲突中产生出来，而其中每一个意志，又是由于许多特殊的生活条件才成为它所成为的那样。这样就有无数互相交错的力量，有无数个力的平行四边形，由此就产生出一个合力，即历史结果；而这个结果又可以看作一个作为整体的、不自觉地和不自主地起着作用的力量的产物。

——《恩格斯致约·布洛赫》

实 践 目 标

(1) 形成科学的现代冲突观：冲突不可避免；冲突有消极作用也有积极作用；冲突管理不是要消灭冲突，而是要将冲突维持在一个适当的水平。

(2) 培养团队协作能力，在团队活动中体验责任、竞争、关爱和快乐。

(3) 学会科学、合理地对冲突进行管理，更加融洽地与团队成员进行合作。

实践内容简述

在个人与个人、个人与团队、团队与团队的关系中，体会竞争与协作、冲突与融洽，感受团队合作的力量。团队成员共同协作，完成"解开千千结""松鼠搬家""齐眉棍"等游戏。了解什么是冲突，掌握冲突管理的原则与策略，提升冲突管理的能力。

综 合 实 践

活动一　"解开千千结"游戏

1. 活动目标

(1) 使学生体验到团队合作的力量;

(2) 提升团队的组织、协调、指挥、控制的能力;

(3) 引导学生认识到矛盾、冲突并不可怕,只要大家目标一致、齐心协力,再复杂的问题都可以解决。

"解开千千结"

2. 活动准备

准备计时器、音乐播放设备、节奏感较强的背景音乐和节奏舒缓的背景音乐。

3. 活动内容

具体的活动内容及步骤如下:

(1) 将全班学生分成几个小组,每组 10～12 人,每组成员面向内手拉手围站成一个圆圈,要求记住自己左右手相握的人。

(2) 在节奏感较强的背景音乐声中,大家放开手,在之前围成的圆圈范围内随意走动,音乐一停,脚步即停,站在原地不动,找到原来左右手相握的人并分别握住。

(3) 第一轮活动:小组中所有成员的手都彼此相握,形成一个错综复杂的"手链"。在节奏舒缓的背景音乐中,教师要求大家在手不松开的情况下,无论用什么方法,将交错的"手链"解开,形成一个大圆圈。用时越短,成绩越好。

(4) 第二轮活动:每两个小组的成员先合并,围成一个大圆圈,然后按前述的操作重复进行一次。

(5) 第三轮活动:全体成员先围成一个更大的圆圈,然后按前述的操作重复进行一次。

4. 注意事项

活动中需要注意:

(1) 要保证有足够的空间,而且要有清晰的背景音乐烘托气氛,产生静动分明的效果。

(2) 记住自己左手、右手相握者,不要记错。

(3) 当出现"手链"非常复杂且有人想要放弃的情况时,教师要暗示、鼓励,一定可以解开"手链"。在解"手链"的过程中,可以采用各种方法,如跨、钻、套、转等,但就是不能放开手。

(4) 活动中要注意安全,避免扭伤、抓伤等。

5. 体验分享

活动结束后,学生就活动过程中的体验和收获进行分享,教师予以点评。

(1) 在试图解开"手链"的过程中,小组成员间的意见总是一致的吗?如果不一致,发生意见冲突时是如何处理的？

(2) 请成绩最好的团队分享成功的秘诀。

6. 活动总结

解"手链"的过程是一个需要我们发挥创造力和主观能动性的过程，但是最重要的是要在游戏中充分发挥大家的沟通与合作精神，如果大家只顾自己，固执己见，只会越解越乱，离目标越来越远。

在做游戏的过程中，如果能选出或自然形成一个领导者，对于"手链"的解开是很有帮助的。这个领导者可以帮助我们更好地进行合作，让大家用一个声音说话，从而更高效地解决问题。

活动二　　"松鼠搬家"游戏

1. 活动目标

(1) 体验竞争，感受合作的力量；

(2) 在竞争中体验双赢的快乐。

2. 活动内容

具体的活动内容及步骤如下：

(1) 将团队成员每三人分为一组，其中两人双手举起对撑，搭成一个"小木屋"，搭起木屋的人称为"樵夫"；另一个人扮演"小松鼠"，蹲在"小木屋"里。

(2) 根据教师的口令进行动作变化，如：

"松鼠搬家"——"小松鼠"调换到其他的"小木屋"。

"樵夫砍柴"——搭建"小木屋"的两个人分开，寻找新的"樵夫"搭建新的"小木屋"。

"森林大火"——"小松鼠"可以变成"樵夫"，"樵夫"可以变成"小松鼠"。

(3) 教师可以不断变化着发出口令，大家做出相应的动作。在活动一开始就安排两只无家可归的"小松鼠"充当竞争的角色，这样在变化中必然会有新的"小松鼠"或"樵夫"被淘汰出来。

3. 注意事项

活动中需要注意：

(1) 要有足够大的活动空间，便于"小松鼠"和"樵夫"们跑动变化。

(2) 此活动中，人数越多效果越好，如果出现无家可归的"小松鼠"和没有"小松鼠"的"小木屋"，则均要被淘汰。

(3) 教师要关注多次被淘汰的"小松鼠"和"樵夫"，可以请他们表演节目或交流被淘汰的原因及心理感受。

4. 体验分享

活动结束后，学生就活动过程中的体验进行分享，教师予以点评。

(1) 活动中你愿意扮演"樵夫"还是"小松鼠"？为什么？

(2) 每当教师发出新的口令时，你心里是什么感觉？

(3) 你被淘汰了吗？如果是，请谈谈被淘汰时的感受。

5. 活动总结

"松鼠搬家"游戏是在快乐的笑声中进行的。在激烈动荡的"森林大火"中，机灵的"小松鼠"很快找到了新的家；勤劳的"樵夫"不仅搭好了新"屋"，还热情地呼唤着"小松鼠"进"屋"，形成了和谐的"松鼠之家"。假如"小松鼠"和"樵夫"没有主动交往的意识，没有积极合作的态度，没有有效竞争的能力，被淘汰将会是必然的。

活动三　"齐眉棍"游戏

1. 活动目标

(1) 提高团队成员相互配合、相互协作的能力；

(2) 感受个人与集体的关系；

(3) 体会团队合作的乐趣。

2. 活动准备

准备一根 3 米长的轻棍(可以选用 PVC 管)。

3. 活动内容

具体的活动内容及步骤如下：

(1) 所有队员沿棍子的前后排成两横队，相对而立。

(2) 大家两手平举，伸出食指轻轻握拳，双手拳心向中间，两队队员的拳、指均举成同一高度，前后依次排成一条线。

(3) 将棍子架在一排队员的食指的第二关节上，不可碰手掌，食指也不许上翘下翻地钩住棍子，举到约 1.30 米的高度，保持水平状。

(4) 每对食指始终保持拳心相对的角度，听到指令将棍子往下降，棍子始终不可离开任何一根食指，否则便得回到起点高度，重新往下降。

4. 注意事项

活动中需要注意：

(1) 如果人数比较多，可以先挑战 10 人参加的"齐眉棍"游戏，成功后再挑战 20 人参加的"齐眉棍"游戏，看看最后多少人能挑战成功。

(2) 整个活动过程中必须有一名裁判仔细观察，务必保证没有一根手指在一刹那间离开棍子。

5. 体验分享

活动结束后，学生就活动过程中的体验进行分享，教师予以点评。

(1) 活动任务完成得还顺利吗？

(2) 你觉得活动中最大的困难是什么？

6. 活动总结

看似非常简单的游戏任务，完成起来可能并没有想象中那么容易。这个活动需要大家心往一处想、劲儿往一处使。在团队中，如果遇到困难或出现了问题，很多人马上会想到是别人的原因，却很少反思自己；队员间的相互抱怨、指责和不理解，不利于团队共同目标的实现。这个游戏告诉大家：照顾好自己就是对团队最大的贡献。

知 识 链 接

一、冲突

(一) 冲突的概念

冲突指的是个人或群体内部、个人与个人之间、个人与群体之间、群体与群体之间互不相容的目标、认识或情感，进而引起了对立或敌视的态度与行为。冲突意味着"不相容""排斥""不一致"，它可以发生在很多不同的情况下，比如个体的内心冲突、个体之间的冲突、个体与群体之间的冲突、群体之间的冲突等。无论冲突的双方是谁，冲突都是源自双方认知、感情和目标这三个方面的不相容，有时则是这三方面交织在一起的互不相容。从冲突的表现上看，冲突可以是公开的、暴力的、激烈的，也可以是隐蔽的、观念上的和缓慢进行的。

(二) 冲突观念的变迁

人们对冲突的看法随着社会的发展和认识的提高有一个变迁的过程，到目前为止，概括起来主要有三种：冲突的传统观点、人际关系观点和相互作用观点。

1. 冲突的传统观点——冲突有害论

20 世纪 30 年代至 40 年代中期，冲突的传统观点占优势地位。这种观点认为发生冲突是功能失调的结果，比如由于沟通不畅或者组织制度不健全，人们之间缺乏坦诚和信任，或者管理者对员工的需要视而不见而导致的冲突。因此，无论什么样的冲突都是有害的、消极的，只有降低冲突才能保证组织的工作效率。持这种观点的人会尽量避免一切冲突，用简单化的方法来解决冲突。这一观点存在着明显的缺陷，当代大量研究提供了强有力的证据驳斥这种认为降低冲突水平就可以提高群体工作绩效的观点，但现在很多人依然在用这种陈旧的标准来评估冲突情境。

2. 人际关系观点——冲突接纳论

20 世纪 40 年代末至 70 年代中叶，人际关系观点在冲突理论中占统治地位。这一观点认为，冲突是组织内部人际交往过程中发生的自然现象，对于所有的群体和组织来说，冲突都是与生俱来、不可避免的。既然冲突不可消除，人们就要接纳它，使之合理化，并寻求恰当的解决办法，使冲突的解决有益于群体的工作绩效。

3. 相互作用观点——冲突有益论

20 世纪 80 年代后期，产生了冲突的相互作用观点。相互作用观点是比人际关系观点更为积极的认识。这一观点鼓励冲突，认为冲突是有益的，认为融洽、安宁、平和的组织容易对变革的需要表现得过于冷漠、静止和迟钝。冲突水平太低的组织没有创新精神，不易暴露出工作中的错误，组织没有活力。因此管理者的任务是维持一种最佳的冲突水平，当组织内部冲突太多时，应尽力减少冲突；当组织内部冲突太少时，应适度地激发冲突，使群体善于自我批评并不断创新，以保持旺盛的生命力。当然，相互作用观点并非认为所有的冲突都是好的，有效的冲突是那些有利于群体目标实现并能够提高群体工作绩效的冲突。

从相互作用观点中可以看出，那些认为冲突都是好的或都是坏的的看法显然并不恰当，也不够成熟。冲突是好是坏取决于冲突的类型。从辩证唯物主义的观点来看，区别对待冲突的看法是比较切合实际的。任何部门都存在着矛盾，矛盾激化到一定程度，就会以冲突的形式出现，而我们需要做的就是促使矛盾向有利于达到集体目标的方向转化。

(三) 冲突的类型

人们对冲突的视角不同，对冲突的分类也就不同。

1. 根据冲突的实质分类

根据冲突的实质不同，可将冲突划分为建设性冲突和破坏性冲突两种类型。

1) 建设性冲突

建设性冲突又称为功能正常的冲突，是指冲突各方目标一致，因为实现目标的途径和手段不同而产生的冲突。建设性冲突可以使组织中存在的不良功能和问题充分暴露出来，防止事态的进一步恶化，同时也可以促进不同意见的交流和对自身弱点的检讨，有利于促进良性竞争。其特点是：双方都关心实现共同目标和解决现有问题；双方都愿意了解彼此的观点，并以争论问题为中心；双方争论是为了用更好的方法解决问题，相互信息交流不断增加。

2) 破坏性冲突

破坏性冲突又称为功能失调的冲突，这类冲突是由于冲突双方目的不同而造成的，往往属于对抗性的冲突。该类冲突的特点是：双方非常关心自己的观点是否取得胜利；不愿听取对方的观点和意见；往往由问题的争论转入对对方人身的攻击；冲突双方互相交换意见的情况不断减少以致完全终止。

破坏性冲突带来的明显后果包括沟通的迟滞、群体凝聚力的降低、群体成员之间的明争暗斗以及群体目标的落空。在极端情况下，冲突会导致群体功能的停顿，并可能威胁到群体的生存。相关研究表明：破坏性冲突常常表现为刻板印象、高估自己的群体、低估他人的群体、观点的曲解等。

2. 根据冲突的对象分类

根据冲突的对象不同，可将冲突划分为个体的内部冲突、人际冲突和群体之间的冲突三种类型。

1) 个体的内部冲突

个体的内部冲突又分为受挫冲突、目标冲突和角色冲突。

　　(1) 受挫冲突。当有目的的行为受到阻碍后，个体就会产生挫折感，这就是受挫冲突。这种阻碍可能是明显的(外在的、生理的)，也可能是隐蔽的(内在的、心理的)。遇到挫折时，个体常会采用心理防御机制来应对。心理防御机制有很多种，大致可以分为四类：攻击、退缩、固执和妥协。例如，一名外地女生在上海读完大学本科后，想要留在上海工作，但在求职的过程中遇到了很多阻碍，如没有本地户口、不会讲本地方言、工作经验不足等，因而被多家单位拒之门外，于是她变得或愤愤不平(攻击)，或茫然(退缩)，或无视阻碍的存在，继续寻找工作(固执)，或返回家乡找工作(妥协)。

　　(2) 目标冲突。目标冲突是另一种常见的个体的内部冲突。个体在面临两个或两个以上相互不容、相互排斥的目标时，便会体验到内心的冲突，这就是目标冲突。在上述的挫折情境中，冲突是因为单一目标的实现受阻而产生的，而在目标冲突中，有两个或两个以上的目标相互干扰。20 世纪 30 年代，德国心理学家勒温(K. Lewin)以个体内部冲突的接近或回避两种倾向的结合为标准，将目标冲突分为以下四种类型：

　　① 双趋式冲突。当个体面对两个或两个以上都具有吸引力，甚至旗鼓相当但互不相容的目标，而必须选择其中一个目标时，通常会出现接近-接近型冲突，即双趋式冲突。正所谓"鱼与熊掌不可兼得"。尽管如此，研究仍表明，这种冲突对组织行为的影响较小，因为无论是"鱼"还是"熊掌"，都相当不错，只是"舍鱼而取熊掌"还是"舍熊掌而取鱼"的问题。例如，大学毕业生在两个好的工作机会间犹豫不决，不知道去哪个单位工作对自己的发展最有利。在这种情况下，个体虽然会感到焦虑，但一般都能解决。

　　根据美国社会心理学家利昂·费斯汀格(Leon Festinger)的认知失调理论，当人们同时面临两个或两个以上互不相容的抉择时，心理上会产生冲突，感到不适，于是就会想方设法减轻、消除这种不协调，而避免那种可能增强心理冲突的情境或信息。例如，上面说的那位大学毕业生考虑再三后决定，这份工作比那份工作要好，于是果断做出选择。一旦选择这份工作后，就坚信自己选对了，而会避开关于那份工作的信息。

　　② 双避式冲突。当两个或两个以上的目标都是人们力图回避的事物，而他们只能回避其中一个目标时，就会产生回避-回避型冲突，即双避式冲突。例如，一个害怕吃药、打针的女孩生病了却迟迟不肯去医院，她或者忍受生病带来的各种不舒服，或者接受医生的治疗——吃药、打针，但是两个都不是她想要的，由此引起的冲突就叫双避式冲突。

　　③ 趋避式冲突。趋避式冲突顾名思义，就是接近-回避型冲突。这种冲突是在同一事物或目标对人们既有吸引力又有排斥力的情况下产生的，形成所谓的既好之又恶之、欲趋之又避之的矛盾心理。例如，某公司有一次难得的外出培训机会，历时一年，但如果参加培训将失去本年度评优评先的机会并被扣发当年的年终奖金。对于员工来说，必须衡量其中的利弊、得失，这时就会产生趋避式冲突。

　　④ 双重趋避式冲突。双重趋避式冲突即双重接近-回避型冲突，指人们面临着两个或两个以上的目标，而每个目标又分别具有吸引和排斥作用，这时不能简单地选择一个目标而回避另一个目标，由此产生的冲突就是双重趋避式冲突。例如，某员工选择工作时好像站在十字路口：如果到设在外地的分公司去工作，工作本身更具有挑战性，薪水高，但生活条件不如大城市；如果继续留在本部，则又担心以后机会不多，且薪水相对较低，但生

活安定、舒适。这种冲突显然复杂得多，具体的选择也会因人而异，但人们总会选择一个自认为价值更大的目标。陷入这种冲突往往与个体的思考方式有关，这时就要求我们要进行理性思考，克服某些偏见或杂念的干扰，从而摆脱此困境。

(3) 角色冲突。在现代社会中，每个人都担负着一系列的社会角色，并表现出与他人的预期相符的行为。例如，一名中年男子可能同时扮演着丈夫、父亲、儿子、公司经理、学生、足球俱乐部会员等角色，这些角色对他的工作都可能会产生或多或少的影响。一些女性要同时兼顾事业和家庭，也容易发生角色冲突。对组织而言，最重要的是个体的工作角色。工作角色本身以及与其他角色之间的关系都有可能使个体内心发生角色冲突。一般情况下，角色冲突有以下三种类型：

① 个性与角色之间的冲突，即个体的性格与角色预期不一致。例如，新上任的部门经理性格温婉随和，在必要的时候对手下的员工态度强硬不起来，但他的上司肯定希望他精明强干，能独立承担起该部门的工作。

② 角色内部的冲突。它是由对某一特定角色的不同预期之间的相互矛盾所引起的。例如部门经理这一角色，员工期望他随和一些、管理上相对宽松一些，但高层管理者则希望他在管理上严格一些。

③ 角色之间的冲突。个体同时需要担负两种或两种以上的角色时，角色之间常常存在着矛盾冲突。例如，一个人很难做到"忠孝两全"。

在我们的成长过程中，无时无刻不在面临选择。而一旦面临选择，我们都会经历这种内心的冲突以及这种冲突带来的痛苦。在一定的场合里，当个人的内部冲突达到一定水平时，将很容易引发人际冲突。例如，当一位员工情绪十分低落时，更容易与其他同事发生冲突。既然个体的内部冲突无法避免，对于我们来说，及时改变自己的思想，调整自己的行为，综合各种信息来化解自己的内部矛盾才是正确的态度。

2) 人际冲突

不同的个体之间，当对于人、事、物或现象所抱持的信念、意见或态度不一致时，就会产生人际冲突。这种冲突与争执、消极情绪体验和干涉三个主题相关。在彼此有关系的两个人之间，只要有互动就会有发生人际冲突的可能。

目前学术界对人际冲突的界定尚有争议。这里，我们采用的是巴尔基(Barki)等人在2004年对人际冲突所做的定义，即"发生在相互依赖的个体和群体间互相知觉到的各自既定目标的不一致，出现了干涉行为以及同时伴有消极情绪体验的动态过程"。造成人际冲突的主要原因有以下几种：

(1) 信息沟通。由于信息来源、掌握信息的程度、对信息理解和判断的差异以及人们信息沟通的渠道不同，彼此之间沟通不畅，就可能造成冲突。

(2) 认知差异。不同的人，由于学养、知识结构、经验、态度等不同，他们对于同一事物会有不同的看法，所以常常因为观点不一致引起冲突。

(3) 价值观与意识形态的差异。有人重名，有人重利，也有人重权力，更有人重义。人们对是非、善恶、好坏、重要性的评价和看法不一致所造成的差异也可能引起冲突。例如，在一个企业中，有些管理者认为提高产量是企业的首要任务，有些管理者则认为提高质量才是企业的生存之道，这样在做决策时往往会产生冲突。

(4) 本位主义思想。由于个体所处的位置不一样，因而考虑问题的角度也不一样，由此也会引发冲突。例如，某企业需要做出某个决策时，如果不同部门的人都站在本部门的立场看问题，没有全局意识，这样往往也会产生冲突。

3) 群体之间的冲突

长期以来，社会心理学家十分关注群体之间的冲突和敌意，他们认为，只要归属于不同群体的个体之间有交往，不管是集体方式，还是个体方式，就会发生群体之间的冲突。

社会心理学家谢里夫提出了现实主义的群体冲突理论(RGCT)。该理论从整体上把握群体冲突，超越了人格心理学、群体心理学及人际关系学的范畴。它认为，群体间的敌意是由于冲突的目标(即竞争)引起的，如果要减少它，就需要找到双方都满意的最高目标，该目标只有通过相互合作才能达成。根据这一理论，竞争可能会导致不良冲突，而合作则能减少冲突，并更好地实现组织的整体目标。

群体在日常工作活动中存在许多导致冲突的潜在根源，主要有以下几个方面：

(1) 有限资源的竞争和分配。资源总是有限的，其竞争和分配包括的范围很广，从物质到人事、从信息到时空。组织中的群体常会因争夺经费、材料、人员、设备等而发生冲突。

(2) 职责不清。如果责任重叠或在职务规定中没有明确责任，就会导致职责不清，群体间相互推诿或相互争夺，从而引发冲突。

(3) 权力的分配与均衡。任何群体都试图使自己处于组织中的有利权力地位，这关系到群体的生存力量和对组织的影响力，也关系到群体成员的自我价值。

(4) 沟通不畅。如果在一个组织中，群体与群体之间、群体与个人之间的沟通渠道受阻或不畅，就会影响人们对各种问题的认识和理解以及信息的传达，从而导致了冲突的产生。

(5) 组织结构变动。当组织结构精简或合并时，原有的平衡被打破，而新的平衡尚未建立起来，这时非常容易出现冲突。

(四) 冲突的效应

1. 冲突的消极影响

(1) 冲突会引起组织成员的心理紧张、焦虑，导致人际关系的不和谐。

(2) 冲突会减弱成员的工作动机，导致成员在工作上不愿意相互配合，不愿意服从指挥。

(3) 冲突会破坏组织的协调统一，削弱团队的凝聚力，降低组织绩效，还有可能使组织内部分崩离析，面临解体危险。

2. 冲突的积极影响

(1) 冲突有利于组织成员更加清楚地认识到自己的不足，并且可能在冲突过程中发现对方的吸引力，促使冲突双方形成友善的学习关系，从而增强团队的凝聚力，实现共同发展。

(2) 冲突有利于刺激竞争，在合理竞争中促进创新的产生。

(3) 冲突有利于内部管理和控制，能使组织注意到以前没有暴露的不协调，促进更多有利的政策或者方案产生，调节组织内部的不平衡，推动组织变革，提高个人和组织的绩效，维持组织的发展。

二、冲突管理

根据美国管理学会进行的一项对中层和高层管理人员的调查，管理者平均要花费 20% 的时间处理冲突，他们认为冲突管理与计划、控制、指挥、激励和决策同样重要，甚至比后者还要重要。

(一) 冲突管理的原则

冲突管理是有规律可循的，掌握这些规律和基本原则，对于有效地处理冲突可以起到事半功倍的效果。冲突管理应遵循以下主要原则：

(1) 提倡建设性冲突，避免破坏性冲突，将冲突控制在适当的水平。

冲突对于组织既有积极的影响，又有消极的影响，冲突水平过高或过低都会给组织或群体带来不利影响。因此，在冲突管理中应该注意，对冲突加以正确的处理和控制，把已出现的冲突引向建设性冲突，尽力避免破坏性冲突的发生。

(2) 实行全面系统的冲突管理，而不是局限于事后的冲突控制和处理。

现代冲突管理理论认为，冲突管理不仅仅是冲突发生后的事情，而应该是潜在冲突、知觉冲突、意向冲突、行为冲突、结局冲突等所有冲突阶段的事情。因此必须对冲突的产生、发展、变化、结果的全过程，以及所有因素、矛盾和问题进行全面管理，才能把原则落到实处，最大限度地减少冲突管理的成本。

(3) 具体问题具体分析。

不存在一成不变、放之四海而皆准的冲突管理理论和方法，必须针对具体问题、具体情况进行具体分析，灵活运用适宜的策略和方法来随机应变地处理冲突。

(二) 冲突管理的策略

1. 基于冲突主体的冲突管理策略

美国行为科学家托马斯及其同事们用二维空间模式表明了处理冲突的方法。这个模式将解决冲突的办法定义在两个维度中。这两个维度分别是合作维度(试图满足他人利益)和武断维度(试图满足自身利益)。根据冲突双方满足自身利益的愿望和满足对方利益的愿望的大小，托马斯确定了五种解决冲突的基本策略：竞争策略、回避策略、迁就策略、折中策略和协作策略。没有哪一种策略是最佳的，当面临冲突时，重要的是应该选择一种符合当前情境的解决策略。

1) 竞争策略

竞争策略又叫强制策略，即坚持己见而很少有合作倾向的一种策略，通常采取非赢即输的方法。采取这种策略的人，试图达到自己的目标，而不关心他人的目标，甚至以牺牲别人的利益为代价来达到自己的目标。竞争策略常常涉及权力和控制。竞争策略会引起人们的不良评价。

在下列情况下可以使用竞争策略：当处于紧急情况，迅速果断的行动极其重要时；当你需要实施一项不受人欢迎的重大举措时，比如缩减开支、强调一项不受人欢迎的规章制度时；当你知道自己是正确的，而且问题的解决有益于组织，但你需要对付那些从非竞争性行为中受益的人时。

2) 回避策略

回避策略是一种消极的策略，既不坚持又不合作，对自己和他人的利益都缺乏兴趣。采取这种策略的人试图摆脱冲突、保持中立，让冲突自生自灭。回避策略也反映了回避者对紧张和挫折的恐惧和厌恶。回避冲突也许可防止冲突升级，也可能会导致冲突升级，因为一方的回避，使另一方无法解决矛盾、完成任务，从而使冲突加剧。

以下情况适用于回避策略：当冲突微不足道，或还有更紧迫、更重要的问题需要解决时；当你认识到不可能满足你的要求和愿望时；当问题解决后带来的潜在破坏性将超过它能获得的利益时；当收集信息比立刻决策更重要时；当其他人能更有效地解决冲突时；当这一问题与其他问题无关或是其他问题的导火索时。

3) 迁就策略

迁就策略主要体现了一种合作的倾向，以牺牲自己的利益为代价去换取别人的利益。这是一种利他的行为，或者是基于与他人长期合作的策略考虑，或者是对他人愿望的一种屈从。采取迁就策略可能会获得外界较高的评价，但也有可能被认为是软弱的表现。

以下情况可以考虑使用迁就策略：当你发现自己是错的，希望倾听、学习一个更好的观点，并能表现出自己的通情达理时；当该问题对别人或对组织比对你更重要时；当为了对以后的事情建立起社会信任时；当别人胜过你，而造成的损失又最小时；当融洽与稳定至关重要时；当你允许下属从错误中学习从而得到发展时。

4) 折中策略

折中策略是介于坚持己见和合作倾向之间的一种策略，即在合作和竞争中取一种中间状态，寻找一种权宜的、可接受的方法。这种策略建立在取舍的基础上，典型地体现在谈判、协商等活动中的一系列相互让步上。折中策略不能使双方完全满意，但它是被普遍采用和广泛接受的解决冲突的一种策略。

折中策略可以作为合作或竞争都不成功时的备用方案。下列情况可以选择这种策略：当目标十分重要，过于坚持己见可能会造成更坏的后果时；当对手拥有同等的权力，能为共同的目标作出承诺时；当为了对一个复杂的问题达成暂时的和解；当时间十分紧迫，需要采取一个权宜之计时。

5) 协作策略

协作是既坚持己见又与他人合作的行为。协作策略是在扩大双方共同利益和满足双方愿望的基础上，使双方都满意的策略，它反映了解决冲突的双赢结果。一些研究认为，运用协作策略解决冲突的管理人员更成功，协作是绩效优异的组织的特征之一，协作策略能引起人们的积极情感和良好评价。此外，协作策略是运用建设性冲突的必要条件。

下列情况可以选择使用协作策略：当你发现两个方面都很重要并且不能进行折中或妥协时；当你需要融合不同人的不同观点时；当你需要融合各方意见并实现承诺时；当你的

目的是使各方都满意并能顺利执行这一决定时；当有可能扩大双方共同的利益时；当你向他人表示信任、坦率和合作时。

2. 引入"第三方"的冲突管理策略

上述托马斯提出的二维冲突处理模式研究的中心是冲突双方。但是，当冲突双方不能有效解决冲突问题时，可以引入第三方。正如马丁和中山的研究，他们在总结跨文化冲突的交流研究中，在确立人际冲突情形的管理类型和决策时，又加进了一种"仲裁或间接(Mediation)"的处理方式，即让第三方来进行调解。调解者必须有权威，或者是冲突双方的上级，或者是有地位、有影响力的专家、社会贤达。

第三方的引入也是需要满足一些条件的。美国学者摩尔曾经列出了一个需要第三方介入的条件清单，具体包括：

(1) 双方出现了紧张的情绪，以致阻碍了问题的解决。

(2) 沟通不畅。

(3) 存在隐藏在有效交换背后的误解或成见。

(4) 不断重复出现的否定行为(生气、相互谩骂、不断责备别人等)，在双方之间形成了障碍。

(5) 有关问题的重要性，在数据的收集或评估等方面严重不一致。

(6) 双方之间存在实质上的或可觉察的不相容的利益，而且不可能调解。

(7) 不必要的(但冲突双方觉得有必要)价值差异使双方产生隔阂。

一般来说，第三方引入后，主要扮演以下三种角色之一：调停人、协调人或仲裁人。与之相对应，第三方主要采取两类方式解决冲突，即调解和仲裁。

"调解"最初是使双方在都不失颜面的条件下做出一定的让步，然后促使双方迅速找到有效的冲突处理办法。"仲裁"即双方当事人为解决纠纷，自愿将所发生的纠纷交付第三者，根据事实和法律做出对双方都具有法律约束力的裁决。

第三方在策略上有如下作用：

(1) 激发各方解决问题的动机。

(2) 维持形式力量的平衡。如果双方力量过于悬殊，就很难建立相互信任，保持公开的沟通渠道。

(3) 促进对话中的坦率气氛。第三方能够帮助建立规范，提供信任和支持，减少由于一方对另一方的坦率而带来的风险。

(4) 促进沟通和交锋的同步。第三方可以协调一方的积极建议和另一方对此的积极反应，加强反馈，以保证双方诚意和努力的效果。

(5) 第三方可以综合上述作用，充当调停、协调、仲裁的角色。

★ **案例链接**

某企业的冲突管理案例　　　某制药公司的冲突管理案例　　　小团体意识

总 结 与 考 核

一、实践日志

日　期		天　气	
主要实践内容：			
体会与感想：			
努力方向：			

二、实践考核(第十周)

考核内容		分值	本周考核要求	本周自评得分
平时成绩 (80 分)	考勤	5 分		
	实践过程	5 分	积极参与，认真配合	
	实践表现	10 分	保持热情，荣辱与共	
	团队实践表现	30 分	冲突管理： 1. 团队组织； 2. 团队协调； 3. 团队控制	
	长程团队项目个人任务进程监控记录，个人贡献与反思	30 分		
	本周平时分合计：			
实践感悟 (20 分)	心理实践或团队项目实践的感悟与能力提升	20 分		
备　注	1. 平时成绩每课一结，个人自评，组长核查汇总。 2. 平时成绩每课总分 80 分，期末加总求平均数，作为期末成绩，占总成绩的 80%。 3. 实践感悟得分直接计入期末总成绩，占总成绩的 20%			

拓 展 实 践

一、实践内容

(一) 实践一

将全班同学分组，每 8～10 人一组。

要求每位同学把日常交往中与同学或朋友发生冲突、产生误会并使自己感到困惑、无法解决的 1～2 个问题写在纸条上，并放进事先准备的小纸箱中。各小组派一名代表从小纸箱中随意抽出一张纸条，并讨论解决的办法。

小组汇报讨论结果，师生互动交流、分享感受。

(二) 实践二

高级工程师马某是某设计院第一设计室的主任。本室内的第七课题组由8名男工程师组成，他们共同在该组工作多年，彼此感情融洽，关系密切。不久前，室内分配来一位新人苏某，是刚从一所工科大学毕业的26岁女研究生，朝气蓬勃，大方直爽。马某派她到第七课题组参加某矿山机修厂扩建工程的设计工作，同时参与这项任务的还有同组的另外三位工程师：代组长贾某(38岁，在本院已工作15年)、萨某(40岁，在本院已工作10年)和蓝某(32岁，在本院已工作8年)。

苏某对工作很认真，遇到难题，她会主动加班到深夜，查文献，翻资料，尽快搞个水落石出。因为她这样坚韧不拔，再加上基础扎实，所学的知识又新，所以总是能比别的同事提前好几天完成分派给她的那部分设计任务。可是她闲不住，任务一完成，就去找马某要新任务。有时，她就问贾某、萨某和蓝某，能不能把手头的活分点给她，好帮他们加快进度，但每回都被他们断然回绝了。

以下是某天贾某来找马某谈话的记录。

贾：马主任。我本来不想打扰您，可组里好几位同志都非让我来找您谈谈小苏的事。小苏把咱组的人全得罪了，她总是觉得自己就是"万能博士"，啥事都懂。我们可不爱跟这种人共事。

马：老贾，她干得不是很不错吗？设计任务总是完成得又快又好，没出过啥差错。还要她咋样？

贾：可谁也没让她搞乱组里的气氛啊？谁许她指手画脚来教导我们该怎么干活的？我大小是代组长，也没这么干过。组里怨气挺大，再这么下去，我看全组的工作都要受影响。反正您看着办吧！

马：那好，下星期她就干满半年了，我正要找她谈一谈，给她讲评一下她这半年来的表现。我一定记住你刚才讲的，可我不敢保证你们说的她那种目空一切的态度能改得了。现在的年轻人，难说呀！

事后，马某把该怎么跟苏某谈话仔细地琢磨了一下。他知道，这个贾某虽说只是代组长，但实际上他早就是大伙认可的"头儿"了，他这是代表组里其他人来谈话的。

到了下周的某个下午，马某把苏某叫到了自己办公室。下面一段话就是他俩谈话的后半段。

马：关于你这半年来的表现，我刚才已经说了，你在技术方面的工作，领导很满意，不过你跟组内其他同事的关系，我得提醒你一下。

苏：我不明白，您指的是什么问题？

马：我说具体点，你们设计组里有些人对你那种"万事通"的态度和总想告诉别人该怎么干活的工作方式很有意见。你对别人得克制点，别公开去评论别人的工作。这一组的工程师都挺强的，多年来的工作一直是比较优秀的。我可不愿意你把他们搅得不能安心，影响工作质量。

苏：主任，您听我说几句行不行？首先，我从来没有公开批评过他们的工作，也没向您汇报过。我把活先干完了，总要求帮他们干一点，这本是好心嘛，是不是？可次次都叫我"少管闲事"，以后我就光埋头干自己的活了，"休管他人瓦上霜"嘛！

马：这对嘛！这我明白。

苏：您不明白的是，在这个组干了这几个月，我可看出来了，他们明明在磨洋工嘛。这些工程师们故意定一种很慢的工作节奏，远远低于他们的能力。他们感兴趣的是上班的时候听老萨那个半导体播放的音乐，谈论足球比赛，商量着"又是星期天了，去哪玩儿"。我很遗憾，我不想跟他们一起那样混日子！我从家里到学校，可不是受的这样的教育。还有一点，他们压根儿就没正眼瞧过我，以为我不过是来破坏他们那个"快乐俱乐部"的"黄毛丫头"。

马：你别胡说！给工程师做鉴定，写评语，是领导的事。你的任务就是做好本职设计工作，别干扰别人干活。你要好好干下去，在这儿还是很有前途的，可你得做到只管你的技术活，管理方面是我的职责。

苏某离开马某的办公室时，觉得很伤心，也挺寒心。她知道自己一直干得很不错，而那些工程师们却远未发挥出他们的潜力，这是明摆着的事。她不知道该怎么办，有点想哭，但马上忍住了，她把头一抬，又挺胸阔步地朝设计室走去。

(1) 苏某和大伙儿之间产生矛盾的原因是什么？她应如何处理好与同事之间的人际关系？

_____

_____

_____

_____

_____

(2) 马某作为领导应如何帮助苏某解决人际冲突？

_____

_____

_____

_____

_____

二、个人实践任务周进程监控表

任务要求	本周任务执行情况							任务状态
	周一	周二	周三	周四	周五	周六	周日	
记录身边发生的冲突事件								
观察并记录人们解决冲突的方式和方法								
记录自己经历的冲突事件								
记录自己解决冲突的策略及方法								
团队项目	分配的个人任务、要求完成时间、完成情况：				贡献与反思：			
本周其他情况说明								

实践十一　对战拖延

不积跬步，无以至千里；不积小流，无以成江海。

——《荀子·劝学》

莫等闲，白了少年头，空悲切。

——岳飞

人拥有的东西没有比光阴更贵重、更有价值的了，所以千万不要把今天所做的事拖延到明天去做。

——贝多芬

很多人喜欢拖延，他们对手头的事情不是做不好，而是不去做，这是最大的恶习。

——比尔·盖茨

实 践 目 标

(1) 关注自身拖延现象，警惕拖延的危害。
(2) 提高自我分析和自我应对的能力。
(3) 掌握相应方法，提高战胜拖延的能力。

实践内容简述

梳理自身存在的拖延现象，结合案例总结导致拖延的原因，有针对性地讨论并分享对战拖延的方法，有意识地从中吸取适用于自己的部分，在学习和生活中加以运用，锻炼和提高自身战胜拖延的能力。

综 合 实 践

活动一　拖延大作战

1. 活动目标

(1) 关注拖延现象，警惕拖延危害，提高拖延识别的能动性；

(2) 善于从拖延现象中总结方法，并将其用于对战自身拖延的实战中；

(3) 主动分享并掌握对战拖延的方法，提高战胜拖延的能力。

2. 活动准备

(1) 每位学生在课后整理有关拖延的资料，搜集自身、团队或周围人群的拖延现象，包括拖延的领域(如社交、学业、工作、家务、个人呵护等)，拖延的风格(如拖延时你通常会购物、吃东西、看小说、刷手机、看电视、睡觉、上网、聊天、喂猫、上厕所等)，经常使用的拖延借口(如时间还有的是，不必着急，再如我得先准备充分才行等)，汇总行之有效的战胜拖延的方法等，做好记录。

(2) 以小组为单位，将组内成员整理好的有关拖延的资料加以整合。课堂上以新闻播报(视频和图片展示)、电台报道(两句话新闻)、记者采访(学生、家长、老师、职场人士等对拖延的看法)或拖延故事的形式向大家进行展示。

3. 活动内容

具体的活动内容、步骤及注意事项如下：

(1) 以小组为单位，就拖延主题轮流上台进行讲解。因本次训练的主题为"对战拖延"，故事先不对各组上台顺序进行排序。学生积极主动上台讲解本身就是对战胜拖延的生动诠释。

(2) 提醒大家在分享时，物品准备提前到位，声音要洪亮，吐字要清晰，在倾听时保持安静，做到用心倾听。

(3) 在倾听过程中注意做好如下记录：

① 哪位同学(哪个小组)的讲解对自己有触动？

② 自己被触动的点是什么？

③ 哪位同学(哪个小组)介绍的方法你认为是有效的？这个方法是什么？

④ 你会在哪个(些)领域使用这一方法？如何使用？

详细内容可填入表 11-1 中。

(4) 如有内容没记录完整或者出现听不清楚等情况，可随时打断小组讲解，说明自己的需要。

(5) 教师对讲解过程适时进行调控，确保展示有序有效进行。

表 11-1 对战拖延记录表

哪位同学(哪个小组)的讲解对自己有触动	
自己被触动的点是什么	
哪位同学(哪个小组)介绍的方法你认为是有效的	
这个方法是什么	
你会在哪个(些)领域使用这一方法	
如何使用	

4. 体验分享

所有小组讲解完毕后，请倾听的学生就自己的记录情况进行分享，教师予以点评。

5. 活动总结

教师对各个小组的讲解予以点评，并对本次实践过程加以总结，使学生对自身的拖延情况能够准确把握，认识到拖延的危害所在，掌握相应的"对战拖延"方法，积极应对拖延，认识到实干、苦干、快干、巧干的必要性和重要性。

活动二 撕纸看人生

1. 活动目标

(1) 理解时间的重要性，体验时间的不可逆性；

(2) 检视自身时间管理状况，增强爱惜时间、合理利用时间的意识，增强对战拖延的内在动力，不因"习惯拖延"而让时间偷偷溜走。

2. 活动准备

(1) 谜语导入。

撕纸看人生

世界上有一家奇特的银行，它给每个人都开立了账户，每天都往每个账户上存入同样数目的资金，并要求你当天用完，用不完的第二天自行作废。余额不允许记账，也不允许预支和超支。请问，这家银行每天存入的到底是什么？

时间既无穷无尽，又转瞬即逝。对等待的人而言，它是最慢的；对享受其中的人而言，它又是最快的。它很容易被忽视；过后察觉又深感惋惜。它不会保留任何不值得纪念的东西；同时也会让所有崇高的东西生命常青。

(2) 物品准备。

① 纸条。每个学生分到两张长度相等的纸条。

② 多色彩笔、铅笔、直尺等文具。

3. 活动内容

具体的活动内容、步骤如下：

(1) 将纸条分成 10 等份，在纸条上间隔相等的地方标注出 10、20、30……100 这样的数字。

(2) 找到与你年龄相对应的位置，撕去这个时间点之前的部分，即你已经度过的岁月的纸条。

(3) 预测自己的寿命，再撕去对应年龄之后的纸条。

(4) 再撕下退休后的纸条，放在桌子上备用(纸条 3：退休后的时间)。

(5) 请思考，每天 24 小时，你会如何分配？通常情况下，睡觉会占去 1/3；吃饭、运动、游戏、交友、娱乐、购物等再占去 1/3，剩下 1/3 的时间假定是可以真正用在学习和工作上的时间，有 8 个小时。因此，请将剩余的纸条分成 3 等份，撕下其中的 2/3，放在桌子上备用(纸条 2：学习、工作之余的时间)。

(6) 我们把撕剩下的纸条叫作纸条 1，它代表你真正用于学习和工作的时间。把纸条 1、纸条 2 和纸条 3 按顺序摆放，并做比较。可以明确，你在真正用于学习和工作的时间要创造和积累资源，以养活工作之余及退休后的生活，不仅养活你自己，还有你的家人。请衡量时间是否够用，是否充裕，以及你是否要调整自己的时间安排。

(7) 如果再撕下去，比如撕去那些你假装努力的时间，你会有怎样的感受？

(8) 在另一个纸条上用多色彩笔标记并写出自己调整后的时间安排，向大家说明与第一个纸条相比，发生了哪些变化。

4. 体验分享

请学生在小组内相互比较各自的 3 张纸条，在班级展示自己的 3 张纸条，分享自己在撕纸过程中的感受，教师予以点评。

5. 活动总结

时间是上天分配给每个人绝对公平的东西，每天 24 小时，1440 分钟，86 400 秒。光阴似箭，时光不可逆转，妥善利用、合理管理宝贵的时间，实质是在提升生命管理的质量和水平。同时，深刻体会时间的紧迫性，认识到习惯性的拖延是最大的时间偷窃者，我们要提高自我管理能力，不给拖延恶习可乘之机。

知 识 链 接

一、拖延的定义

拖延(Procrastinate)一词已成为当今社会的一个高频词，在生活、学习、工作等众多领域都很常见。拖延含有推迟、延后、延缓、延长等意思。它由两个拉丁词合成，pro 的意思是"往后"，而 crastinate 的意思是"属于明天"，合起来的意思就是"往后挪到明天"，也就是"以后再做"的意思。

当一个人推迟做必要的事情，并为此感到苦恼和痛苦时，我们可以明确判断，拖延及其负面影响已发挥作用，当事人困在其中，不堪其扰。

二、拖延现象的普遍性

明明今天能完成的事情，却总喜欢拖到明天。明明有充裕的时间做事，却不到最后期限不开工。在正式开始做一件事之前，会花样翻新地去做各种可以消磨时间的小事，比如浏览微信。遇事没有勇气直面，暗示自己"这么难，我做不了"，懒散、颓废，不尝试新办法，不付出足够努力，习惯性逃避，遇事就拖拖拉拉。对自己的人生雄心勃勃、充满幻想，说起来也滔滔不绝，但迟迟不愿付诸行动，只想但不做，实际上就是"思想的巨人，行动的矮子"。这些现象，你熟悉吗？

拖延现象在生活中非常普遍，甚至成为人们的一种生活习惯。比如在校大学生，经历过奋发图强、废寝忘食、神经高度紧绷的高三，很多人到了大学就一心寻求放松，久而久之，习惯于安逸放松的状态，形成了拖延的习惯，"躺平"大学生大有人在。

有研究指出，职业院校中，部分高职学生的时间管理意识淡薄，不能有效利用时间，出现了各类荒废学业的现象；还有部分高职学生习惯于依赖家长和老师的管控，虽然能意识到时间管理的重要性，但缺乏管理时间的技巧和策略，缺乏自我管理的主动性，拖延行为普遍存在。

拖延行为在中职校园里也不例外。有学者就中职生学业拖延与心理健康的关系进行了研究，认为中职生学业拖延与心理健康水平存在负相关关系。也就是说，学业拖延程度越高，其心理健康水平往往就越低。学业拖延是学生在学习过程中，没有及时进行自己认为应该完成的学习活动的一种非理性行为，在行为上表现为延迟对学习活动进行计划、执行、补救和总结。学业拖延主要表现为学习者推迟完成学业任务的倾向，并造成学业任务没有按照要求认真完成或在最后期限匆忙完成。此研究还指出，中职生的学业拖延情况总体来说程度较高。学业拖延行为受学生学业压力以及将来的就业压力甚至是对所学专业喜爱程度的影响。学生对所学专业的喜好与否是造成学业拖延与否的重要原因之一。

还有学者就中学生学业拖延及其与父母教养方式的关系进行了研究，将中学生学业拖延划分成延迟计划、延迟执行、延迟补救和延迟总结4个因子。研究结论显示，总体上中学生延迟计划得分最高，延迟执行、延迟补救次之，延迟总结最低。男女生得分均以延迟计划最高，延迟执行、延迟补救次之，延迟总结最低。这表明，中学生在规划自己的学习方面的拖延情况最为严重。在学业拖延方面，男生、女生的表现也有不同。在整体上，男生的学业拖延显著高于女生。具体表现为，男生的学业拖延总分及延迟计划、延迟执行、延迟补救都显著高于女生。

学业拖延对学生的学习成绩、情绪体验、生活质量都有明显的消极影响。作业不能按时完成，评价降低；考试不能顺利通过，成绩下降；职业资格证书不能如期考取，影响升学和毕业；认识不到学习的意义，认为校园生活无聊、枯燥，学习压力大。因拖延带来的煎熬和压力，会使人陷入厌恶、焦虑、紧张、内疚自责、抑郁等消极的负面情绪中，长此以往，如果不加以调整，则会引起自身免疫力下降，注意力无法集中，睡眠质量低下，失眠多梦，从而严重影响学生的身心健康。

熬夜现象在现代生活中司空见惯，职校生亦普遍存在熬夜行为。其中包括不想睡觉，主动推迟睡眠时间；被一些娱乐活动(如手机游戏、短视频等)吸引，占用了原本用来睡觉的时间而推迟睡觉以及失眠等不同情况。但部分职校生却往往对熬夜行为习以为常，对按时睡觉的好习惯不以为然。大量的研究表明，睡眠质量差对个体的身心发展会产生不良影响，具体到学生群体，则可能产生注意力分散、成绩下降、情绪抑郁、易怒等，罹患身心疾病，甚至导致猝死等突发状况，令人痛惜。

三、拖延大盘点

人们有哪几种不同的拖延风格？我们为什么会寻找借口来延迟做事？如何停止拖延，让做事更有效率？由美国简·博克和莱诺拉·袁编写的《拖延心理学》对拖延进行了近距离的审视和综述。

控制拖延的一个关键步骤就是对你的个人拖延方式进行清查。大多数拖延者习惯与拖延为伍，他们平时并不会过多地思考它，他们想的只是怎样把它清除掉。尝试以一个旁观者的身份来观察自己，对自己的拖延问题不做评判，只去清点，让自己更清楚地觉察自己的拖延心理和言行。

1. 盘点你的内心挣扎

想一想事情被你推迟的那些时刻，这样的事情可能发生在两个小时之前，也可能发生在两年之前，它们或许是灾难性的，或者它们对别人而言无足轻重。有时候一些表面上正常的情况可能会对你造成很大的情感上的打击，下面就是这样的一个故事。

莱诺拉·袁(《拖延心理学》的作者之一)还在读研究生的时候，出于一时冲动给自己在旧金山的狭小公寓买了一台磁带录放机。就在她刚把它带回家不久，她的朋友瑞伊就打电话过来，说她可以花更少的钱搞到一台质量更好的录放机。谁能够抵御住这样的诱惑呢？就这样，瑞伊就将那台更好的录放机带了过来，并帮莱诺拉·袁安装好，一切都很顺利，除了莱诺拉·袁自己买的那台录放机还原封不动地躺在门边。莱诺拉·袁当然想把它退掉，但是一晃 7 天的退货期已经过了，接着 14 天的换货期也过了，她一直没有时间。在她退换录放机之前，她必须到图书馆去查阅《消费者报告》(当时没有电脑，也没有网络)，才能知道该换什么产品。接着她还需要一整天才能把录放机连带包装一起退回到商店里去，谁会有那么多的时间呢？

一个月、两个月、三个月过去了，每次莱诺拉·袁进出她公寓房间的时候，她总能看到那个靠在门边没有被打开的盒子。莱诺拉·袁听到一个越来越严厉的声音在训斥自己："为什么连这样一件简单的事情也做不到？"表面上看，退还录放机看似是一件很小的事情，但是每次进出公寓，莱诺拉·袁的内心都深感内疚、恐慌和焦虑，被一种瘫痪无力感所折磨。

莱诺拉·袁最后终于让自己平静下来，开始客观地思考她的状况。她决定利用一个小时的空余时间将那台磁带录放机还给商店，虽然她并没有翻看过任何一期的《消费者报告》。她心惊胆战地来到那家商店门口，一路上还在心里排练着种种借口，为自己超过六个月而退货找理由。在门口，她正好碰上那个把机器销售给她的强势的女销售员。她问："你想退货吗？"莱诺拉·袁说："是的。"她说："好吧，我给你开一张退货单。"问题解决得如此轻松，就在这样一个让人大松一口气的时刻，莱诺拉·袁才意识到，原来她一直害怕的是再次碰到这个女销售员，以为她会带着轻蔑的口气跟她说"你怎么这么反复无常！你能不能考虑好了再作出决定？"虽然莱诺拉·袁多年来从未有意识地想过这种内心的恐惧，但是自从她还是个孩子的时候，她就害怕听到这样的责骂，因为这会让她感到羞耻。难怪她会在退货问题上一再拖延！同时，这样的一个认识也帮助她搞明白了当初她对写《拖延心理学》这本书为什么会有这样的第一反应："我怎么可能写一本书呢？我连想都不敢想！"

写下你所记得的 2 或 3 个自身的类似经历。其间发生了什么？在事件中谁被牵扯了进来？是什么诱发了你的拖延？你的感受怎样？最后的结果又是什么？是否伤害到他人或者引起他人不便？然后，你可以问自己在这些经历中是否存在某些共同的主题或者模式，分析清楚你一直恐惧的究竟是什么。

2. 外在的与内在的后果

拖延必有其后果，有时候这些后果是很明显的：在高速公路上车子中途没油了，一个经常迟到旷课的学生成绩亮起红灯，几年前买到手的书至今还没有开封。这些都是拖延所导致的外在的后果。

拖延还会造成一些内在的后果，包括：觉得悲伤、负疚、恐慌，以及会有一种从来未曾尽情享受生活的感觉。一个拖延者可以表现得很成功，有能力、有才华，聪明而慷慨，但是拖延的内在后果却让他背负重压，而且会渐渐地破坏一个人的自信和满足。

下面这些外在的与内在的后果中，哪些适用于你？还有别的什么后果吗？

后 果

外在的：	内在的：
金钱上的损失	自责
丢掉工作(机会)	尴尬或者羞愧
成绩下降	焦虑，担忧
没有完成学业或者培训课程	无法集中精神
丧失机遇	负疚感
跟老师或同学发生冲突	失去享受其他活动的能力
承担的职责减少	欺骗感
信誉度降低	紧张，身体上的疼痛
跟家人或朋友关系紧张	恐慌
发生意外或者身体受伤	抑郁
失去朋友	兴奋感和刺激感
回避浪漫关系	身体上的疾病
过度依赖某些物品(香烟、酒精、药物等)	失眠等睡眠问题
	感觉被孤立

3. 你今天的拖延

1) 拖延的领域

有些人只在某一个领域里拖延，而在其他领域里没有任何问题。在生活的每个领域都拖延的人很少见。比如，学生可能在完成作业方面有明显拖延，但在个人卫生方面，却能保持光鲜亮丽，干净整洁。换句话说，无论你的拖延所涉及的范围有多么广泛，如果你仔细检查一遍，你就会发现你的拖延是有选择性的。你可以对照下面这些在家务、学业、工作、个人呵护和社交等不同领域的活动，明确自己的拖延领域。

★家务
◇日常琐事(比如洗头、洗澡、洗衣服、剪指甲、宠物养护等)
◇打扫卫生、处理垃圾
◇物品整理和归置
◇扔掉没用的废弃物品
◇购物
◇退换货
◇家用设施维护
◇开家庭会议，做家庭决定
◇其他_____

★学业
◇上课
◇做作业
◇期末考试
◇写论文
◇跟老师交流
◇跟同学相处
◇跟家人电话、视频联络
◇加入社团，参加社团活动
◇寻找兼职或者实习的机会
◇申请奖学金、助学金
◇备战单招考试
◇阅读提升
◇其他_____

★工作
◇准时上班或开会
◇处理商务电话、电子邮件、工作群信息等
◇处理工作现场事宜
◇写材料、做报表、制作演示文稿、汇报等
◇建立交际圈
◇完成领导交代的任务
◇学习新知识、新技术
◇加薪升职
◇制订职业规划
◇找一份新工作
◇其他_____

★个人呵护

◇锻炼身体

◇减肥

◇戒烟、戒酒等

◇注意个人卫生

◇体检

◇看医生

◇常备相关处方药

◇养生

◇购置新衣服

◇培养个人爱好，阅读感兴趣的读物

◇参与有意义的活动

◇保持心情愉悦、情绪乐观

◇其他＿＿＿＿＿＿＿＿＿＿＿＿

★社交

◇跟亲朋好友保持联络

◇跟朋友聚餐、娱乐、打球等

◇约会

◇请客

◇得到帮助

◇给予支持

◇策划集体活动

◇参加不同圈子的活动

◇结束一段令人不满的关系

◇其他＿＿＿＿＿＿＿＿＿＿＿＿

在每一个领域中，你都可以想想拖延对你造成了多大程度的影响，拖延最多发的领域可能是你大多数麻烦的根源，也可能不是。举个例子，你可能习惯于将一堆脏袜子扔在水盆里好几天也不去洗，但是这对你并没有什么影响。然而，虽然有些问题只是阶段性地发生，但是你却可能对此非常自责，比如，你忘了家人的生日，没有送去祝福。

这里，需要你仔细思量一下，在你推迟的事情和你能够按时做到的事情之间，最关键的区分在哪里？你推迟的是细小的杂事，还是对你很重要的事情？你是否只推迟为自己做事，而不会推迟为别人做事？你所推迟的事项属于你所擅长的领域，还是你没有经验的领域？在你所拖延的事情中，你是否觉察到任何恐惧或焦虑？

2) 你的拖延风格

人们的拖延行为形形色色。有人可能把很多时间花在了健身房，但却从来不主动做家务，而有人可能每天在家里上上下下、里里外外吸尘两次，却走不出家门去健身房。人们在拖延时，会做出千千万万种事情来。拖延者是非常富有创造性的。比如，购物、吃东西、喝水、看小说、刷短视频、打游戏、看电视、睡觉、上网、聊天、整理书桌、整理衣柜、发呆、喂猫、上厕所……不一而足。

有很多时候，某种行为是否属于拖延是很难区分的。例如，什么时候算是放松大脑和休息？什么时候又算是逃避呢？什么时候做家务属于必须完成的事情而不属于拖延呢？刷短视频属于拖延还是放松呢？如果你是一个因为拖延而经常对自己生气的人，那么一定要学会区分什么是消磨时间，什么又是放松身心。要知道，即便是拖延的人也拥有享受生活的权利！

大部分人在拖延的时候都会感受到某种异样。通常他们会听到内心有一个喋喋不休的声音在说："你知道现在你不应该做这个。"他们的脑海里或许会闪过一些他们正在逃避的画面，他们可能也想到了后果。一个拖延者这样说："拖延的时候，我的脑海中会浮现出一幅老板一脸阴沉地在那里对我点点戳戳的生动画面。"有些人会出现一些躯体反应，比如胃疼、头疼，或肩部、颈部、背部有紧绷感。还有，他们可能会无法集中注意力，无法在正在做的事情中获得乐趣。你可以问自己一个问题，对你来说有哪些迹象表明你正在拖延？

3) 拖延的借口

想想有没有什么时候你本来可以开始做一件事情(比如，你本来可以打个电话，完成一项作业或去操场跑跑步)而你又把它推迟了呢？这个时候你又对自己说了什么，用怎样的借口，让自己对不去做这件事情感到心安理得呢？给你的借口列一个清单。

有些人一开始想不起来自己有些什么借口。这些借口很多是自动冒出来的，似曾相识，并且看上去一点儿也不像借口。但是，如果注意一下你逃避采取行动的那一刻，你就可以找到自己的借口。

以下是拖延最常见的一些借口：

> 我得先准备充分才行，现在还有一些事情没有到位。
> 现在我根本没有时间做完它，所以做了也没有什么意义。
> 多好的一天啊，把时间花在这件事上太委屈自己了。
> 我已经干得很努力了，休息一下是应该的。
> 如果等待好的时机，我可以做得异常出色。
> 等我有了热情再说吧。
> 我感觉不太好；我现在太累了；我不在状态。
> 做这事用不了多少时间，我还有大把时间呢。
> 我正乐在其中呢，再给我一点时间玩玩。
> 我得先做锻炼(睡觉、吃东西等)。
> 跟上这个世界的步伐很重要，所以我最好先看看新闻。
> 这周开始做的话，已经太晚了。
> 干吗要在周五发送这个东西呢？反正下周一之前没人会看它。
> 周末我会有更加充足的时间。
> 干吗要去问呢？反正他们的回答是"不"。
> 我已经完成了最难的部分，最后一步不过是小菜一碟。

以一周为周期记录你采用的借口，留意那些在你将事情推迟的当口儿出现的念头，正是它们给了你一个等待的理由。对心里的想法保持清醒的认识，观察自己的想法怎样影响了行为。

就在你为自己的拖延找到一个理由之前，看看你能否发现究竟发生了什么事才会刺激你的拖延动机。在找到拖延理由之前，你在想什么？你有什么样的感受？或者，你在做什么？周围的环境又是怎样的？是什么触动了你？举个例子，有一个男子答应给他的女友做一张桌子。他发现自己并不愿意去工作室里埋头苦干，心里反而在想："多好的一天啊，待在室内就可惜了。"究竟发生了什么促使他为自己找借口呢？就在那天早上，他的女友打来电话询问那张桌子的事情，她还说："你可不是一个普通的木匠，你做的每样东西都是一件艺术品。"他可以想象到，当他将一张做好的桌子而不是一件艺术品交给她的时候，她脸上的表情会有多么失望。他想到自己是那么想取悦她，但因为这件事，他开始对两人的关系往哪里发展感到忧心忡忡，因为害怕对方失望，他只想逃避。

许多借口都有真实的一面，你很可能真的累了，厌倦了，缺乏热情了，也可能是饿了，或者生病了。房子可以让钟点工来打理，这样你的工作场地也就会更加井井有条了，但问题是，即使在你的借口中包含真实的成分，借口的真正功用还是想逃避内心的不舒服。你通过利用那个真实的成分来达成拖延者所希望的结论："以后再做。"例如，现在可能还不是最好的时机，所以我会以后再做；我累了，以后再做吧；现在正在播放一个好看的综艺节目，那件事可以以后再做。

每个人都难免会疲劳、厌倦、丧失热情，或者是太忙了。但是不管你的借口是什么，也不管你多么疲劳、多么没有热情或者多忙，你总可以花上 15 分钟时间做一点事。记住，那些不拖延的人也有你所碰到的难处，但是他们觉得自己依然可以动手做事。他们主张的理念有：

> 虽然现在时机不够好，但是无论如何我都想尝试一下。
> 虽然我很累，但我想再干 15 分钟再去睡觉。
> 虽然结果可能不太完美，但是我可以从中学到不少东西。
> 我没有合适的设备来做这件事，但是是否有什么事情我可以先干起来的呢？
> 今天已经没有足够的时间马上做完这件事，但是我想再干 15 分钟。
> 事情越来越困难了，所以我最好留出更多的时间来解决这些难题。

怀着一种固定的心态，你会不愿意冒险，不愿意采取行动；当你为自己寻找借口的时候，你是在逃避退缩。而怀着一种成长的心态，你会乐于采取行动，即便事情很难，或者你不是很喜欢做它。与其相信你的借口，让它们将你带进泥沼，不如不去理睬这些借口，直接采取行动。

四、战胜拖延的方法

1. 确定一个具体可操作的真目标

在某一个新阶段(比如新年、生日、新学校、新学期以及新工作)开始之初，很多人通常会做这样一件事情——给自己未来的某个阶段制订计划和目标。有的人打的是腹稿，有的人会把它写下来，随着网络的普及和发达，有的人则会发个朋友圈，宣称自己要开始减肥、节食、健身、读书、学习、背单词、写小说、考证、做兼职、攒钱、投资、创业等。

在制订计划和目标之后，多数人往往会经历这样的一些心路历程：激情—三分钟热度—"三天打鱼，两天晒网"—恐慌—放弃—迷茫—新的激情……日子就在这样一轮又一轮的循环中流逝了。

那有人就说了，所以我就不做计划。不过，梦想还是要有的，万一实现了呢。梦想、计划当然可以有，但天上不会掉馅饼，不要指望单靠运气就能"万一实现了"。比如说，作为工科学生，把"学好机电技术"当成目标，其实意义不大，这顶多算是个方向，并不能指导你的具体行为。怎么才算学好了机电技术？是理论方面达到成绩优秀？还是实践方面吃苦耐劳，能完成指定的任务？是考取众多资格证书？还是能够融会贯通，解决现场的大多数问题？等等，需要问自己更多这样的问题，并且问得越细越好。

要制订出科学合理的真目标，在刚开始的时候，你就要认真审视自己的梦想，围绕具体、可量化、有时间限制等几个方面来做功课。

1) 具体

举例来说，"找一个能理性网购的女朋友"就比"找一个会过日子的女朋友"更具有指导性。再如，"各部门配合，解决了一次突发事件"就远不如"甲、乙、丙等部门积极配合，将一次漏电事件消灭于萌芽状态"具体清晰。所以，当你制定目标时，一定要多问几次："现在说得足够清楚了吗？还可以再具体一点儿吗？"这时，团队的集思广益就凸显出它的优势了。

2) 可量化(可分解)

"财务自由"是很多人梦寐以求的目标。可是，有多少钱才可以算是财务自由呢？对此，有人就用所谓的"超市自由""数码自由""汽车自由""购房自由"等来作为量化标准。

可是，仔细想想，就会觉得这些标准并不靠谱——数码产品不一定比汽车便宜，汽车也不一定比房子便宜。知足常乐、小富即安的人，就算没多少钱也觉得万事不缺；而本身就不会乱花钱的人，再有钱也会有计划地过日子。因此，"不差钱"更多的是一种主观的感觉，并不能成为衡量财务自由的客观标准。好的目标要能够量化，需要有明确的东西去衡量我们要达成的最后结果。因此，可量化的目标才是明确的目标，也才能指导我们的具体行动。

一个好的目标，一个可以量化的目标，同时也意味着这个目标可以被拆分成更小的步骤，即目标可分解。我们每个团队所设定的目标，要能够随时评估，及时获得反馈，否则，再有意志力的人也坚持不下来。也就是说，再宏伟的目标，如果不分解成时不时能看到进展的"小确幸"，最终都会半途而废。比如，大家都下载过电脑程序、手机 APP，都见过手机和电脑上的进度条。那么，进度条有什么用呢？从用户的角度来说，很有必要。如果没有一个随时告诉你"现在进行到哪儿了，还有多少没完成"的反馈，你就会变得很煎熬。从这个意义上说，"不积跬步，无以至千里"真正的意思应该是：对于千里这么大的目标而言，不把它分解成一步步来完成，是很难实现的。

把复杂的学习或工作任务进行细化拆解，把繁重的工作或学习压力分摊到每个时间节点上，按计划有序行动起来，你会发现复杂的学习或工作任务并没有那么难，压力也没有那么大。这就是可量化、可分解在实践中的应用。

3) 时间限制

有没有时间限制，是目标和梦想之间最大的区别。小时候你被问到长大后想干什么，你说想当宇航员！这叫梦想。因为往往在这个问题之后，你照旧该干什么就干什么。

那么，什么叫目标？就是当你说"想当宇航员"之后，接着被问："那你想想，你飞上太空的时候，大概是多大年纪？"你算了算，说："35岁以前肯定能做到！"这才算得上是一段关于"目标"的对话。因为按照现有的宇航员选拔流程，如果你想在35岁前有资格进入太空，就意味着25岁时你至少要成为优秀的飞行员；而25岁当上王牌飞行员，就意味着20岁时就要开始飞行训练；而20岁时能当上飞行员，就意味着现在就得开始锻炼身体，至少视力、身体素质得保持好……一旦设置了时间限制，你就不只是想想而已，你就必须从现在开始做点儿什么了，你的这个目标就会因此而启动。

2. 说做就做

每一个成功者都有一个开始。勇敢开始，才能找到成功的路。

任何事情的完成都需要一个过程。不要总想着一下子做完整件事情。每到一个阶段，可以暂停一下问问自己：接下来我要采取的行动是什么？在计划完成的时间内，每次扎实迈出一小步，也同样可以达到"至千里"的结果。

我们可以这样来做：将计划要完成的任务划分为前后不同的若干个阶段，每次专注于当前阶段的任务，不要去想后面还有多少任务没完成。你会发现，这样心理负担会小很多，你往往会在预期时间内提前完成当前阶段的任务。其他阶段任务的完成依法炮制即可。

3. 为困难和挫折做好准备

有些目标任务执行起来不会那么一帆风顺，困难和挫折会时不时光顾。因此，你要为困难和挫折做好心理准备。可以事先做好功课，不给困难和挫折发展壮大的机会；也可以在困难和挫折光顾时积极应对，寻找有效的解决办法。提醒自己不要以困难和挫折为借口推迟去做事情，防止自己一遇到挫折就坠入拖延的深渊。

4. 情绪和行为分离

在一场马拉松比赛中，如果你一开始就因为种种原因落后于别人不少，你会不会纠结于跑还是不跑的问题？而在你纠结的同时，你被落得更远了。这时，你望着遥远的终点，感到很绝望，失去了继续跑下去的动力。可是，如果你不去看不去想终点，也不去想别人，只关注自己的脚下，只关注跑这一行为，并告诉自己："不要管那么多了，先跑过这个小土丘再说。"正如马拉松运动员山田本一那样，一个小目标一个小目标地跑，最终你一定会跑到终点。那时，你也许会发现，你并不是最慢的，甚至是很不错的。这就是专注于努力的过程而非最后的结果。当你为认真学习了一个下午或认真做了一个实验，而不是为最后考试拿到了优异成绩或得到了一个漂亮的实验结果而表扬自己时，你会发现，完成任务其实没那么难。

专注于当下，对拖延者来说也是很需要注意的一个地方。这里说的专注于当下，不是指专注于你现在脑子里的想法和情绪，而是专注于你现在在做的或选择要做的事情。其实，很多拖延的人恰恰就是太过关注自己一时的情绪，比如觉得自己不开心了，需要放松一下、上上网、打打游戏等，然后就开始了拖延。从心理学的角度来说，过于关注自己一时的情绪是不懂得延迟满足的一种表现。就像小孩子想要一个玩具就非要马上得到一样，这样的做法会大大削弱一个人的自制力。而且，心理学实验表明，满足自己一时的情绪需求并非最佳策略，从长期角度来看，它会降低一个人的自我满足感和幸福感，而非增加它们。

具体而言，就是不去理会那些打搅你的情绪波动，比如对自己说："我现在很郁闷，但我还是要继续手头的事情。"然后就不理会自己的情绪，接受它的存在，同时继续专心做你要做的事情。就像把一颗小石子投入湖中，会泛起一圈圈涟漪，你若不理，湖面最终会归于平静；倘若你过于关注那颗小石子，试图把它捞出来，这反而会激起更大的波澜，使湖面久久无法平静。我们还可以这样来操作：把你当时因为有情绪想要做的事情(比如上网、玩游戏、看电影、看小说等)记下来，告诉自己等做完手头的工作就去做那些事情，然后专心于工作，之后再去做那些记下的事情。

不要等到自己有意愿的时候才开始。如果你想要等到自己完全有意愿和有感觉的时候才开始做事，那么结果只有一个，你永远也不会开始。即便状态不理想，或者心情不对，你依然可以着手做事。情绪和行为是可以分离的。

5. 提高时间管理技能

时间是一个客观常量，不能控制；但时间作为一种资源，在使用方面，又是一个变量，善用则多，妄用则少。只要合理利用，时间就可以发挥出更大的效力。时间管理所探索的就是如何减少时间浪费，以有效地达到既定目标。科学管理时间，善于运用时间，就会拥有更宽裕的时间。

1) 要事第一

每时每刻铭记你最重要的目标。如果你的目标过多，那么就每天优先完成最重要的五个目标，并且最好把这五个目标列出一个优先顺序。

史蒂芬·柯维博士在其著作《高效能人士的七个习惯》中，将高效能人士和低效能人士加以比较，提出的如下两点值得我们关注：

(1) 是否以要事为第一。

高效能人士：要事第一。以要事为先的人总是按照事务重要性的顺序来安排生活并付诸实践。无论情势如何，他们的生活总是遵循自己最珍视的原则。

低效能人士：不重要的事先做。他们总是在应对各种危机。他们之所以无法关注最重要的事务，是因为他们总是纠缠于周围环境、过去的事情或人与人之间的是非。他们陷入成堆的琐事，被紧迫的事务弄得团团转。

(2) 思维模式不同。

高效能人士：双赢思维。有双赢思维的人能在交往中寻求互利和互相尊重。他们基于到处是机遇和富足的心态，基于"我们"而不是"我"来进行思考。他们总是通过向情感账户存款来建立互信关系。

低效能人士：非赢即输。他们抱的是匮乏心态，把生活看作一场零和游戏。他们不善与他人沟通，总是从情感账户提款，结果是时时提防他人，陷入对抗的心理。

2) 列出今日待办事项清单

拿出笔和纸(最好准备一个专用本子)，利用 10～15 分钟的时间，整理并写出"今日待办事项"，如外出购物、给妈妈打电话、完成两科作业等，检查有没有漏掉什么事项。

在罗列这些事项的同时，你的大脑就要启动估算程序，即估计每个事项要花费的时间。如果你知道某件事必须在某个时间完成，也可以标上最后期限，比如，"晚上七点前完成两科作业"。

待办事项的清单可以遵循要事第一的原则来进行编排，在不同事项的后面标注上重要、一般或不重要，这有利于我们脚踏实地、专注地去做重要的事项，去完成重要的任务。

3) 与时间做朋友

《把时间当作朋友》一书中提出，与时间做朋友的方法很简单，就是用正确的方法做正确的事情。

在做事的过程中，最可怕的不是效率不高，而是根本就做错了事。如果做的事情是错误的，效率越高，结果越糟。如果做的事情是正确的，效率低一点也没关系，因为做一点是一点，多收获一点，多进步一点，动力就会更强一点，进而更容易持续地做下去。

怎样判断所做的事情是否正确呢？核心只有一个，即看它是否现实。

几乎一切愚蠢的行为都来自否定现实、逃避现实。只有接受现实，才可能脚踏实地，避免心浮气躁、好高骛远，但接受现实并不容易。

比如"资源的稀缺性"，这个世界上的资源并非平均分布在每一个人身上，这一状况可以用正态分布曲线来表示。资源是有限的，资源并非均匀分布的，直接的结果就是"绝大多数人都觉得自己拥有的不够多"。

理解这种现象看似不难，但在清楚地理解之后还能平静地接受就不那么容易了。无法接受这种现象的人到今天还随处可见。和苏格拉底生活在同一时代的第欧根尼，在意识到资源稀缺的时候选择了逃避，而他采取的逃避方式是限制自己的主观愿望。所以，他主张清心寡欲。他也喜欢享受，但是他可以控制自己的欲望，进而只享受真正零成本的"消费"，例如晒太阳。

现代西方经济学源起亚当·斯密的学说，经过大卫·李嘉图的补充，直至约翰·梅纳德·凯恩斯，才算是正视了资源的稀缺性，明确了经济学的根本目的——研究"如何运用有限的资源发挥最大的效用"。换言之，要在承认资源稀缺的前提下研究如何提高效用。

平静并理性地接受"资源稀缺"这个现实，其困难程度超乎想象，以至从人类发展来看，理解并接受这个现实花费了两千多年——从第欧根尼到凯恩斯。

尽管现实总是如此难以接受，但坚强的你应该坦然，对于种种现实，你必须接受。

同样的事情，不同的人会使用不同的方法，但有趣的是，殊途同归，很多人凭借各自不同的方法都可以取得成功。

以学英语为例。有人用的是听英语广播、利用"艾宾浩斯遗忘曲线"的方法，有人用的是抄写和听写的方法，有人用的是"词根词缀记忆法"，并且每种方法都会让人把英语学得很好。可以看到，所谓的"好方法"，实际上是因人而异的。而这些不同的方法之所以能让人学好英语，一个不争的事实是，使用某一方法的人必须是非常用功的人。方法因人而异，适合这个人的方法，放到那个人身上，很可能适得其反。换言之，适合所有人的方法很可能根本不存在。或者说，方法固然重要，但远不及"用功"有效。

因此，所有学习上的成功，都只依靠两件事——策略和坚持，而坚持本身就是重要的策略。比如，学任何东西的时候都可以做到在既不"废寝"也不"忘食"的情况下利用所有的时间。所以，与其不停地寻找"更好的方法"，还不如马上开始行动。

4) 二八原则

在最高效的时间，一个人只要20%的投入就能产生80%的效率。相对来说，如果使用最低效的时间，80%的时间投入只能产生20%的效率。一天头脑最清楚的时候，应该放在最需要的学习和工作上，或者最具挑战性的任务上。所以，我们要将一天中20%的最高效的时间(有些人是早晨，有些人是下午或晚上；除时间外，还要看你的心态、血糖的高低、休息是否足够等)专门用于最困难的科目和最需要思考的学习上。许多同学喜欢熬夜，但是晚睡会伤身，所以还是尽量早睡早起。

6. 通过运动减轻拖延

在拖延的时候，不论我们是通过奔波忙碌来逃避一些事情，还是蜷缩在沙发上，我们实际上失去了跟最基础的自我(我们的生物层面)的接触。保持身体健康，保持良好的身心和谐状态，可以让我们感觉更轻松，也有助于提高平衡能力和控制能力，从而让我们更有勇气面对那些被延后的事情。

运动除有利于身体健康外，对提升我们的情绪也有很大的好处。假如一个抑郁的人可以让自己出去散个步，或者去一次健身房，那么，他们一般都会比原来感觉好多了。运动会刺激身体产生一种叫作内啡肽的荷尔蒙，有助于提升愉悦感和幸福感。

除提升情绪外，运动还有助于大脑的成长，提高大脑的调节能力。哈佛大学心理学家约翰·莱迪在他的《火花》一书中写道，在你运动的时候，你不仅会感觉更好，而且你的大脑会以更好的状态运作：你学得更快，认知灵活性有了提高，你的思维更为清晰，记忆更为敏锐。你运动时在身体中涌动的血液，在你停下来的时候几乎马上会返流到你的大脑中，从而激发大脑的学习能力。有调查研究显示，在运动之后人们学习新单词的能力比以前增强了20%。

不要等到自己有意愿和感觉的时候才开始运动。许多拖延者都期盼能够在他们感到无所畏惧、信心满满、准备充分或者情绪激昂的时候再跨出他们的第一步。然而，即便你不在理想状态，或者心情不对，你依然可以起身运动，通过运动启动自己的身体状态。下面是一些关于如何运动的建议。

(1) 使用计步器。健康专家建议我们每天走一万步，大约等于8千米路程。走更多路会让你的感觉更好，大脑更清醒，这样你的心思就可以回到那些被你长期回避的事情上去了。

(2) 学会"休息"。当你发现自己做事踟蹰不前的时候，或者，当你想要开始做事但是毫无头绪的时候，你可以休息一下。休息可以克服你恐慌、焦虑或自责等不良情绪。但是，在休息的时候做什么很重要。你必须想办法让自己的身体动起来。下楼散散步、骑健身自行车锻炼一刻钟，或者听着你喜欢的音乐让你的身体一起摇摆，这些活动可以让你的血液流动起来，对你接下来集中精神做事很有好处。

(3) 约朋友一起做运动。在运动时，你可能还会想着其他许多难缠的事情。因此，你可以找一个能陪伴你运动的伙伴，这样会让你更专心致志，并享受运动过程中的更多乐趣。如果你跟一个人约好了，你就更有可能走出去。同时请记住，社交对你的大脑也有好处，它可以对抗被孤独所激发出来的压力荷尔蒙。

(4) 在处理一件棘手的事情之前做运动。运动可以加强血液的流动，一旦你停下来，血液就会流到大脑中。你的大脑就会沐浴在更多的氧气、脑源性神经营养因子和内啡肽中，锻炼之后的一个小时左右你的头脑会更加清醒。利用好这一点，在做完运动之后马上投入一件你感到棘手的事情当中去。

(5) 从小事做起。如果你以前不爱运动，目前有要运动的打算，或许你会有冲动想要从每天步行 5 千米或者打场篮球开始。毕竟，一小步看上去太微不足道了。但是，就像其他许多事情一样，对运动来说，从小事做起才是最好的办法。虽然这个策略似乎跟你的理想愿景差了很多，但是它更为务实。那些在运动中起步太大的人不仅冒着身体受伤的风险，而且更有可能会放弃做运动。缓慢地起步，一点点地进步，这样做要好得多。

运动是优化大脑功能的有效方式。如果你能运动身体，拓展大脑，你就能够在其他一些被你延误的事情上做出努力，取得进展。

★ 案例链接

用案例说明拖延的理由

明确思路，节约时间

总 结 与 考 核

一、实践日志

日　期		天　气	
主要实践内容：			
体会与感想：			
努力方向：			

二、实践考核(第十一周)

	考核内容	分值	本周考核要求	本周自评得分
平时成绩 (80分)	考勤	5分		
	实践过程	5分	案例分析，提出解决问题的对策等	
	实践表现	10分	拖延现象的展示，5分； 完成各项实践，5分	
	团队实践表现	30分	拖延现象的展示： 1. 积极参与； 2. 表达清晰； 3. 有启示作用	
	长程团队项目或个人任务进程监控记录，个人贡献与反思	30分	对战拖延： 1. 明确拖延现象； 2. 掌握对战拖延的方法； 3. 积极对战拖延	
	本周平时分合计：			
实践感悟 (20分)	心理实践或团队项目实践的感悟与能力提升	20分		
备　注	1. 平时成绩每课一结，个人自评，组长核查汇总。 2. 平时成绩每课总分80分，期末加总求平均数，以此作为期末成绩，占总成绩的80%。 3. 实践感悟得分直接计入期末总成绩，占总成绩的20%			

拓 展 实 践

一、实践内容

(一) 活动："有用"PK"有趣"

以"无用/有用"为横坐标，"无趣/有趣"为纵坐标，画出四个象限。审视自己的生活，将自己生活中实际发生的事项分别填入四个象限，选择放入某一象限的标准是：这一事项的完成是否确实对达成目标有益以及你对这件事趣味性的判断。

许多人都会发现，自己经常因为觉得有趣就去做的那些事，其实并没什么用。例如，你在学期末制订了一个目标——暑假通过驾照考试的所有科目。可是当暑期过半时你发现，你做得最多的事情就是宅在家里。再比如，你想通过英语四级考试，给自己制定的目标是每天背100个单词。可是背到第15个的时候，同学约你一起逛街，你欣然应约。逛得疲惫不堪地回来，直接洗洗就睡了，那剩下的85个单词的任务早已抛于九霄云外。

如果我们足够理智，心智足够成熟，就不难懂得：无用的事情，哪怕非常有趣，都不应该去做(第二象限)；有用的事情，哪怕非常无趣，都应该去做(第四象限)。用理智指导自己的行为，在最开始的时候，必然会经历一个痛苦的挣扎过程，但如果它最终成为你的习惯，那么，在将来的某个时刻终将变得其乐无穷，即从第四象限变到了第一象限。

(二) Aitken 拖延问卷(API)

Aitken 拖延问卷(Aitken procrastination inventory，API)是 Aitken 在 1982 年编制的一个用于评估大学生长期持续拖延行为的自评量表。Aitken 拖延问卷是一个单维度的自评量表，由 19 个条目构成。采用五点记分法，"完全不符合"记 1 分，"基本不符合"记 2 分，"不确定"记 3 分，"基本符合"记 4 分，"完全符合"记 5 分。其中 2、4、7、11、12、14、16、17、18 等 9 个题目反向记分。

姓名：　　　性别：男/女　　　年级：大一/大二/大三/大四

专业：文科/理科/工科　　　独生子女：是/否　　　家庭所在地：城镇/农村

指导语：请仔细阅读下面一些关于拖延行为的问题，根据您自身的实际情况作出相应的选择，请在相应的地方画"√"。答案无对错之分，请不要有任何顾虑。谢谢您的参与！

选　　项	完全不符合	基本不符合	不确定	基本符合	完全符合
1. 我总是等到最后一刻才开始做事情	1	2	3	4	5
2. 我很注意按时归还借来的东西	1	2	3	4	5
3. 即便某件事情非做不可，我也不会立即开始做	1	2	3	4	5
4. 我总是能按要求的进度完成每天的任务	1	2	3	4	5
5. 我很愿意去参加一个关于如何改变拖延行为的研修班	1	2	3	4	5
6. 约会和开会时，我常常迟到	1	2	3	4	5
7. 我会利用课间的空闲时间来完成晚上要做的事情	1	2	3	4	5
8. 做事情时我总是开始得太迟以至于不能按时完成	1	2	3	4	5
9. 我常常会在最后期限到来之前拼命地赶任务	1	2	3	4	5
10. 我开始做一件事情之前总是要磨蹭很久	1	2	3	4	5
11. 当我认为必须做某项工作时，我不会拖延	1	2	3	4	5
12. 如果有一个很重要的项目，我会尽可能快地开始	1	2	3	4	5
13. 当考试期限逼近时，我常发现自己仍在忙别的事	1	2	3	4	5
14. 我总是能按时完成任务	1	2	3	4	5
15. 我总是在最后期限即将来临时才会认真做这件事	1	2	3	4	5
16. 当有一个重要的约会时，我会提前一天把要穿的衣服准备好	1	2	3	4	5
17. 我在参加学校的活动时，一般都到得比较早	1	2	3	4	5
18. 我通常能按时上课	1	2	3	4	5
19. 我会过高地估计自己在指定时间内完成大量工作的能力	1	2	3	4	5

二、个人实践任务周进程监控表

任务要求	本周任务执行情况							任务状态
	周一	周二	周三	周四	周五	周六	周日	
拖延领域								
拖延风格								
拖延借口								
"对战拖延"的方法								
团队项目 (新闻播报、电台报道、记者采访、拖延故事)	分配的个人任务、要求完成时间、完成情况：						贡献与反思：	
本周其他情况说明								

实践十二　意志力训练

骐骥一跃，不能十步；驽马十驾，功在不舍。锲而舍之，朽木不折；锲而不舍，金石可镂。

——荀子

人，只要有一种信念，有所追求，什么艰苦都能忍受，什么环境也都能适应。

——丁玲

只有当人和他的意志力互相沟通，使两者融为一体的时候，这个世界才有驱动力。

——爱默生

实 践 目 标

(1) 了解意志力是人重要的心理活动之一，要成就一番大事业，就要从小事中磨炼自己的意志力。

(2) 了解自己的意志力水平。

(3) 帮助学生培养坚强的意志力、强烈的进取心、顽强的拼搏精神。

(4) 在团队活动中让学生树立理想，坚定信念，增强意志力，勇担责任。

实践内容简述

对自我进行分析，了解自己的意志力水平，正确评价自我意志力的优势和不足。在生活中有目的地去锻炼和提升自己的意志力，并结合实际案例阐述意志力的影响，提出一些可行的实用方法，为提升意志力奠定坚实的基础。

综 合 实 践

活 动 一   站 桩 游 戏

1. 活动目标

(1) 使学生了解培养坚强意志力对学习和将来事业成功的影响。

(2) 让学生体验坚持所需要的耐心和毅力，从小事中磨炼自己的意志力。

站桩游戏

(3) 使学生学会在学习和实践中充分发挥自己的主观能动作用，努力克服各种困难，以顽强的意志力和行动实现既定目标，到达成功的彼岸。

2. 活动准备

(1) 收集名人磨炼意志力的小故事，看他们是如何克服困难，获得成功的。

(2) 提前分组，每 10 人一组。

3. 活动内容

每个小组派一个代表参赛，围成一圈练习"站桩"。要求两手平伸，两脚与肩同宽，双腿尽量下蹲，上身保持平直，比看谁能坚持到最后。最先放弃的要表演一个节目，而坚持到最后的一个同学有权任选班中一位同学表演节目。

4. 体验分享

交流收集到的名人故事，学生自由交流这次活动的感受，并谈一谈哪些小事可以培养意志力，是怎么做的，填写表 12-1。特别要请最先放弃和坚持到最后的学生分别谈一谈各自的感受。

表 12-1   "小事不小"

哪些小事可以培养意志力	是怎么做的

5. 活动总结

如果你想成为一个拥有坚强意志力的人，那么你就要先在心中成为一个拥有坚强意志力的人。

如果你的意志力坚固得与钻石一样，并以这种意志力引导自己朝目标前进，那么，你所面对的问题都会迎刃而解。

活动二　意志力测评

【心理小测验】　你的意志力强吗？

下面的测验将帮助你了解你的意志力有多强，能不能处理好生活、工作、学习中的诸多难题。

本测评共有 20 道题，每题有 5 个选项：A 为完全符合；B 为比较符合；C 为无法确定；D 为不太符合；E 为很不符合。请选择适合你的一项。

1. 我很喜爱长跑、爬山等体育运动，但并不是因为我的天生条件适合这些项目，而是因为这些运动能够增强我的体质和毅力。（　　）

2. 我给自己制订的计划，常常因为我自己的原因不能如期完成。（　　）

3. 我信奉"凡事不干则已，干就要干好"的格言，并尽量照做。（　　）

4. 我认为凡事不必太认真，做得成就做，做不成就算了。（　　）

5. 我对待一件事情的态度，主要取决于这件事情的重要性，即该不该做，而不在于我对这件事情的兴趣，即想不想做。（　　）

6. 有时我临睡前发誓第二天要开始干一件重要的事情，但到第二天这种干劲又没有了。（　　）

7. 当工作和娱乐发生冲突的时候，即使这种娱乐很有吸引力，我也会马上决定去工作。（　　）

8. 我常常因读一本妙趣横生的小说或看一个精彩的电视节目而忘记时间。（　　）

9. 如果我下决心要坚持干一件事情(如学外语)，那么不论遇到什么困难(如工作忙)，我都能够持之以恒，坚持不懈。（　　）

10. 如果我在学习和工作中遇到了什么困难，首先想到的是先问问别人有没有什么办法。（　　）

11. 我能长时间做一件无比枯燥的工作。（　　）

12. 我的爱好一会儿一变，做事情常常是"这山望着那山高"。（　　）

13. 我只要决定做一件事，一定是说干就干，决不拖延到第二天或以后。（　　）

14. 我办事喜欢挑容易的先做，困难的能拖就拖，实在不能拖时，就三下五除二干完拉倒，所以别人不太放心让我干难度大的事。（　　）

15. 遇事我喜欢自己拿主意，当然也可以听一听别人的建议，以作为参考。（　　）

16. 在生活中当遇到复杂的情况时，我常常举棋不定，拿不定主意。（　　）

17. 我不怕做我从来没有做过的事情，也不怕一个人独立负责重要的工作，我认为这

起码是一个锻炼自己的好机会。(　　)

　　18. 我生性就胆小怕事，没有百分之百把握的事情，我从来不敢做。(　　)

　　19. 我从来都希望能做一个坚强的、有力的人，而且我深信"功夫不负有心人"。(　　)

　　20. 我更相信机会，很多事实证明，机会的作用大过个人的艰苦努力。(　　)

　　计分标准如下：

　　在上述 20 道试题中，凡题号为单数的(1，3，5，7，9……)选择 A、B、C、D、E 时分别得 5、4、3、2、1 分；题号为双数的(2，4，6，8，10……)选择 A、B、C、D、E 时分别得 1、2、3、4、5 分。

　　测试结果如下：

　　测试总分在 91 分以上，意味着你意志力十分坚强。

　　测试总分在 81～90 分，意味着你意志力较坚强。

　　测试总分在 61～80 分，意味着你意志力一般。

　　测试总分在 51～60 分，意味着你意志力比较薄弱。

　　测试总分在 50 分以下，意味着你意志力十分薄弱。

　　心理评析：要克服的障碍，离不开意志力的作用。面对所执行的每一个艰难的决定，我们依靠的是内心的力量。事实上，意志力并非生来就有或者具有不可改变的特征，它是一种可培养和发展的技能。

活 动 三　冥 想 训 练

1. 活动目标

增强意志力。

2. 活动准备

(1) 选择一个安静的环境，避免被干扰。

(2) 关闭电视、手机、闹钟等电子设备。

(3) 衣服要选择宽松舒适的。

3. 活动内容

具体的活动内容及步骤如下：

(1) 原地不动，安静坐好。

坐在椅子上，双脚平放在地上，或盘腿坐在垫子上。背挺直，双手放在膝盖上。冥想时一定不能烦躁，这是自控力的基本保证。如果你想挠痒的话，可以调整一下胳膊的位置，腿交叉或伸直，看自己是否有冲动但能克制。简单的静坐对于意志力的冥想训练至关重要。你将学会不再屈服于大脑和身体产生的冲动。

(2) 注意你的呼吸。

闭上眼睛，要是怕睡着，你可以盯着某处看，比如盯着一面白墙。注意你的呼吸，吸气时在脑海中默念"吸"，呼气时在脑海中默念"呼"。当你发现自己有点走神的时候，重新将注意力集中到呼吸上。这种反复的注意力训练，能让前额皮质开启高速模式，让大脑中处理压力和冲动的区域更加稳定。

(3) 感受呼吸，弄清自己是怎么走神的。

几分钟后，你就可以不再默念"呼""吸"了。试着专注于呼吸本身。你会注意到空气从鼻子和嘴巴进入和呼出的感觉，感觉到吸气时胸腹部的扩张和呼气时胸腹部的收缩。不再默念"呼""吸"后，你可能更容易走神。像之前一样，当你发现自己在想别的事情时，重新将注意力集中到呼吸上。如果你觉得很难重新集中注意力，就在心里多默念几遍"呼""吸"。这部分的训练能锻炼你的自我意识和自控能力。

4. 体验分享

请同学们自由交流这次活动的感受。

5. 活动总结

刚开始的时候，每天锻炼 5 分钟就行。习惯成自然之后，请试着每天做 10～15 分钟。如果你觉得有负担，那就减少到 5 分钟。每天做比较短的训练，也比把比较长的训练拖到明天好。

知 识 链 接

成功与失败的分水岭在于意志力的强弱差异：成功者常常是意志力坚强的人；失败者常常是意志力薄弱的人。训练和提升意志力，能使一个人获得成功的强大动力。只要一个人具有善于自我克制的坚强意志力，他就能承受常人难以承受的苦难，跨越常人难以跨越的障碍，完成常人难以完成的事业。

一、意志力的概念

意志力是心理学中的一个概念，是指一个人自觉地确定目的，并根据目的来支配、调节自己的行动，克服各种困难，从而实现目的的品质。通俗来讲就是我们平常说的一种信念。意志力的强弱对一个人的行为甚至一生能否作出贡献和成就，都有着重大的影响。孟子说："天将降大任于是人也，必先苦其心志，劳其筋骨，饿其体肤，空乏其身，行拂乱其所为，所以动心忍性，增益其所不能。"这段话生动地说明了意志力的重要性。

意志力可被视为一种能力，而且根据能力的大小，还可判断出一个人的意志力是薄弱的，还是强大的；是发展良好的，还是存在障碍的。当人们善于运用这一有益的力量时，就会产生决心，而人有决心就说明意志力在起作用。人的心理功能或身体器官对决心的服从，说明了意志力存在巨大的力量。

二、意志力阶梯，你在哪一层

不可否认，无论是最棒的登山运动员，还是穷困潦倒的乞丐，世界上的每一个人的精神系统中都有意志力的存在。只不过不同的人，意志力的强弱截然不同。把不同人的意志力水平分成了九个级别，处于较低级别的人数量众多，越往上走人越少，这就像金字塔一样。

第一级："零级"(Zero Level)

这里所说的"零级"并不是说"这个人根本没有意志力"，而是对其意志力极其薄弱的一种统称。这一层级中的人，他们或许根本就不想做成任何事，生活对于他们来说就是"混日子"。很多失败的职业者、无业者都属于这一类人。

第二级："奴隶"(Slavery)

这类人有自己的特点，他们的意志力比较薄弱，但最致命的是，他们做什么事情都并非自己主动的，而是被别人所驱动，故称其为"奴隶"。他们的意志力强弱取决于别人给他们的压力大小，这类人广泛存在。

第三级："拖延患者"(Procrastinator)

这也是一类广泛存在的人群，他们会为自己主动争取一些事情，但他们有一个共同的特点，就是喜欢寻找各种借口，把事务推迟到下一个时间段来做，或是明天，或是下周，抑或更久以后。总之，他们绝不可能在今天完成既定的任务。他们的意志力也很薄弱，不足以帮助自己更好地掌控时间和生活。

第四级："起跑者"(Starting Man)

这一层级的人也不在少数，他们往往容易心血来潮，突然间对某一件事很着迷，愿意花时间和精力去研究它们，且在最初阶段意志力还算强大，但坚持不了多久就会放弃。

第五级："中途下车的人"(Halfway Leaver)

这是一类令人感到可惜的人，他们制订了某些计划或某些原则，并实施了很长一段时间，但是他们并不能坚持到底，就像车没到站便下车了一样，所以称其为"中途下车的人"。

第六级："慢跑爱好者"(Slow Runner)

这类人在生活中情绪波动很小，看待问题比较理智，并具有一定的意志力，能够朝着自己的目标前进，不愿随意停下脚步。只不过这类人前进的速度不快，且无法接受巨大的挑战，意志力水平始终保持在一条线上。

第七级："勇士"(The Warrior)

在这一层级的人，他们的表现就像勇士一样，他们喜欢接受挑战，且事情越困难，其意志力就会越强大，甚至惊人！他们不喜欢那种散漫平庸的生活，他们既有主见又有自控力，对生活充满激情。

第八级："长跑冠军"(Long-distance Race Champion)

这是一类可以实现个人成功的人，他们已经做得很不错了，就像奥运会比赛中的长跑冠军那样，他们懂得一张一弛之道，在需要加速的时候能让意志力变得强大，在需要保持体力的时候也能让意志力变得持久。他们会成为各个行业的顶尖人物，生活的质量也令人羡慕。

第九级："意志力国王"(King of Willpower)

世界上只有不超过 1%的人可以进入这一层级，这也是意志力的顶尖级别。这类人的意志力水平凌驾于绝大多数人之上，他们想做什么，就能做什么！任何困难和诱惑对他们来说都可以被忽视，他们完全能够让强大的意志力为自己服务。他们是意志力的主人，更是时代的佼佼者。

那么，现在请你思考一下，你在哪一层呢？你是一个意志力方面的"奴隶"还是"勇士"？你是"拖延患者"还是"长跑冠军"？你可以成为最顶尖的"意志力国王"吗？

想象一下，你走上金字塔的顶尖，成为最高层级中的一员，你的生活将会发生翻天覆地的变化：你会成为一名战无不胜的律师，或一名世界上最伟大的旅行家，或一名备受尊重的政治家，或一名将军，或一名成功的商界精英，或一名奥运会冠军获得者……

你会问，这些美好的想象，会发生在我的身上吗？

答案是肯定的！

无论你现在处于意志力九个级别中的哪一层，你都可以通过自己的锻炼来增强你的意志力。

三、意志力训练的要求

1. 积极主动

不要把意志力与自我否定相混淆，当它应用于积极向上的目标时，将会变成一种巨大的力量。主动的意志力能让你克服惰性，把注意力集中于未来。在遇到阻力时，只要想象自己在克服它之后所获得的快乐，积极投身于实现自己目标的具体实践中，你就能坚持到底。

2. 下定决心

心理学教授詹姆斯·普罗斯把实现某种转变分为四步：

抵制——不愿意转变；

考虑——权衡转变的得失；

行动——培养意志力来实现转变；

坚持——用意志力来保持转变。

有的人属于"慢性决策者"，做决策时优柔寡断，结果无法付诸行动。

3. 明确目标

拿破仑·希尔曾经说过这样一句话："目标，必须是清晰而具体化的。"目标很重要，但目标的具体化、明确化更加重要，只有目标具体明确，才能让计划变得切实可行。詹姆斯·普罗斯教授曾经研究过一组打算从元旦起改变自己行为的实验对象，结果发现最成功的是那些目标最具体、明确的人。其中一名男子决心每天做到对妻子和颜悦色、平等相待，后来，他果真办到了；而另一个人只是笼统地表示要对家里的人更好一些，结果没几天又是老样子，照样吵架。

4. 权衡利弊

在意志力遇到考验时，我们是不是可以通过权衡利弊的方式让自己坚持住，而不是简单地告诉自己可以做到？这个思考的过程应该是非常理性的，从行为控制学角度来说，我们称之为"理性意志"。你可以拿一张纸，中间画一条横线和一条竖线，这样这张纸就被分成了四个象限。请在左上方的象限内注明"短期损失"，右上方的象限内写明"短期收益"，左下方象限内注明"长期损失"，而右下方象限内注明"长期收益"。曾经有一位经济独立但存款几乎为零的年轻女律师就采用了这种方式，帮助自己养成了坚持每月储蓄的习惯。她是这样分析的：

短期损失：我不能随意购买新推出的衣服、化妆品，不能随意出入高档餐厅。

短期收益：我可以每个月固定往银行存入 1/2 的薪水。

长期损失：我将逐渐与"时尚潮流"越来越远。

长期收益：我能在一年之内攒够房子首付，在未来十年内还清贷款。

现在，她不光交了首付住进了新居，更令人高兴的是，她的职位也获得了提升。

我坚信一点，就是当你在生活和工作中有所损失时，你一定会在其他方面有所收获，这是一种平衡。这就像上帝给你关上了一扇门的同时，一定会给你打开一扇风景更好的窗，那样，你真的不会有太多损失。

5. 改变自我

意志力是至关重要的，不仅影响我们的行为和决策，还决定我们能否克服困难、实现目标。我们可以通过改变自己的思维方式、情绪反应和生活习惯来更好地掌控自己的行动和决策。

6. 注重精神

大量事实证明，若行动的时候假设自己有顽强意志力，则有助于使自己成为一个具有顽强意志力的人。

7. 磨炼意志

早在 1915 年，心理学家博伊德·巴雷特就提出了一套磨炼意志的方法，其中包括从椅子上起身和坐下 30 次，以及把一盒火柴全部倒出来后再一根一根地装回盒子里。他认为，这些练习可以增强意志力，以便日后去面对更严重更困难的挑战。博伊德·巴雷特的具体建议似乎有些过时，但他的思路却给人以启发。例如，你可以事先安排星期天上午要干的事情，并下决心不办好就不吃午饭。

8. 坚持到底

生活就是这样，在你实现梦想的道路上，总会遇到各种拒绝和磨难，有的人轻而易举地放弃了，有的人犹豫了半天最终放弃了，这些人都是各种各样的失败者。当然，还有一部分人根本没有考虑过"放弃"，反而成功了。

看到这样的人，你或许会说他们"傻人有傻福""运气真好"，但其实并不是你想的那样，很多人因为在性格中没有"放弃"的意识存在，才会在做任何事时都全力以赴、目标专一，释放出强大的意志力，从而实现他们的目标。

9. 实事求是

如果规定自己在 3 个月内减肥 50 公斤，那么对这样一类无法实现的目标，再坚强的意志也无济于事；而且，失败的后果最终会使自己连再次尝试的勇气都化为乌有。

10. 逐步培养

坚强的意志力不是一夜之间突然产生的，它是在逐渐积累的过程中逐渐形成的，其间还会不可避免地遇到挫折和失败，所以必须逐步培养。

四、意志力训练的方法

1. 在体育活动中磨砺坚强的意志力

人的意志力品质与其身体健康状况是有关系的。一方面，意志力坚强能够促使人锻炼身体，进而更加健康；另一方面，健康的体质也容易表现出较强的意志力。人们在体育锻炼的过程中，体质增强了，精力旺盛了，这也就为他们克服困难提供了有利条件。某心理学家曾做过一个测试，他让一群体力差的中学生进行了为期一个月的体育锻炼。结果表明，这些学生不仅体力增强了，而且自控力、坚持性等意志力品质也有不同程度的提高。

尽量每天抽出一点时间，或早晨或下午，因地制宜，选择一项自己喜欢的运动项目，持之以恒，一方面可以锻炼身体，另一方面还可以塑造良好的性格特征，这是一举两得的事情，何乐而不为呢？

选择什么锻炼项目好呢？可根据自身及外界的条件选择那些对场地要求不高、经济、效果好的项目，如慢跑、短跑等田径项目；如果有条件，还可以选择篮球、排球、足球、羽毛球、网球和乒乓球等项目。无论选择哪个项目，最关键的问题是要能够持之以恒，切忌"三天打鱼，两天晒网"心血来潮式的锻炼。不然，就很难收到良好的效果。

当然，除了选择适合自己的体育项目，制订安全有效的锻炼计划也是至关重要的。需要注意的是：

(1) 当你开始锻炼时必须保证身体健康。采用循序渐进的锻炼方式，风险小而回报大。如果你有一段时间未进行锻炼，那么开始时节奏要放慢，等身体状况跟得上时，再逐步延长锻炼时间，加快锻炼节奏。

(2) 尽可能使运动既安全又舒适。要穿合脚的鞋和便于运动的衣服，一定要在安全的地方进行锻炼。

(3) 锻炼要以自己舒适为度。比如，你可以在散步和慢跑时与他人交谈，气氛轻松和谐。锻炼开始后的 10 分钟内如果感觉不舒服，说明你的锻炼强度太大了。

(4) 要养成常规的锻炼习惯。要想获得最大的健康回报，持续不断的锻炼是很重要的。一定要把锻炼计划纳入日程中。

(5) 活动的选择最好多样化。影响身体状况的因素主要有三点：肌肉及关节的灵活度、心肺耐受力和肌肉是否发达。如果有特殊目的，也可以选择某种特定的运动。譬如，想控制体重的人，不妨选择能消耗卡路里、强化肌肉的运动，如跑步或打网球。不过如果能把训练耐力的活动与肌肉的锻炼相配合，消耗的脂肪就比只做耐力训练的人多十分之一。比较理想的状况是平均每天活动 30 分钟左右。

(6) 把经常锻炼身体融入自己的生活中。你要确保所选的锻炼方法既安全舒适，又能从中获得乐趣，并使自己能持之以恒。锻炼身体应该既简单方便又有新意，你才会愿意每天坚持锻炼。邀请朋友或家人一起锻炼的主意不错，可以鼓励别人都来参与锻炼。

2. 确定目标并专注它

每天晚上临睡前，在纸上列出你明天要做的所有事，然后用 1～10 的数字来标出它们的重要性，并按顺序排列，最后选出最重要的六件作为你明天要做的事。写下来，带在身上。明天你就专注做这六件事，做完一件事，就划掉一件。如果你能做完，证明你很专注地度过了一个充实的一天。

五、意志力训练原则

训练的效果在很大程度上取决于合理的活动安排。这就要求不仅要有科学系统的训练，还要注意休息，做到劳逸结合。

1. 计划为先(Make a plan first)

和做任何事情一样，意志力训练也需要制订相应的计划，如果没有计划的指引，你容易陷入混乱当中。

你会在你有时间的时候或想训练的时候先进行训练，而不是在规定的时间内进行训练。一个好的计划可以在多个方面帮助到你，它既能指引你在正确的时间做正确的事，又可以帮你戒除一定的惰性，从而帮助你走向成功。

2. 循序渐进(Proceed step by step)

意志力训练应按照意志力发展的特点，针对不同的年龄阶段，在循序渐进的过程中使意志力得到锻炼。

任何良好的意志品质的形成，都不是一朝一夕的事，总有一个逐步发展、逐渐巩固的过程。因此，意志力的锻炼不可能一蹴而就。另外，各年龄阶段的人，都有各自阶段的生理心理特点，也就是在意志力发展上呈现出不同的年龄特征。意志力的年龄特征是分阶段的，各阶段是相互衔接且由低到高逐步发展的。

就像锻炼肌肉，科学的方式是循序渐进，先由较小强度的训练开始，然后逐渐加大训练的强度。意志力训练也是如此，比如，你能一口气吃成个胖子？显然不能。只有一步步去吃才会变胖。想想那些肥胖人士，他们中的很多人一开始并不胖，也是不经意间一点点把胃口吃大，到后来越吃越多，越吃越胖。而反过来，当他们想要减肥的时候，你会认为他们少吃几天就能变瘦吗？显然不会，这需要一个过程。

3. 不要逞强(Don't flaunt your superiority)

这个世界有这样一条规律：你逞强去做某事时，多半会得到你最不想看到的结果。因为当你逞强去做的时候，你已经没了把握，失去了理智。

从心理学角度来说，当人们逞强去做某事时，就意味着他已经进入了"失控"的状态，即失去了对自我的认知和行为的心理控制力，这个时候的人是最容易出现问题的。很多时候，当你因为逞强而失去控制后，突如其来的失败会让你在很长一段时间内感到失落，甚至恐惧。你不太可能立马鼓起勇气重新尝试，你会陷入"一蹶不振"的状态中。所以，无论是意志力训练，还是生活和工作中的任何事，你都需要记住：不要逞强。

★ 案例链接

从小事做起　　意志力不是　　三轮车夫奋斗二十载　　全国劳模刘宏　　独臂英雄丁晓兵
　　　　　　　凭空而来的　　终成古文博士生

总 结 与 考 核

一、实践日志

日　期		天　气	
主要实践内容：			
体会与感想：			
努力方向：			

二、实践考核(第十二周)

考核内容		分值	本周考核要求	本周自评得分
平时成绩 (80分)	考勤	5分		
	实践过程	5分	站桩游戏，冥想训练，意志力测评	
	实践表现	10分	讨论发言5分，完成各项训练5分	
	团队实践表现	30分	站桩游戏： 1. 积极参与； 2. 分享体验与感受	
	长程团队项目个人任务进程监控记录，个人贡献与反思	30分	冥想训练： 1. 积极参与； 2. 认真对待； 3. 持之以恒	
	本周平时分数合计：			
实践感悟 (20分)	心理实践或团队项目实践的感悟与能力提升	20分		
备 注	1. 平时成绩每课一结，个人自评，组长核查汇总。 2. 平时成绩每课总分80分，期末加总求平均数，作为期末成绩，占总成绩的80%。 3. 实践感悟得分直接计入期末总成绩，占总成绩的20%			

拓 展 实 践

一、实践内容

任务：长跑。

目标：培养意志力。

方法：制订一个合理的计划，包括目标和完成目标的期限。目标一定要明确，不要对自己说"我要每天跑步""我要在明天多跑一段距离"，应该这样告诉自己"我要坚持每天在晚上8点钟前跑完三千米""我要在明天比今天多跑一千米"，只有这样的目标才是有说服力的；完成目标的期限一定要在实施计划前设定，而且也要明确、具体，比如说"我要在三个月内做到一次跑完一万米"。具体的计划要根据自己的情况来设定，第一个月你要给自己设定一个可以承受的目标(比如说每天跑两千米)，这个目标不能设定得过高，关键的是你要坚持下来。目标太高的话不容易完成，还会让你失去信心；当然也不能太低(如每天跑五百米)，过低的话太容易完成，而且没有挑战性的工作对意志力的培养是没有好处的。如果第一个月你能够坚持下来，那么你已经初步培养了意志力，接下来要做的是坚持下去，然后给自己增加强度，强度要根据自己的情况设定，以一个月或两个月为一个周期，每个周期内都增加一定的强度，直到这个强度达到你的极限为止。在实施计划的过程中，你可以记录自己训练的成果，比如说：我的肌肉更有力量了，生活也充满了活力；我很少得病了，这为我节省了很多金钱；我做事情更有耐心了，这让我更容易将我的工作做好。用这些好处刺激你，会使你激发更多的动力去将这个计划坚持下去，最终培养起坚强的意志力。

二、个人实践任务周进程监控表

任务要求	本周任务执行情况							任务状态
	周一	周二	周三	周四	周五	周六	周日	
冥想训练 (刚开始的时候，每天锻炼 5 分钟就行。习惯成自然之后，请试着每天做 10～15 分钟)								
拓展训练								
团队项目 (以组为单位寻找合适的意志力训练方法并持之以恒地坚持下去)	分配的个人任务、要求完成时间、完成情况：				贡献与反思：			
本周其他情况说明								

实践十三　危急情况应对

居安思危，思则有备，有备无患。

——《左传》

夫英雄者，胸怀大志，腹有良谋，有包藏宇宙之机，吞吐天地之志者也。

——《三国演义》

在最危急的时刻能保持极端的放松，不是一种技术，而是一种修养，是一种长期潜移默化修炼提升的结果。

——毕淑敏

世界上只有一种真正的英雄主义，那就是认清生活的真相后还依然热爱生活。

——罗曼·罗兰

实 践 目 标

(1) 加深学生对生命价值的理解。

(2) 培养学生的安全意识，通过训练有意识地将安全意识转化为安全习惯。

(3) 培养学生在危急情况下，沉着冷静、快速有效地沟通和协作配合的品质与能力。

(4) 使学生认识到扎实的专业知识、熟练的急救技能和规范的自我防护是应对危急情况的必备条件，应在学习和实践过程中有针对性地进行培养和提高。

实践内容简述

关注生活和工作中的危急情况，加以整理和汇总，认识到危急情况的多发及其对生命和财产安全的危害。更为重要的是，有意识地加强危急情况应对的日常训练，包括始终绷紧安全意识那根弦。通过反复训练把安全意识转化为安全行为习惯，加强专业学习，提高专业技能，增强身体素质、心理承受能力、自我调节能力，增强团队协作精神，要善于沟通协调等，掌握应对危急情况的理念和方法，只有这样，才能在危急情况下化险为夷、转危为安。

综 合 实 践

活动一　危急情境及应对表演

1. 活动目标

(1) 拓宽学生对危急情况的认识；

(2) 观摩并学习危急情况应对和处理的方法；

(3) 身临其境，体察自己在危急情况发生时的情绪和行为反应，明确自己需要继续提高的方面。

2. 活动准备

(1) 学生要有意识地在实习、听课、读书、上网以及生活中搜集各种危急情况，留心记录，再以小组为单位加以汇总。

(2) 小组成员商定本组要进行哪种危急情况的展示，集思广益，充分发挥组员的才艺和智慧，进行表演。

(3) 在准备表演的过程中，要能清晰地表达出如下内容：危急情况是什么？在危急情况下，大家的心情如何？在危急情况下，哪些人表现出了沉着冷静、快速有效沟通和协作配合等非智力品质？对危急情况的处理运用了哪些专业知识？危急情况的处理结果怎样？整个处理过程中有什么经验及教训？

(4) 给学生播放成功应对危急情况的视频，供学生学习和借鉴。

3. 活动内容

具体的活动内容及步骤如下：

(1) 以小组为单位轮流上台表演。

(2) 提醒大家在表演时声音要洪亮，吐字要清晰，要注意投入所扮演的角色中，表现出角色应有的状态。

(3) 在观看和倾听的过程中，要注意围绕如下问题做好记录：

① 对于生命的价值，你有没有产生更深入的理解？如果有，请写下来。

② 在危急情况应对的过程中，你认为当事人的哪些表现是值得点赞的？

③ 比照自身，在危急情况应对方面，你认为自己还有没有什么地方需要提高？如果有，请写下来。

(4) 教师对表演过程适时进行调控，保证活动有序开展。

4. 体验分享

所有小组表演结束后，请学生就自己记录的情况进行分享，教师予以点评。

5. 活动总结

教师对各个小组的表演予以点评，对表演过程中的重要理念加以总结，引导学生在危急情况发生时能够有意识地积极应对。

可能涉及的重要理念有：

(1) 生命至高无上，安全重于泰山；安全无小事。

(2) 身体素质很重要。只有具备过硬的身体素质，才能更有效地躲避危险，摆脱困境，实现自救、互救和救他。

(3) 每临大事有静气。越是危急时刻，越应当有宁静闲适的心境。危机不会因为你慌张而减少，却有可能因为你镇静而平复。

(4) 扎实的专业知识、熟练的急救技能和规范的自我防护都是应对危急情况的必备素质。

活动二　"突围闯关"游戏

1. 活动目标

(1) 使学生认识到，在生命中，灾难、意外在所难免；

(2) 过好当下，活出自己的精彩，更坚强地去面对。

2. 活动准备

活动导入：当西南大旱、玉树地震深深震撼人们心灵的时候，我们对生命有了更深的理解；当灾害来临，一个个生命倒下的时候，我们感叹生命的脆弱；当幸存者被救生还的时候，我们感慨生命的坚强；当新冠肺炎疫情发生，举国上下共克时艰，医护人员逆风而行时，我们感受到了生命的责任与担当。我们通过下面这个游戏活动来感受生命的坚强。

3. 活动内容

具体的活动内容及注意事项如下：

(1) 小组成员围站在一起，手臂互相勾住，形成一个"包围墙"。每组一位组员站在"包围墙"中央，作为被包围者。

(2) 被包围者可任意用钻、跳、推、拉等方式，力求挣脱包围。

(3) 筑成"包围墙"的同学极力抵挡被包围者的冲击，双方相互"斗争"。

(4) 一分钟的时间，不管是否突围成功，都要换另一位组员突围，直到每位组员都尝试过为止。

注意：活动过程中不可避免会有身体冲撞，务必注意力度，不要对活动任何一方中的任何一员造成伤害。

4. 体验分享

请"突围"成功的同学谈谈自己在活动过程中的感悟。

5. 活动总结

在灾害时有发生的今天，我们更要看到生命的坚强，深入思考生命的价值，眼中有希望，心中有梦想，满腔热忱地继续我们的生活，乐观坚强地行走在人生路上。

知 识 链 接

一、对生命及其价值的理解

人生一世，草木一秋。在历史的长河中，人的一生转瞬即逝。人为什么要存活于世呢？这是每一个来到这个星球上的人都要面临的问题。

同永恒的大自然相比，人的生命是短暂的，任何人都难免一死。人生的价值则在于探索，在于发现，在于创造，在于创新，在于进取，在于关爱他人，在于诚信做人……经过不懈的努力，目标一个接一个地达成了；即便有目标未能如愿，但谁都不能否认，努力过的人生就是有价值的。生命的真义就是不断地成长和奋进。只要把握好平凡的每一天，做好平凡的每一件事，你就会发现，人生的真谛在不经意间已经得到。

人生苦短，生命短暂且不可再生，因此，我们要珍惜生命，热爱生命。

生命有时候很脆弱，生和死有时只有一线的距离。突发疾病、意外事故、遇到天灾、遭遇人祸等，任何的意外都可能导致生离死别。因此，我们要善待自己，善待生命，健康地活着才是最重要的。我国自然灾害救助的首要工作原则就是"以人为本，最大限度地保护人民群众的生命和财产安全"。在各种气象灾害、地质灾害、海洋灾害和重大生物灾害等自然灾害发生后，从地方到中央，从国内到国外，大家第一时间携起手来，与时间赛跑，为生命接力。为了寻找和抢救废墟中的幸存者，政府不惜一切力量，只要有一线希望就要尽百分之百的努力。

生命也很坚强。在各种自然灾害和人物的新闻报道中，我们可以看到那么多人因渴望生命而表现出来的坚强与坚持。下面来看两个例子。

22岁的乐刘会，困在地震废墟中冷静等待救援。听不到任何声音，她就平静呼吸，保存体力；听到有人经过的声音，她就大声地呼救。在被困70多个小时后，终于获救。

史铁生，当代作家，1951年生于北京，历任中国作家协会全国委员会委员，北京作家协会副主席，中国残疾人联合会副主席。1969年，史铁生自愿到陕北延安农村插队。同年4月，他因腰腿病返京治病，两年后病情加重，1972年开始轮椅生涯。1981年，他因患肾病回家疗养，开始写作。1998年，他被确诊为尿毒症，需隔日透析以维持生命。史铁生自称职业是生病，业余在写作，代表作有《我与地坛》《务虚笔记》《病隙碎笔》等。2010年12月31日凌晨3点46分，他因突发脑出血在北京宣武医院去世。根据遗愿，不举行遗体告别仪式，器官捐献给医学研究，当日凌晨6时许，其肝脏移植给天津的一位病人。

史铁生的人生是一个奇迹——是文学的奇迹，也是生命的奇迹。在漫长的轮椅生涯中，他从悲观失望到自强自尊，超越自己的平凡和苦恼，建立起一座独一无二的文学殿堂。他的想象力和思辨力通过文字一再刷新高度，用一种令千万人心痛的温暖，在瞬息中触摸永恒，在艰难和痛苦中展现出对生活宽厚的微笑。

韩少功这样评价史铁生：史铁生是当代中国最令人敬佩的作家之一。他的写作与他的生命完全同构在了一起，在自己的"写作之夜"，史铁生用残缺的身体，说出了最为健全而丰满的思想。他体验到的是生命的苦难，表达出的却是存在的明朗和欢乐，他睿智的言辞，照亮的是我们日益幽暗的内心。

生命还是一种责任。我们的生命不只属于我们自己，也属于这个社会，属于爱我们的亲人、朋友。所以，我们必须对自己的生命负责，认真对待我们的生命，不让爱我们的人为我们的健康与安全牵肠挂肚，为爱着我们的人、为我们爱的人，也为自己好好地活着，不轻言放弃，再艰难困苦也不要走极端。活着，每个人肩上就都有一份责任，需要你我去承担。回报父母的养育之恩，父母把儿女养大，儿女给父母养老；去爱别人，伸出援手，"爱出者爱返，福往者福来"，在为社会创造价值的过程中提升自身的价值。

二、把安全意识转化为安全行为习惯

安全意识，不仅是防范危险、保护生命财产安全的重要基础，还是塑造一个人品格和价值观的基石。在面对生活中的种种挑战和困境时，安全意识能够让我们保持稳定的心态，做出明智的决策，帮助我们趋利避害，走向成功。要增强安全意识，就需要在平时注重加强相关安全知识的储备以及应变能力的培养。安全行为习惯则是在日常生活中，在安全意识的驱动下，逐步形成的防范危险、保护生命财产安全的自觉行为。只有把安全意识转化为安全行为习惯，"被动安全"才能转化为"主动安全"，才能为学习生活打造可靠而有力的安全屏障，为企业安全生产打下稳固而永恒的基石。

当前，在校学生的安全意识较之以往有了显著的提高，这是社会进步和教育的成果。然而，与之形成鲜明对比的是，很多学生的安全行为习惯却未能跟上安全意识的步伐。比如，在教室窗边打闹嬉戏，储物柜不上锁，在宿舍使用电吹风等大功率电器，手机、电脑长时间充电，离开寝室不拔掉电源插头，烟头随意乱丢，网上浏览信息或购物时过多暴露个人信息，私自离校外出，不遵守交通规则，食用不洁食品等等，这些涉及人身安全、财产安全、消防安全、网络安全、交通安全和食品安全等多个方面。他们在面对突发状况时往往手足无措，安全防范技能欠缺，不能做出正确的判断和行动。

因此，在校学生要进一步提高安全意识，养成安全行为习惯。培养安全防范技能可以从以下几个方面做起。

(1) 了解学校的安全管理规章制度，知道什么事情可以做、什么事情不能做，做了会有怎样的后果，会受到怎样的处罚，知道哪些行为是安全的，哪些行为违反了学校的制度，等等。积极参加学校组织的安全学习和培训，深入理解安全意识的重要性，将安全意识内化于心，外化于行。

(2) 注重行为训练，通过长期反复的训练养成良好的安全行为习惯。要有高度的安全责任感和使命感，认识到养成安全行为习惯的重要性，通过榜样示范、模拟演练、现场实操等方式，主动自觉地将安全行为融入自己的日常行为当中。比如，安全用电，注意防火防盗，妥善放置自己的财物，加强个人信息保护，少熬夜，不通宵，娱乐休闲有节制，作息规律，外出遵守交通规则等。习惯的形成并非一蹴而就，需要在长期的学习和实践中不断积累。通过反复训练，将安全行为习惯内化为下意识的行动，始终坚持正确的操作程序和方法，养成习惯，形成肌肉记忆，才能在危急时刻做出及时有效的应对。

(3) 积极参加应对各种危急状况的训练。对学校组织的消防演习、地震逃生、预防踩踏等演练活动，不要"事不关己，高高挂起"，不要敷衍了事，要通过训练活动学习哪些行为可以规避风险，遇到紧急情况时等待救援，还是主动设法脱离险境以及如何脱险，什么情况可以独立应对，什么情况需要互助合作以及如何合作。通过实际操作，增强自身的危急应对能力，掌握安全防范技能，能够在危急时刻迅速做出正确反应，有效降低伤害。加强日常的监督和检查，提高安全隐患的辨别能力，把问题、危机、隐患等在萌芽状态时就予以排除。

只有将安全意识内化为自觉的安全行为习惯，才能真正保障在校学生的生命财产安全。安全行为习惯不仅仅关乎个人的生命安全，更是对社会公共安全的贡献。大学生走出校园，走向社会，进入企业，安全意识这根弦也同样需要绷紧，不敢有丝毫放松。同样，企业对新入职的员工也要进行安全教育，三级安全教育就是企业对新招收、新调入的员工，来厂实习人员或其他人员所进行的厂(矿)级岗前安全教育、车间(工段、区、队)级岗前安全教育和班组级岗前安全教育。安全教育层次不同，内容也不同，但越往基层内容越要具体。具体如下：

(1) 厂(矿)级岗前安全教育的内容主要包括本单位安全生产情况及安全生产基本知识、本单位安全生产规章制度和劳动纪律、从业人员安全生产权利和义务、有关事故案例等。煤矿、非煤矿矿山、危险化学品、烟花爆竹等高危行业生产经营单位的厂(矿)级岗前安全教育内容除上述内容外，还应当增加事故应急救援、事故应急预案演练及防范措施等。

(2) 车间(工段、区、队)级岗前安全教育的内容主要包括工作环境及危险因素、所从事工种可能遭受的职业伤害和伤亡事故、所从事工种的安全职责、操作技能及强制性标准、自救互救、急救方法、疏散和现场紧急情况的处理、安全设备设施、个人防护用品的使用和维护、本车间(工段、区、队)安全生产状况及规章制度、预防事故和职业危害的措施及应注意的安全事项、有关事故案例等。

(3) 班组级岗前安全教育的内容主要包括本班组的作业特点、作业环境、危险区域、设备状况、消防设施、应急装备、岗位安全操作规程、岗位之间工作衔接配合的安全与职业卫生事项、有关事故案例等内容。

三级安全教育的累计时间应不少于 24 学时。煤矿、非煤矿矿山、危险化学品、烟花爆竹等高危行业生产经营单位新上岗的从业人员安全培训时间不得少于 72 学时，每年还要接受不少于 20 学时的再培训。三级安全教育可使全体职工逐步树立高度的安全责任感，自觉用安全理念规范日常安全行为，将强制性的安全生产变成自觉自愿的自律行为。

三、危急情况下需要加强协作配合

人在紧急情况下，由于大脑处于过度兴奋状态，在信息的输入、处理和输出上会出现向失误方向倾斜的趋势。实验表明，在信息间隔时间或信息显示时间缩短，并要求被测试对象尽可能快地完成任务的情况下，被测试对象会表现出较明显的紧张状况，误判断率和误操作率都会出现上升的趋势。因此，紧急情况下的协作配合就显得更加重要了。若要在危急情况下成功配合，则需要我们在平时做得更好。

在现代社会中，团队协作已经成了一股势不可挡的力量，它凝聚着团队的智慧与力量。对于正处于人生黄金时期的在校学生来说，更加深入地了解团队协作的重要性，培养良好的协作配合意识显得尤为重要。通过参加各种团队活动和集体训练，在校学生能够更深刻地体会到团结合作所带来的无限可能性，可激发团队的凝聚力和战斗力，打造一支无往不胜的优秀团队。高校要鼓励在校学生参与社会实践活动，通过教育和实践，提高学生在实际操作中的协作配合能力，从而使学生在未来的工作和生活中更加自如地应对各种挑战和机遇，更好地适应社会发展的需要。

面对危急情况时，具备良好的心理素质和抗压能力至关重要。这不仅关乎个人的心理健康，更影响着整个团队的稳定性和战斗力。因此，要加强对在校学生的心理辅导与情绪疏导，引导他们正确面对危急情况，帮助他们克服恐惧心理与焦虑心理，激发他们的创造力和拼搏精神，提高自我认知、自我调节和应对挑战的能力，保持冷静、理性，有效应对危急情况。

协作应该是多方面的、广泛的。要更有效地应对各种危急情况，还需要建立一个由校方、学生、家长等多方参与的协同应对机制，促进信息共享和资源整合，为危急情况处理提供有力的组织保障。明确应急组织和人员分工，确保在危急情况发生时能够迅速有效做出响应，避免延误化解危急情况的最佳时机。各方之间进行沟通时，要尽量使用通俗易懂的语言。万不得已需使用专业概念时，要对概念进行必要的解释，避免误解，保证不同方面及人员之间的联系能畅通无阻。通过参与协作配合演练，熟悉各方协作的流程和方法，加强各方协作和沟通，提升协作配合的效率和效果，提高应对危急情况的能力。

四、调节自身状态，在危急情况下保持沉着冷静

作为职校生，在步入职场之前就要有意识地对自身的身心状态进行调整，对薄弱环节加以弥补。

1. 树立积极的人生态度，形成合理的信念

在危急情况下，合理的信念和态度能带来积极的行为和情绪反应。在积极的心理暗示下，会产生积极的情绪，并激起人的顽强意志。积极的心理反应有利于集中注意力，有利于机体对传入信息的正确认知和评价，有利于应对策略的抉择和应对能力的发挥。

梁万俊，2004年感动中国十大人物之一。他是某试飞大队副大队长，空军特级试飞员，中国四代机歼20的首飞试飞员。截至2010年，他安全飞行2300多小时，先后执行某重点型号飞机火控系统定型试飞、某系统飞机鉴定试飞等数十项重大科研任务，多次成功处置空中重大特情。

在执行一次试飞任务时，起飞一切顺利。当梁万俊按规程做完动作后，突然发现飞机推力下降，油量指示有异。两分钟后，油表指针停在了0刻度！失去了动力，飞机无疑会做自由落体运动。从事飞行20年，尽管梁万俊经历过很多突发事件，但这一次空中停车无疑是他遇到过的最大的困难。当飞机急速下降至海拔4300米时，如果梁万俊选择跳伞，没有人会提出异议。但科研机关系着空军战斗力的提升，关系着无数科研人员的心血，可能影响到一代战机的研制。在这种危急情况下，梁万俊瞬间作出了自己的选择。他说："我选择了迫降。因为我要把这架飞机带回去。"

最终，飞机以超出常规的速度接地、刹车和放伞。轰鸣中，飞机拖着两道长长的轮痕，在距跑道尽头300米处停住了。这惊天一落，堪称世界航空史上的奇迹！

2. 每临大事有静气，增强心理承受能力和自我调适能力

什么是静气？就是遇到大变故，仍然可以不慌不忙地维持原来的轨迹和状态，"泰

山崩于前而面不改色", 做到以静制动。这个静气可以来自身体素质过硬, 专业知识扎实, 知道如何自救等优势和资源, 还可以通过增强自己的心理承受能力和自我调适能力来获得。

心理承受能力包括危急事件发生时的情绪控制和理性判断能力, 是应对危急事件时衡量心理反应能力的重要指标。敏锐的观察力、良好的自控力和果断的处置能力是面对危急事件必须具备的心理素质。尽量多了解可能会发生的风险, 不低估风险, 做好充分的心理准备, 对可能发生的变故胸有成竹。多读书, 书中的世界丰富多彩, 书读多了, 你"经历"的所谓大事自然也就多了, 这有助于你做到每临大事有静气。遇事惊慌失措在所难免, 但还是要把解决事情的理性思维摆在惊慌失措之前, 迅速调整状态, 做到平心静气, 方能全面细致地思考问题, 果断从容地应对危急情况。

自我调适能力可从多个方面来锻炼和提高。一是积极暗示, 比如, 可以每天在心里默念: 我是一个坚强的人, 不会轻易被打败; 我是一个冷静的人, 在任何情况下都能够泰然处之……二是主动和家人、邻居、老师、同学和朋友进行沟通和交流, 一方面交流了信息, 增进了感情, 另一方面还可以在沟通交流过程中了解更多看待问题和解决问题的不同态度与方法, 互通有无, 提高心理调适能力。三是培养乐观的生活态度, 以平静的心态去看待一切, 善于发现生活中的美好, 建立健康、愉快、丰富的生活模式。四是培养多元思维方式, 在面对同一种境况时有意识地从多个角度进行转换和分析。五是不断充实和强大自我, 把环境和生活的变化看成迎接新挑战和再学习的机会。

来看一个案例: 2022 年 6 月 4 日 10 时 30 分许, 贵阳北至广州南的 D2809 次列车行驶到贵广线榕江站进站前的月寨隧道口时, 撞上了突发溜坍侵入线路的泥石流。司机杨勇在 5 秒内紧急制动, 冷静撂闸, 果断停车, 列车滑行 900 多米后在榕江站脱线。杨勇在事故中遇难; 1 名列车员与 7 名旅客受伤, 送至医院救治, 没有生命危险; 列车上其他 136 名旅客均疏散转运。

作为一名火车司机, 杨勇不顾个人生死, 冷静沉稳, 临危不乱, 为了保护国家和人民的利益, 在危险时刻挺身而出, 用实际行动践行了伟大建党精神。他处置突发事件的应变能力、高度的责任感和良好的专业素养值得学习和借鉴。

3. 养成体育锻炼的习惯, 提升身体素质

经常参加体育运动, 能有效地增强机体各器官、各系统的功能, 增强人体基本活动能力, 如耐受力、灵敏度、力量、速度等。过硬的身体素质在应对危急事件时所起的作用已经得到广泛认可。只有具备优良的身体素质, 才能有效地躲避危险, 摆脱困境, 实现自救、互救和救他。同时, 体育运动不仅能够增强体质, 而且可以放松身心。因此, 职校生需要通过循序渐进、长期不懈的体育锻炼, 养成运动习惯, 增强自身的体能和体质。可以选择自己喜欢的、适合自己的运动项目, 坚持进行锻炼, 持之以恒, 逐渐增加运动量, 达到增强身体素质的目的, 使过硬的身体素质成为自己的一项优势和资源。

4. 积极参加模拟演练

研究指出, 情景模拟法对培养大学生的应急能力是行之有效的, 应在高校广泛推广, 职业院校同样适用。这样的应急训练课程具有感官冲击性强的特点, 能增强学生的兴趣, 令学生印象深刻, 可以培养和开发学生的战略观念、决策能力、分析判断能力和应急潜能,

提高逃生和救灾效率。因此，不论是在校园还是在工作场合，都要积极参加逃生、救灾或突发事故等各种主题的模拟演练，如消防应急模拟演练，地震、泥石流等自然灾害应急模拟演练等，培养和提高应急能力。

5. 掌握必要的自救技能

下面以火灾和踩踏事件为例，介绍必要的自救技能。

1) 火场逃生

(1) 保持镇定，判断火势，决定逃生方法。

面对浓烟和烈火，要强令自己保持镇静，迅速判断危险地点和安全地点，决定逃生的办法，尽快撤离险地。

注意：千万不要盲目地跟从人流，亦不可逆人流而行，以免被人群踩踏。

(2) 从安全通道逃生。

逃生准备：穿上质地较厚的衣物，向头部、身上浇些冷水或用湿毛巾、湿毯子等将头及其他身体部位裹好后，再冲出去。

逃生过程：用湿毛巾、口罩蒙住口鼻，尽量降低身体重心(弯腰或匍匐前进)，以减少烟雾吸入量，防止中毒。

(3) 固守待援。

退回屋内：假如用手摸房门时已感到烫手，此时应退守到屋内，关紧迎火的门窗，打开背火的门窗。

防烟火入侵：用湿毛巾或湿布塞堵门缝，或用水浸湿棉被蒙住门窗，然后不停用水淋透，防止烟火渗入房间。

充分暴露：应尽量待在阳台等易于被人发现的地方。可通过呼喊、晃动鲜艳衣物等发出求救信号。

(4) 阳台、窗口自救逃生。

结绳自救：救援队员还没有到达，而火势已很大时，不要盲目跳楼，可用绳子或用窗帘、床单等结成绳子，拴在窗口、水管、暖气管等固定物上，用毛巾保护手心，顺绳滑下。注意绳子打结处一定要牢固。

跳楼：只有在楼层不高(一般 4 层以下)，不跳楼即可能被烧死的情况下，才能采取跳楼的方法。

(5) 发生火灾后逃生的"四不可"：

第一，不可乘坐电梯逃生。因为此时可能发生断电，乘坐电梯可能会使自己困于电梯之中。

第二，不可贪恋财物。生命是最重要的，切不可因一时贪财而将自己置于危险之中。

第三，不可盲目跳楼。即使已没有任何退路，若生命还未受到严重威胁，千万不可盲目跳楼，要耐心等待救援人员的到来。

第四，身上着火不可奔跑。因为奔跑或拍打时会形成风势，加大火势。应赶紧设法脱掉衣服或就地打滚，压灭火苗。

2) 踩踏逃生

(1) 进入公共场所时要先注意安全通道、安全出口的位置，以便发生事故后能及时找到最近的安全出口。

(2) 发觉拥挤的人群向着自己行走的方向涌来时，应该马上避到一旁，不要盲目奔跑。

(3) 遭遇拥挤的人流时，行走、站立要稳，不要采用体位前倾或者低重心的姿势。鞋子被踩掉，也不要贸然弯腰提鞋或系鞋带。

(4) 当发现自己前面有人突然摔倒时，要马上停下脚步，同时大声呼喊，告知后面的人不要再向前靠近。

(5) 如有可能，抓住一样坚固牢靠的东西，如栏杆、桥墩之类，待人群过去后，迅速而镇静地离开现场。

(6) 当带着孩子遭遇拥挤的人群时，最好把孩子抱起来，避免其在混乱中被踩伤。

(7) 若被推倒，要设法靠近墙壁。面向墙壁，身体蜷成球状，双手在颈后紧扣，以保护身体最脆弱的部位。

(8) 有人指挥疏导人群时，要听从疏导人员指挥，不要逆人群而行。

(9) 踩踏事件发生后，不要慌张，要尽快报警，等待救援，同时要抓紧时间开展自救和互救。

(10) 容易发生踩踏事故的地点有学校、商场、地铁、体育场馆、影剧院、酒吧、歌舞厅、庙会场地、灯会场地、狭窄的街道、楼梯等。

注意：不要因为贪图小便宜、好奇心强，盲目加入拥挤的人群中！

★ 案例链接

| 死去的母亲留给宝宝的短信 | 汶川地震中的小英雄 | 安全意识淡薄惹祸端，安全监管不力漏洞多 | 盲目指挥拆地线，他人命丧感应电 | 川航"英雄机组"的英雄事迹 |

总 结 与 考 核

一、实践日志

日　期		天　气	
主要实践内容：			

体会与感想:
努力方向:

二、实践考核(第十三周)

考核内容		分值	本周考核要求	本周自评得分
平时成绩 (80分)	考勤	5分		
	实践过程	5分	积极参与,主动应对,体现临危不惧的精神等	
	实践表现	10分	危急情境的模拟展示,5分;完成各项实践,5分	
	团队实践表现	30分	危急情况应对: 1. 尊重和珍惜生命; 2. 有主动沟通协调的意识和行为; 3. 有专业知识的展现; 4. 冷静果敢	
	长程团队项目个人任务进程监控记录,个人贡献与反思	30分	危急情况应对: 1. 对生命价值的思考; 2. 自身所掌握的专业知识; 3. 主动锻炼和实践的情况	
	本周平时分合计:			
实践感悟 (20分)	心理实践或团队项目实践的感悟与能力提升	20分		
备 注	1. 平时成绩每课一结,个人自评,组长核查汇总。 2. 平时成绩每课总分80分,期末加总求平均数,作为期末成绩,占总成绩的80%。 3. 实践感悟得分直接计入期末总成绩,占总成绩的20%			

拓 展 实 践

一、实践内容——反应速度测试

心理学上的反应速度并不只是大家所认为的大脑反应的快慢,而是一个很宽泛的概念。它不仅指大脑反应的快慢,还包括灵敏程度、思考的角度、思考的方式等。因此,测试反应速度时,答得快并不能完全证明反应速度快,它是对一个人综合反应能力的测量。现在,就请你走进趣味反应速度的测试考场吧。

1. 假设 3 只猫在 3 分钟内抓住 3 只老鼠,请问,100 只猫最多要花费多少分钟抓住 3 只老鼠?

2. 一个大人带着一个小孩,小孩是那个大人的儿子,大人不是小孩的爸爸,请问这两个人是什么关系?

3. 下面两种数学式的说法,你认为哪种是对的?

(1) 8 加 8 是 15。

(2) 8 加 8 等于 15。

4. 一只青蛙不慎掉进一口 30 米深的枯井中。如果它每天能够向上爬 3 米,再向下滑两米,以这种速度,它什么时候可以爬到井口?

5. 火车还有两分钟就要开了。假如车站与我家的距离是 2 千米,如果我从家里出发以每小时 30 千米的速度跑完第一个 "1 千米",请问,剩下的 "1 千米" 路程,我应该以多快的速度奔跑才能赶得上火车?

6. 有一个魔术盒子,里面装了几个鸡蛋。魔术师开始表演以后,鸡蛋的数目每分钟就会增加一倍;一小时后,盒子里盛满了鸡蛋。请问,几分钟时盒内鸡蛋为半满状态?

7. 一位顾客到商店买了 20 元的水果,取出 50 元纸币给店主。店主没有零钱,就到隔壁的药店换了 5 张 10 元钞票,抽出 3 张找给那位顾客。不久,药店伙计跑过来告诉店主,那张 50 元纸币是假钞。店主仔细检查,果然是假钞,于是取出另外一张 50 元钞票给伙计。请问,店主总共损失了多少钱?

8. 池塘中有许多鸭子在游泳,请问,最少要多少只鸭子,才能排出下列阵势的队形:一只鸭子前面有两只鸭子,一只鸭子后面有两只鸭子,两只鸭子中间有一只鸭子。

9. 假设一打五角的邮票共有 12 张,请问,一打一元的邮票共有几张?

10. 一位考古学家宣称,他找到了一枚标着 "公元前六百四十九年" 字样的银币,你相信吗?为什么?

反应速度主要取决于人的感受器(视觉、听觉等) 和其他分析器的特征以及中枢神经系统与神经肌肉之间的协调关系。反应能力是接收外来信号并做出反应的能力。反应能力可以通过反应时间实验来加以测量。普通人的反应时间通常在 0.2~0.4 秒之间,专业运动员则可达 0.1~0.2 秒。反应能力并不是天生的,大部分人的反应能力是可以通过训练来加强的。通常情况下,反应能力强的人总是能够很快地对突发状况做出反应。

二、个人实践任务周进程监控表

任务要求	本周任务执行情况							任务状态
	周一	周二	周三	周四	周五	周六	周日	
危急情况的搜集								
危急情况下需沟通、协调的部门和人员								
危急情况下需用到的专业知识								
保持冷静果敢的方法								
团队项目 (危急情况的展示及处理过程中的经验、教训)	分配的个人任务、要求完成时间、完成情况：				贡献与反思：			
本周其他情况说明								

实践十四　正念减压

莫听穿林打叶声，何妨吟啸且徐行。

竹杖芒鞋轻胜马，谁怕？一蓑烟雨任平生。

料峭春风吹酒醒，微冷，山头斜照却相迎。

回首向来萧瑟处，归去，也无风雨也无晴。

——《定风波·莫听穿林打叶声》(苏轼)

实 践 目 标

(1) 拓展生活和体验。

(2) 学会构建适合自己的正念练习。

(3) 计划自己的正式或非正式练习并执行计划。

(4) 培养内在的力量以应对压力、疼痛和疾病，减少生活中的各种挑战所引起的压力、焦虑和病痛。

(5) 为自己的健康和幸福带来积极的影响，为生活带来更大的和谐与安宁。

实 践 内 容 简 述

团队成员完成压力评估，并选择性地完成正念吃葡萄干、正念呼吸、正念步行、身体扫描等实践练习，在循序渐进中体会正念的八种态度。通过选择适合的正念练习并编制正念计划与练习表，将正念应用于生活。

综 合 实 践

活 动 一　压 力 评 估

1. 活动目标

确定目前生活中的压力源，用1～10级评分法评估压力源。

2. 活动准备

准备笔并找一个相对安静、不被打扰的空间。

3. 活动内容

花点时间探索我们生活中的压力源。目的是确定目前生活中的压力源，以便开始处理它们。这个过程分为两步：第一步，在表 14-1 中的压力情境一栏列出自己在目前的生活中觉察到的 10 种压力情境；第二步，按照 1~10 的评分等级为这些情境评分，并填写初始阶段一栏。1 表示不是很有压力，10 代表压力极大。

最开始时，要确保这些压力情境涉及的范围比较广泛，如工作、学校、交通、人群、新闻、孤单、经济、身体疼痛、不健康的饮食、糟糕的睡眠等，让其包括温和压力(等级为 2~4)、一般压力(等级为 4~6)、较大压力(等级为 6~8)、极大压力(等级为 8~10)。当然可以更具体一些，这样当我们以后在判断某种情境或压力等级是否有变化时会有迹可循。例如，与其说"工作"，不如说"当我的老板要求我做季度报告时"；谈到"人群"时，可以具体地说"当我参加集体大会时"。最右边的一栏(结束阶段)暂时不填，结课时返回此页，对相同的压力源作出评估，监测我们察觉到的压力情境的压力水平是否有变化。通常，改变不会像我们所期望的那样迅速发生，但要相信经过一段时间的练习，改变自然会发生。而练习是让我们获得真正持久改变的关键。

如果你列出来的大多数压力情境都被评为极大压力(8~10)，那么你需要在学习的同时，联系心理咨询师。

表 14-1　压力源自查表

压力情境	评分(1~10)	
	初始阶段	结束阶段
例：当我要参加演讲比赛时	7	5

4. 体验分享

当我们找到压力源并对它评分时，我们便会对自己所处的境地有了比较明确的理解。这时有没有什么想法或者感受突然出现？花点时间来思考吧，如果你愿意，还可以分享给大家。

5. 活动总结

毫无疑问，前面所列出来的压力源正是我们学习正念的原因。这个练习在大家处理压力、痛苦和疾病时，是一个很好的选择。我们常常在解决生活中的各种困难时，会发现自己最大的力量，而练习正是获得真正持久改变的关键。

当我们试着在规定的时间内进行练习和探索时，祝贺大家已经迈出了第一步！欢迎你加入正念之旅！

当我们进行正念练习一个学期后，请返回此练习，对照前后，通过明确且量化的压力水平的对比，看看我们自己的压力水平有了怎样的变化，它是怎样发生的？与我们正念练习的联系在哪里？如果你愿意，可以随时记录和分享，看看我们的经验感受能带给大家什么样的帮助。

活动二　正念吃葡萄干

1. 活动目标

通过正念吃葡萄干的练习，体会正念的妙处。

2. 活动准备

准备葡萄干(如果没有葡萄干，其他食品也可以)，并找一个相对
安静且不被打扰的空间。

正念吃葡萄干

3. 活动内容

把所有分心的事放在一边，专注于直接、清晰地觉察自己所体验到的每个方面和每个
时刻。接下来我们阅读下面的文本来进行练习。

把几个葡萄干放在自己手中。如果没有葡萄干，其他食品也可以。想象自己刚从外太
空来到地球，那里没有这种食物。现在，这种食物在你手上，你开始用你所有的感觉来探
索它。选择其中一个葡萄干来观察，就好像你从来没有见过和它类似的东西一样。集中注
意力看这个物体，仔细观察它，探索它的每一个部分，如同你以前从未见过它一样。用自
己的手转动它，并注意观察它是什么颜色，它的表面是否有褶皱，再看看它表面的什么地
方颜色较浅，什么地方颜色深暗。接下来，探索它的质感，感觉一下它的柔软度、硬度、
粗糙度和平滑度。当我们这么做的时候，如果出现下列想法，例如"我为什么做这个奇怪
的练习""这对我有何帮助"或者"我讨厌这些东西"，那就看看你是否能认同它们，然
后随它们去吧，再把自己的注意力带回到这个物体。把这个物体放在自己的鼻子下面，仔
细地闻它的气味。把这个物体放到耳边，挤压它，转动它，听一下是否有声音传出来。开
始慢慢地把这个物体放到你嘴里，注意一下手臂是如何把这个物体放到嘴边的，或者注意
一下你是何时开始意识到你嘴里的口水的。把物体缓缓地放入嘴里、舌头上，不要咬它，
只去仔细体会这个物体在你嘴里的感觉。当我们准备好时，就有意地咬一下这个物体，注
意它在你嘴里是怎样从一边跑到另一边的，同时也注意一下它散发的味道。慢慢地咀嚼这
个物体。注意你嘴里的唾液，在你咀嚼这个物体的时候，它的黏稠度是如何变化的。当我
们准备吞咽的时候，有意识地注意吞咽这个动作，然后看一下你是否注意到吞咽葡萄干的
感觉。去感觉它滑入自己的喉咙，进入自己的食道，再进入胃里。这段时间里你体验了正
念吃葡萄干，又叫正念饮食，花点时间为自己庆贺一下吧！

4. 体验分享

对于这个葡萄干(或其他食物)，你在视觉、触觉、声音、气味方面都注意到了什么？
有什么令你感到惊讶的吗？当我们做此练习时，有没有什么想法或者记忆突然出现？如果
你愿意，分享给大家吧。

5. 活动总结

正念饮食非常重要。毕竟，每个人都必须吃东西。然而我们吃东西时经常分心，往往

是在做其他事情时，比如读书、工作或者看电视时吃东西。结果，人们经常不知道食物的真正味道，甚至注意不到自己正在吃什么。我们可以把正式练习中吃葡萄干的方法延伸到任何饮食体验中去。实践出真知。选一些日常做的事情，并尝试着把自己的注意力放在你所做的事情上，把所有的感觉都放在这次体验中。如果自己在刷牙，提醒你自己在刷牙，去感受并且去听牙刷对自己的牙齿和牙龈的摩擦，去闻一闻并且尝一尝你嘴里的牙膏味道。尝试一下，看看你注意到了什么。

活动三　三分钟正念内省

1. 活动目标
体会另外一种正念的感受：正念内省。

2. 活动准备
找一个放松的、没有干扰(如关掉电话)的环境。

3. 活动内容
现在你无论躺着或坐着都可以，但如果你躺下来后，发现自己容易睡着，则请尝试站立的姿势。我们建议在练习中闭上眼睛，因为重点关注的是你身心的内在体验；然而如果你喜欢，你也可以稍微睁开点眼睛。当我们阅读下面的文字时，请将你全部的注意力集中到这个练习上，并在每段后暂停一下进行练习。

花点时间安静下来。祝贺你自己能抽出时间进行正念练习。通过感觉你内在的身体和心灵，开始进行正念内省。允许想法、情绪或身体感觉的波动，不要去管它们。在忙碌的一天中，这也许是你第一次休息，当我们开始去感受这个世界而不是匆忙地行动时，你会发现你自己感觉的痕迹。你没有必要判断、分析或指出一些事情，只是让你自己存在于此时此地，存在于当下的每一件事情当中。花费大约三分钟时间以这种方式来体验你自己。在正念内省结束时，再一次祝贺自己做了这个练习，直接促进了自己的健康和幸福。

4. 体验分享
当我们完成第一次正念内省练习时，花点时间记录这个过程中自己的任何想法、情绪和感觉。如果你愿意，可以分享给大家。

5. 活动总结
三分钟练习，简短而有力，可使我们意识到自己对身体、精神和情感是如何感觉的，并能帮助我们回到当下。建议将这种练习融入日常生活中，在生活中随时应用。

活动四　非正式练习让正念融入生活

1. 活动目标
进行非正式练习，将正念融入每一天。

2. 活动准备

敞开心扉，准备迎接正念生活。

3. 活动内容

具体的实践内容及步骤如下：

当我们在清晨刚刚睁开眼睛时，不要急于下床，花几分钟时间做一次正念练习。通过对当下的觉知开启新的一天，以更平静、坦然的状态来迎接这一天的挑战。当我们在沐浴时，关注自己的大脑，看它是否已经开始思考、计划、预演以后的生活。当我们意识到它正在这样做的时候，请你和缓地把自己的意识带回当下，闻一闻泡沫的香味，感受水流在你身上漫过，倾听淋浴时水流的声音。如果你和其他人住在一起，在你离开住处之前，花些时间去专注地倾听他们，和他们用心沟通。当我们走进自己的教室时，走得慢一点，检查一下自己的身体，关注它是否有些紧张。在自己的汽车启动之前试着去放松身体。当我们骑车时，试着慢一点。红灯亮起时，提醒自己注意呼吸。步行是一项自主运动，当我们步行去教室或去食堂时，尝试用不同的方式走。例如，你可以走得慢一些，或者每走三步做一次吸气，再走三步做一次呼气。注意你走路时从双脚到整个身体的感觉。当我们学习的时候，留出一点儿时间来做一些类似的练习。例如，花一些时间来做计划，并且在这段时间里不做其他事情。如果可以，当我们专注于学习时，请不要看网络消息。如果方便，可以安排自己每周单独吃一次饭。静静地，用比平时更慢些的速度去吃，真正地品尝你所吃的东西的味道和质地。当我们回到宿舍时，在进门之前做一次正念内省，注意自己的身体是否紧张。如果身体是紧张的，就试着通过调整呼吸去放松肌肉。注意这些肌肉的状态并顺其自然。现在我们任意选取以上条目，进行自己的正念练习。

4. 体验分享

当我们开始把非正式练习与日常生活结合到一起时，花一些时间去回忆所经历的事情。你都做了什么？关于自己，在练习前后你都注意到了什么？你是如何对待他人或者对他人是如何反应的？你从这种非正式练习中学到了什么？如果你愿意，你可以在自己的日志中记录下来，还可以分享给大家。

5. 活动总结

开始时每天都可以按照以上实践内容及步骤进行一些正念练习，这些都可以很好地让正念融入生活。

独自进行这些练习可能有些困难。我们可以与他人联系，从中获得鼓励与支持，并从他人的见解中获益，而且与他人一起分享，了解他们的经历，可以帮助我们坚持并深化练习。

活动五　正念练习的计划与回顾

1. 活动目标

制订正念日程表并填写练习日志，提醒、帮助我们把正念融入日常生活。

2. 活动准备

准备笔、定时提醒器和日历，并找一个相对安静放松、不受干扰的环境。

3. 活动内容

具体的实践内容及步骤如下：

第一步，创建一个正念日程表，参见表 14-2，要按照这个表来进行练习、回顾。无论我们在日常生活中有什么样的日程，都要安排好我们的正念练习并尝试要求自己在这段时间练习正念。在安排好的时间练习，应像去看医生一样守时，直到成为我们的习惯。

现在在我们的日程表中安排下周练习的正念项目及时间，并试着每周至少抽出五天进行正念练习。

表 14-2　正念日程表

	正念练习计划		回顾正念练习时间
	计划练习的正念项目	时间	
周一			
周二			
周三			
周四			
周五			
周六			
周日			

第二步，回顾正念练习是如何进行的。我们先用一段时间来做一些重要的思考(哪些是有利因素，哪些是不利因素，它如何影响我们的正念练习)，以便于我们能根据需要调整练习。例如，你可能会注意到，自己在早晨练习的次数比晚上练习的次数多，或者在某段时间更容易被打断；还可能会注意到，如果这周不能做某个练习，那么下周就可以成功地完成。它们之间的区别是什么？为了找到以上规律，我们做以下工作来回顾我们的正式练习和非正式练习。

回顾正式练习：每做一次正式练习，请填写正式练习日志。我们用一个例子来讲明如何填写这个正式练习日志，参见表 14-3。

表 14-3　正式练习日志例表

日期	正式练习项目	练习时间	练习时出现的想法、情绪和感觉，以及之后的感受
12 月 21 日	正念检查	上午八点	今天我一直在想我必须做的工作。我注意到有时会胸闷，在胸闷时我会感到紧张，但练习后我发现自己变得更平静了

回顾非正式练习：同样我们用一个例子来讲明如何填写非正式练习日志，参见表14-4。

表14-4　非正式练习日志例表

非正式练习项目	当时的情况	在练习之前，你注意到了什么	在练习之后，你注意到了什么	你从中学到了什么
正念饮食	我正在和同学吃午饭，我注意到都快吃完饭了，我还没有品尝出食物的味道	情绪：焦虑。想法：在学生会里我确实还有许多工作需要做。感觉：肩部紧张	当我把注意力放在食物的味道和咀嚼的感受上时，我的身体开始平静，并且感到食物非常美味。我感觉好多了，并且更享受我的食物	当我放慢吃东西的速度时，我更享受食物，这就像繁忙一天里安静的一隅。我也意识到我是多么喜欢饭菜的香味

4. 体验分享

以上表格全部填完后，请回顾这一周的练习，想一想本周练习进行得如何，我们是否注意到对自己有益的模式。为了使练习更好地进行下去，你将做出怎样的调整？如果你愿意，请写下来，分享给大家吧！

5. 活动总结

当我们开始一个新做法时，通常最初是专注的和热情的，然后热情开始逐渐消退。日常事务、一些出乎意料的需要和障碍都可能妨碍正念练习。为了避免这些情况，我们做了正念练习的计划与回顾，这很值得，毕竟这是为了我们的幸福所做的事情，而且它可以改善我们的身心健康。同时，这个回顾不是为了判断我们是否努力，而是让我们产生一种觉察，意识到对自己而言什么在影响我们，什么是不起作用的，以及在练习中怎样保持效率。

计划与回顾在以后的正念实践中会一直被用到。

活动六　五分钟正念呼吸

1. 活动目标

学习运用正念呼吸，深化练习。

2. 活动准备

找一个放松的、没有干扰(如关闭电话)的环境。

3. 活动内容

具体的实践内容及步骤如下：

对于正念中一些重要的基础内容，我们已经熟悉了。现在请准备好开始练习正念呼吸。

五分钟正念呼吸

我们之前提起过，实践出真知。开始之前，再和大家分享另外一句话：对于任何一种练习，只有当我们安于事物的原貌时，最深层的疗愈才会发生。也就是说，我们要关注并认同压力或焦虑，而不是陷入习惯性逃避。我们可能发现，通过包容恐惧，可以找到自己曾经迷失的心灵。无论躺着或坐着都可以，但如果你躺下来，发现自己容易睡着，则请尝试直立的姿势。当我们阅读下面的正念指导语时，请将全部的注意力集中到这个练习上并在每段后暂停一下再进行练习。我们可以在一天中的任何时候练习。如果喜欢，可以把此练习与正念内省联系起来。花点时间安静下来。祝贺自己能抽出时间进行正念练习。让我们的意识跟随着呼吸，游走在身体每一个感受强烈的角落，它可能在颈部、胸部、腹部或是其他什么地方。当我们正常而自然地吸气时，去感受空气的吸入；当我们呼气时，去感受气体的排出。你只需要在吸气与呼气时，保持这种对呼吸的专注。没有必要去想象呼吸的场景，记住呼吸的次数，或弄清呼吸的过程；只需要专注于吸气与呼气。不需要评判，只需要观察呼吸像大海的波涛一样起伏涨落。没有什么地方要去，没有什么其他的事情要做，只需要在此时此地，专注于呼吸——活在每一次呼吸的当下。当我们吸气和呼气时，注意吸气时身体的上升，呼气时身体的下降。每时每刻，乘着呼吸的波浪，吸气、呼气。有时，注意会从呼吸上转移。当我们发现这种状况时，去感知注意的去向，然后逐渐地把它带回到呼吸上来。正常而自然地呼吸，不用任何方式去操纵它，只是在吸气和呼气时关注呼吸。当结束这段正念时，为自己能抽出时间活在当下并实践了一些爱的行为而庆祝吧。

4. 体验分享

花些时间填写表 14-5 的日志。记下我们的第一次正念呼吸练习。请回顾这一周的练习，想一想你本周练习进行得如何，你是否注意到对你最有效的模式。为了使练习更好地进行下去，你将做出怎样的调整？如果愿意，分享给大家吧。

表 14-5　第一次正念呼吸练习日志

日期	练习项目	练习时间	练习时出现的想法、情绪和感觉，以及之后的感受

5. 活动总结

正念呼吸通常是正念练习的基础，因为呼吸一直与我们相伴。无论在何处，它都可以使我们安于当下。而正念呼吸过程中所要做的全部，只是专心地呼气、吸气而已，只需要正常地、自然地呼吸，注意吸进呼出的过程。在吸进呼出的过程中，体会气流在鼻腔、胸腔、腹腔，甚至整个身体的感觉，这样可以让我们更加专注。

活动七　将八种正念态度融入生活

1. 活动目标

将八种正念态度融入生活。

2. 活动准备

找一个放松的、没有干扰(如关闭电话) 的环境。

3. 活动内容

具体的实践内容及步骤如下：

我们先来了解正念的八种态度。正念练习就像打理一个花园，当某些条件满足的时候它才会欣欣向荣。就正念而言，这些条件包括以下八种态度，它们是正念练习所必需的。

(1) 赤子之心：这种觉察意味着将事物看作新鲜的，就像初次接触一样，带着好奇感。

(2) 不加评判：这种觉察意味着对于任何体验都进行公正的观察——不对任何想法、情绪或感觉贴以好坏、对错、公平或不公平的标签，而只是对每一刻的想法、情绪或感觉加以注意。

(3) 确证认同：这种觉察意味着确证并认可事物的本来面目。

(4) 不加努力：这种觉察意味着不贪婪、不抗拒变化、不逃离。换句话说，不加努力是指无论当下发生什么，都泰然处之，不试图远离所处之境。

(5) 平静祥和：这种觉察意味着需要心态的平衡、智慧。这种觉察能对变化的本质给予深刻的理解，让你能够带着更深入的洞察和慈悲与发生的变化和谐共处。

(6) 顺其自然：这种觉察意味着仅仅让事物保持本来面目而不加干涉，无须设法改变当前的任何事物。

(7) 自我信任：这种觉察意味着能帮助你靠自己的体验理解自己，无论真实与否。

(8) 自我关爱：这种觉察意味着能培养你对当前自我的关爱，不自责与批评。

把这些态度牢记在心，仔细思考并根据你最大程度的理解来培养这些态度，这将会支持、促进并巩固自己的练习效果。发展这些态度是把自己的能量注入疗愈与成长过程的一种方式。这些态度是互相依存的，是相互影响的，通过培养一种态度，自己的所有态度品质都会得到提高。尝试将八种正念态度带到自己、他人以及你所参加的实践中。举个例子，如果你在烹饪，可以把它当成第一次来做，用赤子之心的态度来烹饪。切洋葱、胡萝卜、青菜时，感受其质感，品味其味道。不对食物或者烹饪过程做任何评判。肯定自己的能力，因为通过烹饪你可以照顾自己和他人。如果这样比较困难，就把它当作一次锻炼自我关爱的机会，意识到自己正在用最大的努力来完成，并且即使事情不像你想象的那样发展，也不要灰心。如果自己的大脑开始高速运转，而且想要尽快结束烹饪体验，那你就练习"不加努力"，了解你当前所处的状况，然后回到手边的任务上来。观察并理解此过程中呈现的无常本性，顺其自然，这是在练习"平静祥和"态度。当这些态度呈现时，注意自己身心的感受。反之，不出现时，身心感受又是如何的。尝试把这个练习带到你日常生活中的各个方面，看看你与自我、他人及周围环境的关系会怎样。现在就用正念来练习自己的感觉。简单地环顾房间和窗外，以赤子之心的态度去觉察看到了什么，就好像你是第一次观看周围事物。听任何声音，闻任何气味，品尝你口中的味道。或者，如果你饿了，就有目的地、专注地去吃东西。去感知自己的身体，并认同你身体上和情绪上所感受的一切。去觉察任何进入你大脑的想法。结束时，要感谢自己花时间做正念练习，并认同那些在自己的感觉、想法和情绪中可能呈现的东西。

4. 体验分享

花些时间填写表 14-6 的日志。八种正念态度，你对哪个更有感触？为了使练习更好地进行下去，你将做出怎样的调整？如果愿意，分享给大家吧。

表 14-6　正念态度练习日志

练习项目	当时的情况	在练习之前，你注意到了什么	在练习之后，你注意到了什么	你从中学到了什么

5. 活动总结

现在我们已经了解并学习了正念饮食，学会了将正念融入生活，将八种正念态度融入生活，你是否注意到对你最有效的模式？当我们逐渐使正念成为一种生活方式，并且将其延伸到日复一日的实践中时，把非正式练习的每一点反思都记录下来是不现实的。不过，我们可以每天花些时间，对于某一次非正式练习做一下回顾，可以运用所思考到的东西来深化日常的非正式练习。

活动八　正念步行

1. 活动目标

培养对自己身体的细致觉察，体验运动。

2. 活动准备

找一个安静、远离干扰、能够安心地步行十分钟的环境。

正念步行

3. 活动内容

具体的实践内容及步骤如下：

按照下面的短文指导语，把自己的全部注意力都集中在这个练习上，然后开始练习。首先慢慢地走，留意脚掌以及脚掌每一个部位的感觉，从脚跟到脚趾，触及地面。注意行走时身体是怎样移动的，自己的双臂是怎样前后摆动的。无论何时，如果你注意到自己的

心思脱离了行走本身而在游离时，就确认它，并和缓地把注意力转移回来。开始站立，花点时间来深入地感受自己的身体。感受身体和地面的连接。注意你周围的环境，花几分钟来感受周围的光线、气味、声音，或其他感觉。同时也注意并确认任何想法和情绪，让所有的感觉和内在体验顺其自然。现在将注意力专注在步行上。将重心移向左腿，抬起右脚，向前移动，将它放回地面。先慢慢地走，留意从脚跟到脚趾，感受脚掌每一个部位触及地面的感觉。注意行走时身体是怎样移动的，自己的双臂是前后摆动的，还是背在身后或是抱在胸前的。专注地行走，一次走一步。继续走，一次走一步，一直走到预定的终点。不要中断正念，把觉察带入转身的复杂过程中，再走回你开始的地方。专注地行走，一次走一步。继续走，转身，返回，一次走一步。带着正念行走。

4. 体验分享

当我们完成了第一次步行正念练习时，请花点时间，在表 14-7 中写下自己在这次步行正念练习过程中注意到的想法、情绪和感觉。如果愿意，把它们分享给大家吧。

表 14-7　第一次步行正念练习日志

日期	正式练习项目	练习时间	练习时出现的想法、情绪和感觉，以及之后的感受

5. 活动总结

我们在生活中每天都会步行，但很少会对它加以注意。虽然婴儿的时候，我们花费了一年多的时间去学习如何用自己的小脚站立，并且保持平衡，但像大多数人一样，一旦你开始行走，就可能觉得有行走能力是理所当然的。但是，如果把你脚的大小和身体相比，你或许就会想到，在某种意义上，我们人类可以保持平衡并能行走是一个奇迹。

正念步行是去感受自己的脚踩在地上的感觉，这是一种排解压力和焦虑的好方法。在日常生活中，走路通常就是从 A 地到 B 地，你会觉得几乎不断地在忙于站立、走动。正念步行则不同，它是蓄意而行，与简单地从 A 地到 B 地有不同的目的。正念步行的要点在于每一步都要感受当下。

正念步行让我们注意到脚的每一个运动——抬起、向前移动、放下。虽然很简单，但是你会发现在抬起一只脚之前，承重的另一只脚会发生哪些变化。这有助于我们完成完整的一步：抬起、前移、放下。慢慢地体会这个过程，通过这个运动培养一种对自己身体的细致觉察。在一天当中，你可以预期许多变化，有时你会感觉走得很快，有时你会感觉走得非常缓慢。无论情况如何，自己的倾向如何，把所有的注意力都放在运动体验上。感受每一步抬起、前移、放下的感觉。上面是一个正式练习，但是在日常生活中我们可以不用那么正式地练习。在一天当中，可以每次只抽出几分钟来练习，我们介绍的其他练习也是如此。

活动九 "STOP"练习

1. 活动目标
学习正念里的"STOP"方法，以更平衡和宁静的方式体验每个当下。

2. 活动准备
随时无预设，相对安静无打扰。

3. 活动内容
具体的实践内容及步骤如下：

首先了解一下"STOP"。在日常生活中，有一种使用正念来减少压力和焦虑的非正式方法，缩写为"STOP"。S(Stop)表示停止；T(Take a breath)表示呼吸；O(Observe)表示觉察；P(Proceed)表示继续。这是一种使身体和心灵恢复平衡的简单而有效的方法：我们在一天当中有很多次无法意识到的内在变化，花几分钟暂时停下来(S)，深呼吸(T)，并观察发生了什么(O)——包括你自己的思想、情感和感觉，让自己可以重新与自己的体验建立连接，然后继续工作(P)，会发现更有效率。

我们可以在任何时候练习——当自己紧张不安时或任何自己喜欢的时间。可以选择在某些实践之前或之后做这个练习，也可以在每天的不同时间安排这个"STOP"练习，检查一下自己的状态。我们知道一些人已通过时间安排软件来设置每小时一次的自动提醒。开启我们的创意吧，找到一些不同的方式来提示自己"STOP"并回到当下。我们每个人都能成为一个管理自己的积极参与者，无论多么困难或紧张，我们都可以发掘出自己以更平衡和宁静的方式体验每个当下的潜能。

4. 体验分享
花些时间仔细地回顾"STOP"非正式练习。写下自己在这次正念练习过程中注意到的任何想法、情绪和感觉，参见表14-8。如果愿意，分享给大家吧。

表14-8 "STOP"非正式练习日志

练习项目	当时的情况	在练习之前，你注意到了什么	在练习之后，你注意到了什么	你从中学到了什么

5. 活动总结

这种做法能够很好地感知身体的状况，也许肩膀酸了，下巴收得很紧，或者身体非常紧张，也许你饿了，或是累了，或是需要休息。也许就是这几分钟的练习，就能简单地提醒自己回到当下。

活动十　身体扫描

1. 活动目标

学习身体扫描，尝试与身体和心理建立连接。

2. 活动准备

找一个轻松的、没有干扰的环境。

身体扫描

3. 活动内容

具体的实践内容及步骤如下：

我们建议你躺下来做身体扫描，但是如果你发现自己有睡意，或者更喜欢坐姿或站姿，那样做也是可以的。如果你正在阅读文本，在每段之后暂停一下，再进行练习。持续练习45分钟、30分钟或15分钟。

花点时间安静下来。祝贺自己能抽出时间进行正念练习。做一个正念内省，感知一下自己的身心，并且允许想法、情绪和身体感觉的波动。在忙碌的一天中，这也许是你第一次休息，当我们开始感受这个世界而不是匆忙地行动时，你才可能会注意到自己的各种感受。你没有必要进行判断和分析，也没有必要把事情弄清楚，只需要让你自己存在于此时此地。当我们准备好时，慢慢地把注意力转移到呼吸上。现在开始注意呼吸。自然地呼吸，并且关注鼻尖和腹部。吸气，并且意识到你正在吸气；呼气，并且意识到你正在呼气。有时头脑可能会远离这种有意识的呼吸。当认识到这些的时候，认同头脑中所出现的想法，然后回到对呼吸的关注，有意识地吸气和呼气。现在，把自己的意识从正念呼吸中逐渐撤出，准备进行身体扫描。当我们扫描身体时，你可能会遇到一些紧张的区域。如果你能使它们放松，那就让它们放松；如果你不能，那就让这种感觉顺其自然，任其扩散到它们要去的地方。这既可以应用在身体感觉上，也可以应用在任何一种情绪上。当我们扫描身体时，把注意力集中在身体的感觉上，以及可能由这些感觉而引发的任何想法或情绪上。把意识转移到左脚的一个部位，这个部位是你能接触到地板的位置，它可以是脚后跟或者左脚的底部。感受一下你觉察到的，感受一下脚后跟、大脚趾以及左脚的脚底。感受一下自己的脚趾和左脚的顶端，感受下面的跟腱和上面的脚踝。现在把自己的意识转移到左腿的下部，感受一下小腿肚和小腿部分，同时感受一下它们与左腿膝盖的连接部位。把意识提升至大腿，感受一下大腿以及它和左边臀部的连接部位。现在把意识从左边臀部撤回到左脚，再把它转移到右脚，把意识带到你右脚接触地板的位置，这个位置可以是脚后跟或者右脚的底部。感受一下你觉察到的，感受一下脚后跟、大脚趾以及右脚的脚底。感受一下自己的脚趾和右脚的顶端，感受下面的跟腱和上面的脚踝。现在把自己的意识转移到右腿

的下部，感受一下小腿肚和小腿部分，同时感受一下它们与右腿膝盖的连接部位。把意识提升至大腿，感受一下大腿以及它和右边臀部的连接部位。慢慢地把自己的意识从你右边的臀部转移至骨盆区。将意识移入排泄系统、生殖系统，感觉进入生殖器和肛区，注意所有的感受、想法和情绪。现在把意识转移至腹部，这是负责消化和吸收的部位，有意识地去感受内脏，并任其顺其自然。现在把自己的意识从腹部转移到尾椎骨，意识开始进入后背的下部、中部和上部，去感受你所觉察到的。让所有的紧张感放松，如果无法放松就顺其自然。现在把意识转移到胸部，移到心和肺，感觉进入肋骨和胸骨，然后进入乳房。现在慢慢地把意识从胸部撤回，并且把意识转移至左手的指尖，感觉进入手指和手掌，然后是手背，并上升至左手腕。意识继续进入前臂、胳膊肘部、左上臂，感受一下你所觉察到的。现在把意识移至右手的指尖，感觉进入手指和手掌，然后是手背，并上升到右手腕。意识继续进入前臂、胳膊肘部、右上臂，感受一下你所觉察到的。让意识进入两个肩膀和腋窝，然后上升至颈部和喉咙，体验所有的感觉、想法和情绪。现在把自己的意识移到下颚，然后慢慢地移到牙齿、舌头、嘴、唇。让各种感觉去它们需要去的任何地方，不要管它们。感觉进入脸颊，到达头部的眼睛、眼睛周围的肌肉。感觉进入前额和颞叶，持续一会。让意识进入头顶和后脑勺。感觉进入耳朵，然后进入头部，并进入大脑，持续一会儿。现在从头部到脚趾，把意识扩大至整个身体。把头部、颈部、肩膀、手臂、手、胸部、背部、腹部、骨盆区、腿以及脚全部连接起来，把身体作为一个整体的有机体，感受一下，连同它的各种生理感觉、想法以及情绪，持续一会儿。吸气，感受整个身体的提升；继续深吸气，然后呼气，同时感受身体的下降。把身体作为一个整体感受一下并持续一会儿。当我们结束身体扫描时，为自己进行这次体验当下的练习庆祝一下。你可能会知道这是一个爱的行动。

4. 体验分享

身体扫描能帮助我们觉察身体哪个部位有紧张感或各种情绪吗？花点时间注意一下自己身体里是否有压力、焦虑、高兴、悲伤、喜悦、愤怒或者任何其他情绪。当我们完成自己的第一次身体扫描之旅后，请花点时间，写下自己在这次正念练习过程中注意到的任何想法、情绪和感觉，参见表14-9。如果愿意，分享给大家吧。

表 14-9　身体扫描练习日志

日期	正式练习项目	练习时间	练习时出现的想法、情绪和感觉，以及之后的感受

5. 活动总结

当我们和自己的身体建立联系时，你可能会发现你正在感受的部位隐藏着压力、紧张或者各种情绪，这的确令人惊奇。当我们的意识进入身体时，可能会出现无数的感觉、想法和体验，但有时你也可能没有太多的感受，知道这一点很重要，而且这也是可以探索的。会不会什么感受都没有，或者感受到中性的状态？事实上，随着你去感觉身体，确认所有的体验，你是不会没有任何感受的。许多人经常体验到无法解释的疼痛和痛苦。通过练习身体扫描，你可能会发现这些疼痛和痛苦反映出自己的紧张或其他情绪，它们可能存在于自己的胸部、颈部、肩膀、后背或者胃。身体扫描是一个绝妙的方法，它让我们和自己的身体建立起了联系。

知 识 链 接

一、正念的基础知识

1. 正念的概念

正念是对当下所发生的一切的全部觉察不进行任何判断取舍，它适用于任何情况。简单而言，正念即觉察地活在当下。正念的应用领域非常广泛，能对诸多领域(如神经科学、心理学、教育领域和商业领域等) 产生影响。医生通常会建议病人进行正念练习，以减轻病人的压力、痛苦和疾病。

2. 日常正念

正念是一种学习如何与自己的生活直接建立联系的方式。正念就在自己的生活当中，因此没有谁能代替我们进行正念，或者确切地告诉我们怎样做到正念。幸运的是，当我们意识到自己离开当下时，不用努力就可让自己回来。因为实际上，在意识到自己没在当下的那一刻，我们就已经在当下了。当我们知道自己被困于自己的想法的时候，你已经获得了走出陷阱的自由。

正念练习作为一种生活方式，包括两种方式：正式的和非正式的。

正式的正念练习是指每天抽出时间，特意采取某种姿势(如坐姿、站姿或躺姿)，去关注呼吸、身体感觉、声音、其他的感觉或者想法和情感。

非正式的正念练习是指把正念觉察引入日常实践(如吃东西、运动、做家务和与他人沟通等)中，基本上在任何实践中都可以进行正念练习，而且不限场所，即无论在工作场合或家里，还是其他任何地方，都可以进行正念练习。

3. 正念和其他形式的冥想的区别

冥想有两种基本方式：内观冥想和专注冥想。正念属于内观冥想。因为它需要将你的全部注意力都集中于当前的身体和心理，但不需要尝试改变或控制这些体验。无论身体上(视觉、听觉、嗅觉、味觉、感觉)或心理上发生什么，你的任务仅仅是观察它无常变化的本性。通过这种正念练习，你开始发觉引起你痛苦的原因，并找到通往广阔与自由的道路。与此不同的是，专注冥想重点关注的是某些想法、形象。在专注冥想中，当你将全部注意力集中于某一处，并被你的冥想对象所深深吸引时，你的心灵会收获一种宁静的感觉。

4. 正念的姿势

在许多正念图片中，人们闭着眼，采取特殊的坐姿，这使初学者感到正念难以做到或者和自己无关。我们应该立即澄清的是，在我们正念的时候，没有必要采取特定或者异常的姿势，唯一的要求是姿势要能让自己感觉敏锐、专注以及舒适，让自己的脊柱不要太僵硬，也不要太松散，这有助于正念。正念不是要做到某种坐姿或者达到某种精神状态，而是无论自己身心处于什么位置，都能清醒地觉察当下。

做正念练习时应该怎样摆放姿势，怎样处理困倦呢？建议坐在地板上、坐垫上或者一把椅子上正念，也可以坐在床上，甚至可以站立或者仰卧。若是仰卧的话，有意地保持清醒并专注于当下是很重要的。

大部分人闭目正念，但如果你更喜欢微睁开眼或者感觉这样做更舒服，你也可以这样做。如果你选择睁着眼睛，请记得把关注点放于你正在练习的正念上。

你可以把手放在膝盖上，或者把它们放在大腿上。让自己处于既能保持警觉又感觉舒服的姿势。正如乐器上的弦一样，它在太紧或太松的状态下都会损坏。一个正念者可能会因为坐姿刻板而感到不适，这样就导致坐姿不能持久；相反，一个正念者如果姿势太放松，也可能睡着。

如果感觉困倦，你可以站立或睁着眼睛正念，或者你可以小睡一会儿——也许你真的需要这样，休息充足了以后，再回到练习当中。对自己要疼惜，并深入倾听自己需要什么。

5. 正念与放松之间的差别

有时候正念的确会给我们带来放松的感觉，但也可能没有这种感觉。两者的目的不同是造成这种差别的主要原因。当我们想放松的时候，你可以投入很多实践中，像看电视，读书，躺在吊床上，泡一个热水澡，做深呼吸练习……而正念时，其目的仅仅是不加评判地专注于你选择的任何事物。因此，如果你在进行吃葡萄干的正念练习，你就会调动所有的感觉，但不是为了放松，而是为了更加真切地、深入地体会当下。为了放松而练习正念实际上是一个陷阱，如果你正念时未感到放松，自己的意识可能会被"自己怎么无法放松呢"这种想法所占据，从而导致沮丧、焦虑和失望，并使你陷入恶性循环，把你推向更加焦虑或抑郁的状态。

二、正念练习中的问题

1. 正念中的腹式呼吸

为了应对压力和焦虑，我们有时候会选择腹式呼吸——用腹部呼吸，它可以使人平静下来。腹式呼吸是我们自然的呼吸状态，尤其是当躺卧的时候。判断腹式呼吸的方法是把手放在肚子上，感受它是否在你吸气时扩张，呼气时收缩。如果不是，就要注意呼吸得更深一点，并感受呼吸时的收缩与扩张。

腹式呼吸的一个重要好处是，它有助于缓和由压力和愤怒引起的不规则呼吸。焦虑会导致浅而急促或者断断续续的呼吸，甚至过度换气。而惊恐则会引起呼吸短促，思维失控，胸部疼痛。腹式呼吸可以帮助身体重返平衡。因此，当焦虑降临时，首先认同这种感觉，然后逐渐把注意力转向腹部，有意识地练习腹式呼吸。

2. 正念中的思维游离

在练习正念的过程中，思维常会不由自主地游离。当我们开始仔细地关注思维实践的时候，可能会发现，自己经常迷失于对未来的思考和对过去的回忆当中。例如，淋浴时，你很少去体验淋浴，因为你在想别的事情。你可能经历过开车去某地，结果却发现根本不记得是怎么到达目的地的。一天之中有很多次，你心不在焉。当我们刷牙、洗衣、洗碗时，你有多久活在那个当下呢？

这是正常的，尤其是对于没有进行过专注力训练的人。你的任务不是去评判自我，而是耐心地注意到并确认思维的游离，顺其自然。事实上，当你意识到自己不在当下时，你就已经回到了当下。即使自己在整个练习时间里，除不断让心回归外没有别的事做……重点是当想法或感受出现时，不要压抑或隐藏它们。因此要学习怎样与它们存在的状态共处，而不是试图强迫它们变成另外某个样子。当我们的思维游离时，首先要不予评判地认同，这是很重要的，然后逐渐地把它带回到专注的对象上。

3. 没有时间正念

我没有时间正念，怎么办？许多人会遇到这个问题。希望我们能逐渐明白，花时间练习正念是给予自己的一个极好的礼物，没有其他人能给予我们这个礼物。正如要在日程表上安排与他人的约会一样，也应该安排与自我的约会来练习正念，哪怕只有五分钟。我们可以把它记在你日常的任务旁边。如果有电子日历，用弹出式菜单来提醒自己练习。

后面我们将介绍更长时间的练习。虽然每天三十到四十五分钟的正式正念最有益于自己的健康和幸福，但一天只做几分钟的正念也是有用的。我们纳入了多种练习，以便无论你坐、立、行、卧，都能更容易地将正念融入生活。

★ **案例链接**

压力评估案例

正念饮食

身体扫描

抱持的正念态度

走近情绪

总 结 与 考 核

一、实践日志

日　　期		天　　气	
主要实践内容：			
体会与感想：			
努力方向：			

二、实践考核(第十四周)

考核内容		分值	本周考核要求	本周自评得分
平时成绩(80分)	考勤	5分		
	实践过程	5分	1. 压力评估，0.5分； 2. 根据实际情况，选择列举的正式正念实践，做正念练习，了解认识正念，0.5分； 3. 根据实际情况，选择列举的非正式正念实践，做正念练习，0.5分； 4. 分享并总结正念练习的感悟，1分； 5. 选择适合自己的正念练习并编制正念练习计划表，1分； 6. 将正念融入理念，应用到日常生活中，循序渐进，不断深入，0.5分； 7. 利用小知识解决正念中遇到的问题，0.5分； 8. 通过拓展实践，深入探索正念、情绪和自己的关系，0.5分	
	实践表现	10分	1. 对压力评估的态度，1分； 2. 正式正念练习的接受程度，1分； 3. 非正式正念练习的接受程度，1分； 4. 分享感受的态度，1分； 5. 选择的正念练习与自己的匹配程度及计划情况，2分； 6. 将正念融入理念的程度，应用到日常生活的意愿，2分； 7. 正念小问题的提问情况，1分； 8. 对正念、情绪、自己的探索意愿及情况，1分	
	团队实践表现	30分	1. 是否同队友相互支持鼓励，拓展生活和体验，6分； 2. 是否同队友相互支持鼓励，寻找适合自己的正式或非正式练习，6分； 3. 是否同队友相互支持鼓励，计划正念练习，并按计划执行，6分； 4. 是否同队友相互支持鼓励，将正念思想理念应用到团队和日常生活中，6分； 5. 是否同队友相互支持鼓励，深入探索正念、情绪和自己的关系，6分	

	考核内容	分值	本周考核要求	本周自评得分
平时成绩 (80 分)	长程团队项目个人任务进程监控记录，个人贡献与反思	30 分	1. 拓展生活和体验的意愿，6 分； 2. 是否发展出适合自己的正式或非正式练习，是否同队友相互支持鼓励，6 分； 3. 是否计划自己的练习，并执行计划，是否同队友相互支持鼓励，6 分； 4. 是否将正念融入思想理念，是否将正念应用到团队和日常生活中，是否同队友相互支持鼓励，6 分； 5. 是否展开正念、情绪、自己的探索，是否同队友相互支持鼓励，6 分	
	本周平时分合计：			
实践感悟 (20 分)	心理实践或团队项目实践的感悟与能力提升	20 分		
备注	1. 平时成绩每课一结，个人自评，组长核查汇总。 2. 平时成绩每课总分 80 分，期末加总求平均数，作为期末成绩，占总成绩的 80%。 3. 实践感悟得分直接计入期末总成绩，占总成绩的 20%			

拓 展 实 践

一、实践内容

1. 探索学习正念的意义

为什么要学习正念呢？这是众多正念探索中的第一个。在这些探索练习中，我们列举了各种各样的问题，请坐下来反思，无论当下这一刻自己的身心出现了什么样的感受或想法，都请写下来。在写的时候，没有必要去分析、判断或得出什么结论，仅仅是写下此刻在这个探索中体验到的想法、情绪或身体感觉。

在进行这些探索时，我们建议比平时稍微放慢点儿速度。没有必要急切地完成这些探索。慢慢来，感受自己的生活，要知道做这些探索对自己而言是个不可思议的礼物。如果喜欢或为了加深体验，可以写下简短的回答。试着写长一点儿，不要有停顿，然后看看脑中会浮现出什么。写下内心的体会，要知道无论花多少时间来写，对自己都是有好处的。如果需要更多的空间，可以写到单独一页纸上或写在正念日志上。

生活中发生了什么，需要正念减压？

_____

_____

通过学习，希望自己的生活发生什么改变？

_____

_____

能说出一些自己的积极方面吗？如果想不出来，就暂时想一些其他事情。当我们感到放松后，再回到此处。当想到自己的积极方面时，就把它们写在下面。

_____

_____

在继续学习之前，花点时间以怜爱之心去反省、认同，并整合自己在这次探索中所写下的一切吧。

2. 探索压力或焦虑对自己生活的影响

请大家考虑日常生活中的压力对自己的思维、情绪的影响有多久。这些都会对自己的身体造成影响。当我们在银行排队并站在最后面，或遇到交通堵塞，或面临截止日期临近，或进行了一场不愉快的谈话时，我们都会感觉到压力，甚至可能因为预感或回忆这些事情而体验到压力。虽然这些压力似乎相当轻微，但可引起各种症状，如肌肉紧张、头痛、失眠、胃肠不适以及皮肤疾病等。长期的压力甚至可以导致严重的疾病，如癌症、心脏病和老年痴呆症，特别是当我们以不健康的策略(如吸烟、吸毒、暴饮暴食或过度操劳等) 来应对压力时。

现在我们就一起来探索压力或焦虑是如何影响自己的生活的。

花一些时间去思考下面的问题，并关注自己出现的任何想法、情绪和感觉。当我们准备好了，就在相关问题的下方写下自己的想法。在某些问题上，自己可能比其他人有更多的感受要写，这很正常。

由人际关系产生的压力或焦虑是如何影响自己的生活的？

_____

_____

工作或学习上的压力或焦虑是如何影响自己的生活的？

_____

_____

世界观带给自己的压力或焦虑是如何影响自己的生活的？

_____

_____

由食品和饮食习惯产生的压力或焦虑是如何影响自己的生活的？

_____

_____

睡眠和失眠问题产生的压力或焦虑是如何影响自己的生活的？

_____

_____

锻炼或缺少身体运动所产生的压力或焦虑是如何影响自己的生活的？

_____

_____

通过我们写的内容，了解并确认自己的生活是如何被人际关系、工作或学习、世界观、食品和饮食习惯、睡眠和失眠问题，以及锻炼或缺少身体运动所产生的压力或焦虑所影响的。随着自己的觉察力不断增强，逐渐能够更加清楚地看到，压力与焦虑是怎样对生活中的诸多方面产生影响的。但是这很正常，事实上能觉察到压力及其对自己的影响，是迈向更加健康的第一步。

3. 探索有作用的和没有作用的经历

过去经历过的困难或痛苦遭遇，有时会对你现在的压力和焦虑造成影响。例如，许多人在童年时受过身体或情感上的创伤，还有很多人目睹过创伤性事件，或者曾在课堂中出丑，或者不被朋友接纳等。花几分钟回忆一下自己过去经历过的任何挑战，而它们有可能现在还伴随着自己。当我们想好时，以自己喜欢的方式，简短地或有深度地写下对此的回忆和思考。

_____

_____

在自己的人生旅程中，可能已经找到了处理压力、疼痛或疾病的办法。例如，我们可能会与朋友交谈、运动、正念、吃健康的食物，或者看一部有趣的电影。在处理压力的过程中，曾经尝试过的什么方法对自己是有帮助的呢？花几分钟静静地思考一下，注意头脑中出现的任何想法、情绪和感觉。无论是什么样的想法，不要做任何评论。当我们想好时，以自己喜欢的方式，简短地或有深度地写下自己的回忆和思考。

_____

_____

有时我们可能选择了某种不健康的方式(如疯狂地吃东西、看电视、上网、酗酒等) 去处理所面对的挑战。最初你可能觉得这些方法是有帮助的, 但长远来看这些方法是毫无用处的。在处理压力或焦虑的过程中, 哪些方法是曾经尝试过, 但是最终似乎没什么作用的? 花几分钟静静地思考一下这个问题, 注意头脑中出现的任何想法、情绪和感觉。无论是什么样的想法, 都不做任何评判, 如果有评判, 就让它存在并把它记录下来。当我们想好时, 以自己喜欢的方式, 简短地或有深度地写下自己的回忆和思考。

在面对生活的挑战时, 希望能够减少痛苦并促进心理弹性, 它也是我们每个人都具有的内在力量。自己希望将来做什么? 希望现在的自己有什么样的改变? 想要什么样的生活?

充满希望, 并弄清楚各种方法对自己是否有帮助, 这是通往幸福的旅程中的重要步骤。通过回忆可以意识到哪些方法是真正对自己有帮助的。这将会帮助我们更有意识、更有效率地利用这些资源。相反, 也会知道什么对自己没有用处, 这会促使我们避免采用那些可能进一步给你带来灾难和痛苦的无效策略。人们的内心都有成为理想自我的梦想, 自己的希望让我们与这个梦想建立了连接, 并且提供了实现梦想的可能。花点时间专注地呼吸, 并仔细地思考刚刚写下的内容, 以怜爱之心去回顾、确认并整合从这次探索中所学到的东西。

4. 识别体内的情绪

有时候人们认为存在一些基本情绪, 而其他所有的情绪都在这些基本情绪的基础上变化。虽然这并不能表现情况的复杂性, 但它提供了一些联系, 从而有利于我们去了解各种情绪。在本项练习中, 我们将情绪分为舒服的情绪和不舒服的情绪两种类型, 这为我们学习到更广泛的情绪词汇, 使我们更好地觉察自己的情绪提供了一个跳板。当我们浏览下面的内容时, 圈出看起来更熟悉的情绪。然后写下自己身体的哪些部分感受到了这些情绪; 它们是如何表现的; 当我们读到这些描述情绪的词汇时, 有什么感受。要培养自己对情绪的敏感性, 并能明白情绪在体内是如何工作的, 这可能需要一段时间。如果不能把特定的情绪与身体的感受联系起来, 或者自己想不出任何东西来, 就可以先不做这个练习, 以后再进行此练习。

恐惧: 担心、焦虑、窘迫、急躁、心惊肉跳、神经质、恐慌、紧张、担心、忧虑、惊恐、不安。

困惑：迷惘、不确定、茫然、迷惑、不知所措、混乱、模糊、不知道。

_____

_____

生气：恼怒、情绪激动、烦恼、破坏性、厌恶、嫉妒、沮丧、激怒、发牢骚、粗暴、狂怒。

_____

_____

悲伤：疏离感、失望、忧愁、伤心、绝望、不安全感、孤独、痛苦、不开心、拒绝。

_____

_____

羞愧：内疚、尴尬、羞辱、遗憾、悔恨、屈辱。

_____

_____

爱：喜爱、激励、吸引、关怀、渴望、爱好、痴情、友善、喜欢、向往、温暖、同情、感伤。

_____

_____

_____

喜悦：乐趣、狂喜、知足、热切、得意、热情、愉快、兴奋、高兴、希望、乐观、愉悦、满意。

_____

_____

_____

　　我们可能不会自然地注意到情绪在体内哪个部位停留。但当我们坚持练习身体扫描时，将会对自己的身体感觉以及身体与情绪的关系变得更加敏感。时常阅读一下本练习中的情绪词汇清单，在自己的日常生活中关注这些不同的情绪。当我们出现强烈的情绪时，花一些时间专注地去感受自己的身体，寻找任何与这种情绪相关的身体感觉。

　　现在花点时间去体会你身体的感觉。它是否在向你发送与自己的情绪或想法有关的信号？是否有紧张、疲倦，或者感觉很好？请注意当我们关注自己的身体和它呈现的信息时出现了什么，并用心去倾听。自己的身体可能正试图与你沟通重要的信息。

二、个人实践任务周进程监控表

任务要求	本周任务执行情况							任务状态
	周一	周二	周三	周四	周五	周六	周日	
同队友相互支持鼓励，寻找适合自己的正式或非正式正念练习								
同队友相互支持鼓励，计划正念练习，并按计划执行								
同队友相互支持鼓励，将正念思想理念应用到团队和日常生活中								
同队友相互支持鼓励，深入探索正念、情绪和自己的关系								
同队友相互支持鼓励，拓展生活和体验								
团队项目	分配的个人任务、要求完成时间、完成情况：				贡献与反思：			
本周其他情况说明								

实践十五　组 织 规 划

谋定而后动，知止而有得。

——《孙子兵法》

凡谋之道，周密为宝。

——《六韬·武韬·三疑》

不谋全局者，不足谋一域。

——《寤言二·迁都建藩议》

凡事预则立，不预则废。

——《礼记·中庸》

实 践 目 标

(1) 认识到组织规划的重要性，以及组织规划中需要考虑的问题。

(2) 发现不同的组织规划方式的优缺点，以及带来的不同结果。

(3) 锻炼组织规划能力，掌握组织规划的方法，从而更好地进行组织规划。

实践内容简述

通过"沙漠求生""筑塔体验""一家四口""无敌风火轮"活动，启示学生在个人与个人、个人与团队、团队与团队的关系中感受组织与规划、沟通与协作的重要性。在知识链接中，认识组织规划的概念与意义，掌握提高组织规划能力的方法，学会明确目标、制订计划、时间规划等。借助案例，认识到个人组织规划能力在工作中的重要性，对工作进行组织规划可以提高工作效率和质量，指导决策和行动，确定优先事项和时间表，促进沟通和合作等。同时，注重个人组织规划能力的培养，在工作中认清自己所处的环境、认清自己的能力，更要学会善于看准机遇，实现职业生涯发展的突破。在总结和考核中，学生可记录自身在组织规划能力实践中的表现、提升与进步。在实践拓展中，学生可通过三个实践项目，锻炼自身组织规划能力，并记录《个人实践任务周进程监控表》，更好地了解自身组织规划能力和遇到的问题，进一步提升组织规划能力。

综 合 实 践

活动一 沙 漠 求 生

1. 活动目标

通过"沙漠求生"的游戏过程，使学生体会组织规划的重要性，学会沟通、决策以及取舍，更好地进行组织和规划。

2. 活动准备

准备 A4 纸、笔。

3. 活动内容

具体的活动内容及步骤如下：

向学生分发纸笔，由老师呈现情景故事，并要求学生在听完故事后先独立思考。

故事是，在撒哈拉沙漠中，一个考察队乘坐的飞机失事，所有人都安然无恙，但飞机在十五分钟后会烧毁，你只能拿一样东西。已知沙漠白天 40 摄氏度，晚上骤降到 10 摄氏度，你们不知道方向也不知道位置，只知道八十千米外有一个村子，沙漠中只有仙人掌一种植物。你们可以从飞机上拿走的东西有 12 样，分别是：

(1) 一大桶水；

(2) 维生素 C；

(3) 大号雨衣(红白相间、多件)；

(4) 手电筒；

(5) 军刀；

(6) 化妆镜；

(7) 降落伞；

(8) 航空图；

(9) 指南针；

(10) 厚棉衣(多件)；

(11) 太阳镜(多个)；

(12) 沙漠动物百科全书。

现在，同学们在自己的纸上对这 12 样东西进行排序，从重要到不重要分别是 1～12，限时 5 分钟。随后小组成员集合在一起，共同讨论所有组员的排序，最终得出一个结果，限时 20 分钟。最后，各组相互交流，分别陈述自己组的排序，并说明原因。

4. 注意事项

活动中需要注意：

(1) 向学生解释清楚每个物品的作用。

(2) 维持秩序。

5. 体验分享

活动结束后，请学生就活动过程中的体验和收获进行分享。

(1) 为什么选择的是这个顺序？

(2) 交流自己排出来的顺序和小组排出来的顺序有什么不同？

(3) 你觉得哪个更好？

(4) 为什么会不一样？哪一组生存的时间会更长？

6. 活动总结

我们在做一件事情时要学会进行组织规划，这样才能够更好地完成这件事情。同时，我们在组织规划中，可能会有忽视的地方，所以我们需要更好地思考以及学会与他人讨论，更好地完成任务。

活动二　筑塔体验

1. 活动目标

感受完成同一件事情时不同的组织规划方式带来的不同结果，体会组织者的组织规划能力对组员的重要性以及影响。

2. 活动准备

准备大量汽水饮管、大头针、胶纸。

3. 实施过程

具体的活动内容及步骤如下：

(1) 将人员分成三组(或六组)。

(2) 每组用既定数量的大头针和饮管筑塔，10～15 分钟内完成。要求完成的塔要最高、最强、最美。

(3) 每组选一位组长，组长分别上前到老师那儿拿活动用具及听取详细玩法。这时老师会给每位组长一张卡，卡上写上要求该组长在筑塔时所扮演的角色及其工作，分别如下：

① 尽量表达出自己是一名独裁的组长，但切记不要告知你的组员你所扮演的角色。你不能接受组员任何建议。你只需要依照自己的计划发出命令，让组员建造你要求的"作品"。

② 尽量表达出自己是一名持放任态度的组长，但切记不要告知你的组员你所扮演的角色。你不能作出任务指示，包括怎样去制造及谁去制造这件"作品"，让组员自由发挥，这件"作品"是组员自己制造的。

③ 尽量表达出自己是一名民主的组长，但切记不要告知你的组员你所扮演的角色。无论是你作出一个提议或组员作出提议，你都要征求有多少组员赞成这提议，在任何行动前，

尽量达成一致的协议。这件"作品"是集体同意下的杰作。

(4) 同学们一起欣赏每组的制成品，并集体在高、强、美的项目上评分。

4. 注意事项

活动中需要注意：

(1) 组长的角色分配最好不要与他的性格相距太远，否则会引起组员怀疑。

(2) 组长一定要按照要求完成任务。

5. 体验分享

活动结束后，请学生就活动过程中的体验进行分享。

(1) 你觉得自己组的组长的组织规划方式如何？请谈一谈你的感受。

(2) 不同组织规划方式下的结果有什么不同？

(3) 三种组织规划方式的特点是什么？优缺点是什么？

6. 活动总结

"筑塔体验"在同学们的协作下完成，有同学们的创意，也有同学们的配合，更有组织者的安排。我们发现三种组织者不同的组织规划方式会带来不同的活动结果，三种组织规划方式都有利有弊，民主的组织规划方式相对优点会多一些。因此我们应学会根据成员的特点选择不同的组织规划方式，与成员多进行沟通协调。

活动三　一家四口

1. 活动目标

通过解决分配问题锻炼学生的组织规划能力，设身处地感受不同成员的不同期望和观点，更好地体会到在组织规划活动中如何更好地安排。

2. 活动准备

准备情景问题。

3. 活动内容

具体的活动内容及步骤如下：

(1) 把组员分为 4 人一组，组成一个"家庭"，随意指派角色，包括爸爸、妈妈、哥哥和妹妹。

(2) 假设下列故事：

爸爸年终分红 5000 元，于是开了一次家庭会议，商讨如何使用这笔款项，但各成员都有不同的见解：

① 爸爸：全家已经很久没有旅行了，建议这笔钱用于家庭短途旅行。

② 妈妈：家里的冰箱已经坏了，建议用这 5000 元购买一个新的，余钱可为子女添购一些新衣服。

③ 哥哥：最近刚考到驾照，建议将钱供一辆二手车。

④ 妹妹：很喜欢学钢琴，建议买一架钢琴在家练。

(3) 每一个"家庭"要于 5 分钟或 10 分钟内决定如何分配这 5000 元。每一个家庭的成员都要为自己的观点力争。

(4) 时间完毕后，可对调角色再进行一次。

4. 注意事项

活动中需要注意：

(1) 分红可多可少，但数目不应太多，否则讨论时容易产生妥协。

(2) 尽量 4 个人能够体验每个角色。

5. 体验分享

活动结束后，请学生就活动过程中的体验进行分享，教师予以点评。

(1) 如何确定分配方法？

(2) 基于什么原因这样分配？

(3) 活动中有什么感受？

(4) 当我们组织规划一场活动时，若遇到类似的问题，是否可以这样解决？

6. 活动总结

我们在组织规划中，要学会根据问题考虑，分清楚事情的轻重缓急以及重要性，学会合理规划，有计划地安排。

活动四　无敌风火轮

1. 活动目标

通过正确的规划、组织、协调等协作体验，提高组织规划的能力，帮助学生培养团结一致、克服困难的团队精神，为他们在以后的工作和学习中积累经验。

无敌风火轮

2. 活动准备

找一块平坦的空场地并准备废报纸、剪刀、宽胶带、4 张任务书、秒表、口哨、纸和笔。

3. 活动内容

前面是一条不可正常穿越的路，怎么办？团队有的是废报纸、剪刀、宽胶带，还有大家的智慧。

具体的活动内容及步骤如下：

(1) 每队领取废报纸、剪刀、宽胶带和任务书，并利用这些材料做成一个大圆圈，每队分成人数相等的两组进行接力赛。

(2) 两组分别站在两条标志线(距离约 8 米)后，听到信号后，一组同学先纵队站立在圈中并推动大圆圈前进，当到达另一条标志线后(大圆圈必须全部过标志线)，该组同学从圈中走出，另一组纵队站立在圈中并推动大圆圈前进，当大圆圈全部过标志线时比赛结束。

比赛时间分为两个阶段统计，即制作风火轮(大圆圈)的时间和风火轮(大圆圈) 滚动的时间，两个时间加起来耗时最少的队伍获胜。(组织者计时并公布成绩)

4. 注意事项

活动中需要注意：

(1) 全队成员必须都踩着圆圈带前进，途中如有队员踏出圆圈则视为犯规，全队原地停 5 秒后继续前进。

(2) 滚动过程中圆圈带如发生断裂，全队必须停下，修补完后方可继续前进。此时队员可以接触地面但不能阻挡其他组行进的路线，否则将被取消参赛资格。

(3) 活动中要注意的是男女搭配要合理。老师要注意观察每个小组的活动情况，注意最后评判要公平，淡化最后的名次，注重活动的体验。

5. 体验分享

活动结束后，请学生就活动过程中的体验进行分享，教师予以点评。

(1) 你在整个活动中起到了什么作用？

(2) 你们小组是如何配合的？(自由发言)

(3) 从这个活动中你学到了什么？(小组分享后推选代表总结发言)

(4) 各小组派代表发言，交流活动感受与体会。

6. 活动总结

我们在组织规划中要学会合理利用和分配资源，加强团队合作和沟通，充分体会到整合信息、进行战略决策在组织规划中的重要性，做到合理整合信息、正确决策；还要学会计划—执行—检查—行动的过程，同时也要明白团队建设中团队的核心力量，提高组织指挥能力，明白统一指挥的意义和重要作用。

知 识 链 接

一、组织规划的概念

规划是指为达到某一种目标而制订的比较全面、长远的发展计划。组织规划是指基于对未来整体性、长期性、基本性问题的思考和考量而设计未来的整套行动方案，并组织去完成。

二、组织规划的意义

学生发现问题后，要想解决问题，就必须具备一定的组织与规划能力，能够通过制订活动方案，将问题分解成一项又一项具体的任务或活动，再组织协调组员有序地解决问题。因此，学生组织规划能力的提升对于推动综合实践活动有序、有效地开展，帮助学生获得更丰富的实践体验，增强学生自信，促进学生其他方面能力的提升，有着重要的作用。

三、提高组织规划能力的方法

(一) 明确目标

我们在做任何事情前，要明确达到什么样的目标，即设定我们的目标。

首先，在设定目标时需要有具体可操作的执行细则，这样有利于增强组员的积极性和团队意识，所以需保持一定的原则。彼得·德鲁克在他的著作《管理的实践》中提出了SMART 原则，具体如下：

(1) 目标必须是具体的(Specific)。我们制定的目标一定要明确，一次只能聚焦一个目标。同时，目标必须清晰、具体、详细，不可模糊宽泛，比如，"我要很开心"或者"我下次考试一定要考好"这样的目标就不清楚。我们要学会将目标图像化，制定的目标一定要是看得见摸得着的，能够在头脑中清晰地描绘出来，比如，下次专业课考试我要考 90 分以上，有一个具体的数值，会让标准更加清楚。

(2) 目标必须是可以衡量的(Measurable)。制定的目标一定要能被某个标准所衡量，即目标是客观的、可量化的。在目标实现的过程中，目标的进度最好也是可以衡量的，至少有几个关键事件点来表示目标的实现进度。

(3) 目标必须是可以达到的(Attainable)。设定的目标是可实现的，我们要基于自身条件，不可脱离太多的既有条件。有时候，长目标在实现过程中可能会使人产生迷茫和焦虑，所以我们要学会把目标分解成多个短目标。举个例子，如果想要在半年内减肥 30 斤(长目标)，那么一个月要减掉 5 斤体重(中目标)，每周要减掉 1.25 斤体重(短目标)，这样按照短目标的标准，一般控制好饮食和再加上适当的运动就可以做到，我们也能够以一种轻松的心态去执行，很容易坚持下去。当然，在实现目标的过程中我们要学会利用一定的时间、精力以及一些必要的资源来达到目标。

(4) 目标必须和其他目标具有相关性(Relevance)。思考当前计划与其他计划是否相关联，如果实现了这个目标，但和其他的目标完全不相关，或者相关度很低，那这个目标即使达到了，意义也不是很大。比如，你为了合唱节目能够举办成功，你要选择合适的歌曲，这就是相关联的目标，歌曲的选择适不适合也会影响合唱节目的效果；你每天去自习室学习是为了通过一场重要的考试，这也是相关联的，每天的学习使自己可以更好地完成这场重要的考试。

(5) 目标必须具有明确的截止期限(Time-based)。目标一定要有时间限制，否则，时间一长，新鲜感一过，目标就很难再继续下去了。所以，我们制定目标时必须有截止日期，制订完成目标的日程表。

(二) 制订计划

当我们制定了目标以后，我们就要为了实现目标而开始制订计划。在制订计划时我们需要考虑很多方面，这样可以使我们更好地实现目标。

首先，在制订计划时，我们要记住并围绕 5W1H 进行。5W1H 分析法常常被运用到制订计划草案上和对工作的分析与规划中，该分析法能使我们的工作被有效地执行，从而提高效率。这种思维方法极大地方便了我们的学习、工作、生活。从整体来说，比如我们要设计一场活动，那我们要对选定的活动内容、过程等进行安排。具体包括：原因(何因 Why)，我们为什么要进行这个活动，这个活动要达到什么目的；对象(何事 What)，这是一场什么活动；地点(何地 Where)，这场活动在什么地方进行；时间(何时 When)，这场活动在什么时间进行或完成；人员(何人 Who)，这场活动需要哪些人，这些人员都负责什么；方法(何法 How)，可以通过什么样的方法完成这场活动。通过针对这六个方面提出问题并进行思考来完成计划。另外，在这个整体活动中涉及的每一项工作也可以用 5W1H 进行科学的分析。比如，在调查研究的基础上，对某一工作就其工作内容(What)、责任者(Who)、工作岗位(Where)、工作时间(When)、怎样操作(How)以及为何这样做(Why)进行书面描述，并按此描述进行操作，达到完成职务任务的目标。此外，在使用 5W1H 分析法时我们要掌握四种技巧：

(1) 取消：就是看能不能排除某过程，如果可以就取消这道工序。

(2) 合并：就是看能不能把几个过程合并，通过合并能立竿见影地改善并提高效率。

(3) 改变：改变一下顺序或改变一下方法，以提高效率。

(4) 简化：将复杂的过程变得简单一点，也能提高效率。

其次，我们在组织规划前客观地认识自己以及所处的环境等是非常重要的。我们在对自身、环境、事件进行分析后可以发现很多需要注意的地方以及优势，这使我们可以更好地进行组织与规划，完成事项，而 SWOT 分析法则可以帮助我们。

SWOT 分析法由著名的竞争战略专家迈克尔·波特提出，是一种系统思维方法。此分析方法的优点在于考虑问题全面，而且可以把对问题的"诊断"和"开处方"紧密结合在一起，条理清楚，便于检验。

SWOT 分析法如图 15-1 所示。其中，S 代表优势(Strength)，W 代表劣势(Weakness)，O 代表机会(Opportunity)，T 代表威胁(Threat)。

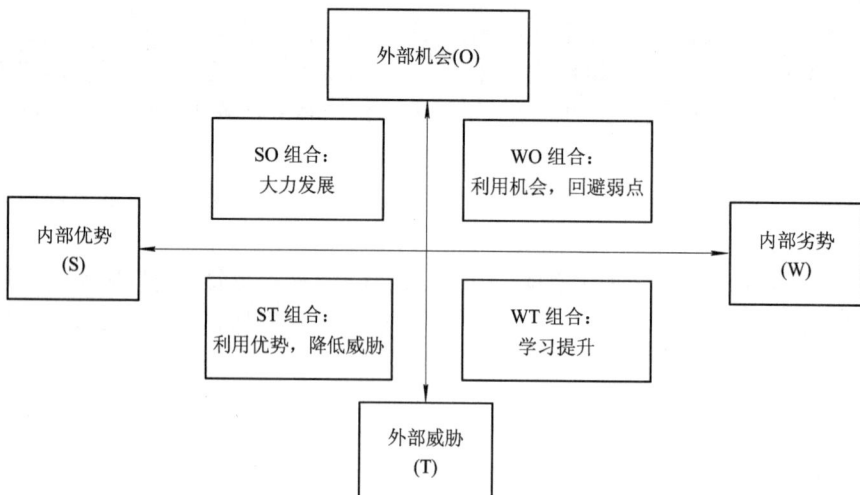

图 15-1　SWOT 分析法

从整体上看，SWOT 可以分为两部分：S 和 W 是内部因素，主要用来分析内部条件；O 和 T 是外部因素，主要用来分析外部条件。也就是说，S 和 W 的分析，主要是对自己分析，即对自己的经验、教育水平、专业技能、通识能力(人际沟通能力、领导能力、表达能力等)，以及自己的个人特点(内向或者外向、乐观或者悲观、自我约束力强弱等)和自己可以控制的内部因素进行分析，发现自己处于优势的地方以及处于劣势的地方。而 O 和 T 的分析，则是对于自己不可控的外部因素的分析，如对现实的竞争情况、人际关系的优势、地理优势、专业对口等进行分析。

例如，学校要举办读书比赛，安排你与其他 5 名同学负责。根据 SWOT 分析法，首先，在 S 和 W 的分析中，你发现自己比较外向，善于沟通，文字编写能力比较好，可以负责口头和文字的宣传工作，但你组织能力不够好，想问题不够全面，不适合当总负责人；其次，在 O 和 T 的分析中，读书活动有固定的时间和地点了，而且选在了同学们都没课的时间，能够较好地通知同学来参加，但是那个教室容易被其他活动占领，所以要考虑好提前借用教室等。这样，我们就可以在一项活动的组织规划中，分析自己的优点和不足并确定自己在活动的定位，分析这项活动中可以利用的地方以及需要注意的地方，并提前规划等，更好地完成活动。

总之，利用这种方法可以从中找出对自己有利的、值得发扬的因素，以及对自己不利的、要避开的东西，发现存在的问题，找出解决办法，并明确以后的发展方向。同时，根据这个分析方法，将调查得出的各种因素按照轻重缓急或影响程度等进行排序，明确哪些是急需解决的问题，哪些是可以稍微拖后一点儿的事情，哪些属于战略目标上的障碍，哪些属于战术上的问题；并将这些研究对象列举出来，依照矩阵形式排列，构造 SWOT 矩阵；然后用系统分析的思想，把各种因素相互匹配起来加以分析，从中得出一系列相应的结论，有利于做出较正确的组织和规划。

我们在完成环境因素分析和 SWOT 矩阵的构造后，便可以制订出相应的行动计划。其中，制订计划的基本思路是发挥优势因素，克服劣势因素，利用机会因素，化解威胁因素；考虑过去，立足当前，着眼未来。运用综合分析方法，将排列与考虑的各种环境因素相互匹配起来加以组合，得出一系列未来发展的可选择对策。

应用 SWOT 分析法时要注意的原则有：

(1) 进行 SWOT 分析的时候必须对优势与劣势有客观的认识。

(2) 进行 SWOT 分析的时候必须区分现状与前景。

(3) 进行 SWOT 分析的时候必须考虑全面。

(4) 进行 SWOT 分析的时候必须与他人进行比较，比如优于或是劣于的地方。

(5) 保持 SWOT 分析法的简洁化，避免复杂化与过度分析。

(6) SWOT 分析法因人而异。

(三) 及时反馈

我们在进行组织规划时，如果定下计划后不及时跟进和反馈，我们规划的内容可能会出现问题，所以在组织规划中要学会及时发现问题并进行改正，更好地完成目标和计划。

前面我们也提到，在组织规划时要学会定下一个目标，并制订计划。制订计划后我们就开始实施，在实施的过程中我们要学会进行检查，看有没有达到预期的目标，通过检查找出问题和原因并进行处理，将经验和教训制定成标准、形成制度。

在这里我们可以利用 PDCA 循环的方法进行记录、复盘、反馈和调整。

P(Plan，计划)是指方针和目标的确定，以及活动规划的制订。

D(Do，执行)是指先根据已知的信息，设计具体的方法、方案和计划布局，然后根据设计和布局，进行具体运作，实现计划中的内容。

C(Check，检查)是指总结执行计划的结果，分清哪些对了，哪些错了，明确效果，找出问题。例如，检查完成任务的过程中存在哪些问题？任务完成质量如何？哪些任务没有完成，没有完成的原因是什么？

A(Action，处理)是指对检查的结果进行处理。对成功的经验加以肯定且标准化，对于失败的教训也要总结，以引起重视。例如，计划是否科学？是否有提炼的方法论？哪些地方需要改善？对于没有解决的问题，应提交给下一个 PDCA 循环来解决。

PDCA 循环方法是爬楼梯上升式的，每循环一次，质量就提高一步。其中 4 个阶段是相对的，但它们之间不是截然分开的，我们可以通过这样的复盘整理来检查这个计划是否适合我们，不适合的地方应及时调整，最终找到最符合实际的计划。所以说，PDCA 循环是能使任何一项活动有效进行的一种合乎逻辑的工作程序，具体实施中包括八个步骤。

(1) 分析现状，找出题目。强调的是对现状的把握和发现题目的意识、能力，发现题目是解决题目的第一步，是分析题目的条件。

(2) 分析产生题目的原因。找准题目后分析产生题目的原因至关重要，运用头脑风暴法等多种集思广益的科学方法，把导致题目产生的所有原因全部找出来。

(3) 要因确认。区分主因和次因是有效解决问题的关键。

(4) 围绕 5W1H 拟定措施、制订计划。即：为什么制订该措施(Why)？要达到什么目标(What)？在何处执行(Where)？由谁负责完成(Who)？什么时间完成(When)？如何完成(How)？措施和计划是执行力的基础，尽可能使其具有可操作性。

(5) 执行措施、执行计划。高效的执行力是完成目标的重要一环。

(6) 检查验证、评估效果。"下属只做你检查的工作，不做你希望的工作"，IBM 的前 CEO 郭士纳的这句话将检查验证、评估效果的重要性一语道破。

(7) 标准化，固定成绩。标准化是维持企业治理现状不下滑，积累、沉淀经验的最好方法，也是企业治理水平不断提升的基础。可以这样说，标准化是企业治理系统的动力，没有标准化，企业就不会进步，甚至可能下滑。

(8) 处理遗留题目。所有题目不可能在一个 PDCA 循环中全部解决，遗留的题目会自动转入下一个 PDCA 循环，如此，周而复始，螺旋上升。

(四) 时间安排

我们会发现，同样的一天，每个人完成的事情是不同的。我们也常常会听到有人说时间不够用。当然，一天 8 小时的工作或学习时间，很难保证自己完全不被打扰，比如临时的电话。遇到这种情况时，如何保证自己的计划依然能够有条不紊地执行下去呢？

学会合理安排和利用时间对于更好地组织和规划个人事项以及团体活动是非常重要的。我们常用的时间管理方法有九宫格计划法、时间四象限、番茄工作法等。其中时间四象限是比较常用且具有实操性的一种方法，如图 15-2 所示。

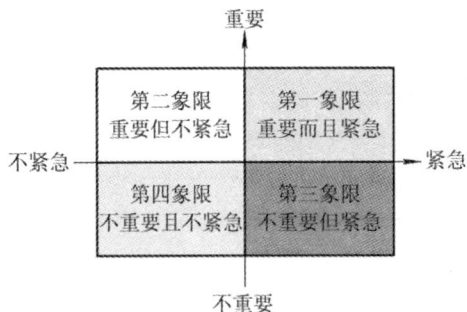

图 15-2　时间四象限

　　我们按照事情紧急不紧急和重要不重要分为四个象限。其中第一象限是重要而且紧急的事情，需要我们立刻处理并用心完成，比如明天要上交的作业。第二象限是重要但不紧急的事情，需要我们做好规划并谨慎完成，比如期末复习。第三象限是不重要但紧急的事情，需要我们马上处理且尽快完成，比如课后给传达室送钥匙。第四象限是不重要且不紧急的事情，我们要仔细甄别，如果可以不做，那就不做，比如说课余爱好、看电视剧等。

　　按照四个象限计划我们一天的事情，首先将一天需要做的事情列出来，然后分别放入四个象限中以便更好地完成当天的事情，慢慢地进行一周、一个月、一个学期……的安排。同时，在我们组织规划团体活动时也可以利用四象限进行安排，把活动中需要做的事情列出来并放入相应的象限中，有计划、有顺序地完成各项内容，更好地完成活动。

　　注意，我们在使用时间四象限时计划一定不要做太满，比如一天 8 小时的工作时间，一定不要把 8 小时都安排上满满当当的工作，留白很重要！留白可以用来处理突发的紧急事务，留白也能让自己在工作持续输出的同时保持输入，让自己在职场中不断成长，而不仅仅是消耗。

(五) 有效沟通

　　非暴力沟通(Nonviolent Communication)是美国的马歇尔·卢森堡博士总结出来的一套有效沟通方法。通过这种沟通方式，我们能与他人建立更高质量、更有深度、更加真诚的联系，并通过善意的给予使每个人的需要(更多的是精神层面的需要)都能得到满足。在与他人的关系中，当两者的力量对等时，这个关系是更让人舒服的，而如果一方凌驾于另一方，那这种不对等的关系是很容易会造成冲突或不快的。非暴力沟通则更能让沟通的双方达到互相理解，并最终达成双赢的局面。

　　任何沟通都应该是双向的，即有表达的一方与接收的一方。因此沟通的过程必须包括表达者和接收者双方对于沟通过程的感知和理解，否则就不能称之为沟通了。因此，在非暴力沟通的方法论中，把沟通的过程按表达方和接收方分别做了描述，这样的话我们能更好地了解在沟通的过程中，哪个角色应该要做什么。这个过程通常可以被分成 4 步：观察、感觉、需要、请求。

　　(1) 观察：我们的观察和别人的观察(仅观察事实，不猜测不评论)会为我们的沟通打好基础，这有助于消除某些特定的刺激所带来的困惑。

　　我所观察到的(看见，听见，记住，想象，只是事实，不带我的个人评价)是否会对我的个人幸福作出贡献。

你所观察到的(看见，听见，记住，想象，只是事实，不带你的个人评价)是否会对你的个人幸福作出贡献。

(2) 感觉：在某一次互动中，我们的身体或心灵带给我们的，关于我们的价值观或需求是否能被满足的信息。

我所观察到的带给我什么感觉(情感和感觉，而非想法)？

你所观察到的带给你什么感觉(情感和感觉，而非想法)？

(3) 需要：人类的需求被满足是人类生存的最大动力；当我们把冲突转化为人类需求的层面，会更容易达成和解，从而迎来双赢的局面。

对引起我的感受的事物，我需要的或我重视的(不是偏好或具体行动)是什么？

对引起你的感受的事物，你需要的或你重视的(不是偏好或具体行动)是什么？

(4) 请求：表达一个清晰的请求，而不是一个命令。同样地，理解并接纳别人的请求，而不将其当成命令。

我想采取的具体行动是什么？

你想采取的具体行动是什么？

化解冲突的过程可以分成以下五步：

(1) 表达我们自己的需要；

(2) 感知他人的需要，不论他人如何表达自己；

(3) 检查是否准确听取了需要；

(4) 感同身受地倾听他人的需要；

(5) 将提出的解决方案或方法转化为积极的行动语言。

(六) 资源利用

大学里开展义务劳动的时候，有些班的班长拿到任务后，能很快弄清楚需要什么工具、任务的性质、如何分工、如何协作，并迅速组织班委成员具体分工落实。这体现的就是一种组织能力。"组织能力"包括两个方面：一方面是开展组织工作的能力，即把组织的各个构成要素做好配置；另一方面是指组织的力量，可以理解为把不同资源、机会整合在一起而形成的合力。

因此，我们在组织规划中要学会充分利用资源，这里的资源主要指人和物。人即我们的人力资源，学会调动人力资源，以获得资源的效率与结果的最大化。这就要求我们要能够正确认识成员，包括成员的能力、心态、思维模式、领导力等等，对成员进行分析，合理安排工作内容，发挥出每一位成员的优势。物主要是指各项物力资源(比如所需材料、设备、场地等)，学会根据自己的策划并结合实际情况，有效地应用资源、整合资源或者配置资源、转化资源，以获得更好的结果。

★ 案例链接

项目的团队合作　　　　公司运营和管理的改善　　　　职业规划的重要性

总 结 与 考 核

一、实践日志

日期		天气	
主要实践内容：			
体会与感想：			
努力方向：			

二、实践考核(第十五周)

考核内容		分值	本周考核要求	本周自评得分
平时成绩 (80分)	考勤	5分		
	实践过程	5分	积极参与,认真配合	
	实践表现	10分	保持热情,荣辱与共	
	团队实践表现	30分	组织规划: 1. 团队组织; 2. 团队协调; 3. 团队控制	
	长程团队项目个人任务进程监控记录,个人贡献与反思	30分		
	本周平时分合计:			
实践感悟 (20分)	心理实践或团队项目实践的感悟与能力提升	20分		
备　注	1. 平时成绩每课一结,个人自评,组长核查汇总。 2. 平时成绩每课总分80分,期末加总求平均数,作为期末成绩,占总成绩的80%。 3. 实践感悟得分直接计入期末总成绩,占总成绩的20%			

拓 展 实 践

一、实践内容

(一) 实践一

一个班级就是一个集体,尤其在大学。班长作为这个集体的代表、领导者,身兼很重要的责任。班会是一个很重要的沟通桥梁,但是每次班会总是有人迟到或者不到,这让班长很头疼。现在给大家提供了思考空间,读完故事后回答思考题。

某班开班会时总是有人喜欢迟到,屡禁不止,每次都是迟到那么几分钟,总让大部分同学等这几个同学,导致大家不把班会当回事,没有一点组织性、纪律性。于是班长不得不强制要求到点准时开会,迟到者不等,有什么事情没有通知到后果自负。最初这个办法挺管用，可是过了一段时间后，还是有一些同学迟到，他们的理由是可以回去问其他的同学班会的内容。后来班长又制定了一个规定，每次班会时进行点名，没来的同学将影响期末的德育分评定，每迟到一次，就在基础分上扣 0.1 分，可是到了期末评定奖学金的时候，每班都要进行成绩综合排名，如果本班成绩低的话，会直接影响班级在学院的排名，为了顾全大局，这个办法最后也没有行得通。班长为此很苦恼。

请思考以下问题：

(1) 读完这个故事后，你认为这个问题的关键在哪里？

(2) 如果你是班长，你会怎么做？

(3) 如果你是这个班级中总是迟到/不迟到的同学，你是怎样的心理？

(二) 实践二

在只有小和尚的时候，小和尚自己挑水，自己打扫，自己念经，一切都很平常，小和尚过着日出而作日入而息的规律生活。当瘦和尚来到寺庙后，两人为了挑水的事争执过，也互相不理睬对方。他们上山下山的时候，挂着水桶的绳子会来回移动，这就会让两人承担不一样的重量。后来他们通过一把尺子，精确度量了扁担的长度，并将其一分为二，这才解决了两个人之间的矛盾。当胖和尚来到寺庙后，光喝水的他却不想去挑水，导致小和尚和、瘦和尚非常生气，于是谁也不打水了。后来，在经历了一场大火以后，三个人学会了团结合作，胖和尚在山下打水，小和尚通过绳子和工具把水吊到山上，再由瘦和尚把水挑到寺庙。三人通力合作，完美解决了挑水的问题，最后的结果是三个人都有水喝。

请思考以下问题：

(1) 为什么一个和尚挑水吃，两个和尚抬水吃，三个和尚没水吃？

(2) 为什么最后三个人又都有水喝了？

(3) 如果你陷入这个场景中，你会怎么处理？

(三) 实践三

学校要举办一场校园心理情景剧比赛，请你们进行组织规划。对此，你们首先会做什么，其次做什么……请各小组完成"校园心理情景剧比赛"策划书。

二、个人实践任务周进程监控表

任务要求	本周任务执行情况							任务状态
	周一	周二	周三	周四	周五	周六	周日	
记录小组完成活动策划情况								
观察并记录组织规划中所遇问题的解决方法								

续表

任务要求	本周任务执行情况							任务状态
	周一	周二	周三	周四	周五	周六	周日	
记录自己在组织规划中的表现								
记录自己在组织规划中的体会和收获								
团队项目	分配的个人任务、要求完成时间、完成情况：				贡献与反思：			
本周其他情况说明								

实践十六　团队展示

人的巨大的力量就在那里——觉得自己是在友好的群众里面。

——奥斯特洛夫斯基

一朵鲜花打扮不出美丽的春天，一个人先进总是单枪匹马，众人先进才能移山填海。

——雷锋

实 践 目 标

(1) 了解团队的发展阶段，对照阶段任务，评价自己与他人的完成情况。

(2) 增强倾听他人、表达自己的能力，增强与团队融合的能力。

(3) 增强付出意识、服务意识、贡献意识、支持意识。

(4) 能确定并应用一些可行而有效的方法来处理生活中的一般发展性问题，解决冲突矛盾。

(5) 促进成员在职业生涯心理发展中的认知、情感、态度及行为等方面的成长与发展。

(6) 正确理解工作的意义，有效设定未来抱负，能用良好的心态面对职场工作，培养出良好、有效的社会行为。

(7) 清楚自己的职业偏好，基本确定职业发展方向，找到差距，具体化生涯要务，并采取行动。

(8) 修正个人的价值观，清楚了解自我概念及自我发展完善方向，并采取行动。

(9) 对团队概念有更全面、更直接的了解，更愿意也能更顺利地融入生活或工作中的团队。

实践内容简述

以小组为单位用 PPT 等形式汇报团队长期项目的成果，并请团队成员讲述从中感受到的温暖与支持，学到的应对困难的办法等，借此处理分离情绪，结束团队。最后引导大家通过拓展实践继续找不足、寻方法、做选择、订计划，用行动补差距，螺旋式上升，不断进步。

综合实践

活动　团队成果展示

1. 活动目标

(1) 回顾历程，看成果。

(2) 让大家对团队有更全面、更直接的了解。

(3) 深入而充分地体会团队的力量、精神。

(4) 对照团队、个人的发展变化，体会团队对个人成长的作用。

团队成果展示

(5) 让大家在以后的生活、学习、工作中更愿意也更顺利地融入其他团队。

2. 活动准备

制作团队成果展示 PPT。

3. 活动内容

具体的实践内容及步骤如下：

(1) 确定展示顺序：积极者优先，无法确定优先顺序时抓阄决定。

(2) 展示团队成果：

① 小组成员登台亮相。

② 小组代表播放 PPT。要求 PPT 能真实呈现整个项目的过程，重要环节着重介绍。有实物成果的小组，可视情况将实物成果带到课堂中。

③ 解说。讲述成员分工、组内职务、成员各自的梦想和团队目标等；讲述小组项目在团队初期阶段、团队转换阶段、团队工作阶段、团队的巩固与结束阶段、团队的追踪与评价阶段这五个阶段中各遇到了什么样的困难，以及是运用什么方法来解决这些困难的。

④ 小组成员分享收获。小组成员分别讲述自己的体会、感受、在小组项目中起到的作用，以及个人提升方向，对团队的感谢、期待等。

4. 体验分享

(1) 整理并分享团队经验。

(2) 整理别人对自己的评价，了解自己在团队中的表现。

(3) 团体项目结束了，此刻有什么想法或者记忆出现呢？分享给大家吧！

5. 活动总结

结束即启程！随着我们课程的结束，大家的团体项目也结束了，愿大家带着收获继续自己的成长，愿大家快乐顺利地融入现实生活、学习、工作中的团队，并找到与新团队的契合点，继续和团队一起实现下一个目标。

知 识 链 接

一、团队发展的理论

Garland、Jones 和 Kolodny 认为，团队发展历程包括以下五个阶段：

(1) 组合前期。接近与逃避是此阶段的显著特点。成员开始相互接触与认识，同时伴随着要保持一定距离、自我保护的心理倾向。

(2) 权力与控制期。成员开始角逐团队内的地位，开始争取权力，有时会与团队领导者产生权力上的矛盾。有些成员会因不能取得权力而请求退出团队，或因不想受到团队规范的约束而有所变化。

(3) 亲密期。团队成员经过相互的了解而彼此依赖，关系处于密切状态，并且有感情互转的倾向，开始寻找团队的目标。

(4) 分辨期。团队已经达到整合，成员之间可以自由发表各自的看法与感受，彼此的沟通很融洽，不再出现权力的争斗。

(5) 分离期。团队实践的目的基本已经实现，当领导者提出结束团队时，往往遭到部分成员的拒绝。此阶段中成员常会通过回顾团队的历程来表达延续团队的愿望，此时团队领导者应组织一次评估与总结，使成员做好团队结束的心理准备。

Mahler 也将团队发展分为五个阶段：形成阶段、接纳阶段、过渡阶段、工作阶段、结束阶段。Warnetr 和 Smith 认为，团队发展过程包括团队的初始期、冲突或对抗期、凝聚力产生期、成效获得期和终结期。美国的团队专家 Gerald Corey 将团队历程分为团队组建之前的准备阶段、团队初期的定向与探索阶段、团队的转换阶段、团队的巩固与终结阶段、团队结束后的追踪观察和评价阶段。

本书采用刘勇在《团体心理辅导与训练》一书中介绍的团队初期阶段、团队转换阶段、团队工作阶段、团队的巩固与结束阶段、团队的追踪与评价阶段五阶段论。

二、团队初期阶段

1. 团队初期阶段的特征

团队初期阶段是一个定向探索的时期。这个时期团队成员之间要互相熟悉，表达出各自对团队活动的期望。团队成员在初期阶段会习惯性地表现出自认为是被社会所接受的各种行为和态度，也就是保持所谓的"公众形象"。

2. 团队成员的主要任务

团队初期阶段的核心工作是建立团队成员的认同感和信任感。在这个阶段，团队成员可以自我询问以下问题：

(1) 我要加入或退出这个团队吗？

(2) 我要在多大程度上剖析我自己？

(3) 我想冒多大程度的风险？

(4) 冒这种风险的安全系数有多大？

(5) 我能确实信任这些人吗？

(6) 我适合和属于这个团队吗？

(7) 我喜欢谁？我不喜欢谁？

(8) 我能被接纳吗？还是被拒绝？

(9) 我能是我自己，同时又是该团队的一部分吗？

在团队初期阶段，团队成员需要完成的主要任务包括：

(1) 要采取积极的态度和行为创造一种相互信任的团队气氛。

(2) 要学会表达个人的情感和思想。

(3) 要愿意表达与团队有关的个人感受，包括担忧、意见、期望。

(4) 要愿意使自己被团队的其他成员所了解。

(5) 要积极参与团队规范的建立。

(6) 要建立具体的、可行的个人目标。

(7) 要了解团队历程的主要内容，特别是怎样参与团队的互动实践。

3. 领导者的主要任务

在团队初期阶段，领导者的主要任务包括：

(1) 邀请团队成员参与团队的活动，带领团队成员了解团队的运行模式和原则底线。

(2) 带领成员讨论并建立团队的基本规则和规范。

(3) 带领成员学习有关团队历程的基本原理。

(4) 引导成员敞开心扉，表达对团队活动的期望和担心，努力增进彼此的信任感。

(5) 对团队成员坦诚相待，从心理上予以及时关照。

(6) 明确责任分工。

(7) 帮助成员建立具体的个人目标。

(8) 开诚布公地解决团队成员的担忧和问题。

(9) 维护团队的组织结构，既不助长成员的依赖性，也不做不必要的停滞。

(10) 帮助成员袒露对团队中所发生的事情的想法和感受。

(11) 带领团队成员学习一些基本的人际交往技巧。

(12) 评估团队成员的成长需要，并设法满足。

(13) 真诚表达对这个团队的预期和希望。

(14) 讲明团队成员要对团队的发展方向和效果负责任。

(15) 保证所有团队成员积极参与团队的互动，避免有些成员感觉到被排斥。

4. 团队聚会开始的不同方法

领导者需要在团队聚会开始时利用一段时间，将成员的注意力聚焦于团队。常用的方法有：

(1) 邀请成员讨论上一次聚会的相关问题，提示上次曾被讨论过的重要问题，然后和成员谈本次聚会的计划。

(2) 邀请成员谈谈上次聚会之后的生活情况，包括感受、想法、反应及所观察到的现象。

(3) 邀请成员报告自己的进步状况。

(4) 询问成员是否有问题，并用几分钟时间来回答成员的问题。

领导者需要掌握不同性质、不同目标的团队开始聚会的不同方法。

三、团队转换阶段

1. 团队转换阶段的特征

在团队转换阶段，团队中成员多表现出焦虑和各种抗拒。

2. 团队成员的任务

在这个阶段，团队成员的任务是认识和处理各种形式的心理问题，具体包括：

(1) 认识并表达各种负面的情绪、情感。

(2) 尊重一个人的抗拒情绪，但要有解决它的信心。

(3) 从依赖向独立发展。

(4) 学习怎样建设性地向别人提出问题。

(5) 因过去尚未解决的情感问题而对团队领导者产生某些反应时，要积极地剖析和认识这些反应。

(6) 乐于面对和解决团队中发生的问题事件。

(7) 乐于解决矛盾冲突，而不是回避它们。

3. 领导者的任务

在团队转换阶段，领导者需要以一种谨慎敏感的方式，选择恰当的时机来采取有效的介入措施，既要给成员提供必要的支持，又要予以适度的挑战。如果能成功地解决团队内的这些冲突，就能获得使团队工作向前推进的真正的凝聚力。

领导者的任务包括：

(1) 告诉团队成员认识和表达焦虑情绪的重要性。

(2) 帮助团队成员认识自我心理防御的各种形式，创造一种在团队中公开处理抗拒情绪的气氛。

(3) 关注团队成员的心理防御迹象，告诉团队成员有些抗拒是自然的和有益的。

(4) 指出明显的旨在争取控制的行为，告诉成员如何接受他们对团队发展所要承担的责任。

(5) 坦率、真诚地处理自己作为一个普通人或专业领导者所面临的挑战，为团队成员提供处理问题的样板。

(6) 处理任何会影响成员获得自主能力的问题。

4. 焦虑及矛盾与冲突的控制

团队转换阶段的焦点问题是团队成员的焦虑情绪和心理防御行为不断增加。这些负面情绪与行为将会被随后而来的各个阶段的真诚袒露和信任的建立所替代。

一般来说，焦虑产生于害怕别人认识真正的、非公众认识程度上的自己，或害怕遭遇他人的批评和误解，或缺乏对团队目标、规范行为的明确认识。随着成员之间的熟悉和相互信任，成员能够逐渐地表露自己的真实情绪。

团队转换阶段是团队成员之间和成员与领导者之间建立一种社会等级秩序的时期。控制是团队转换阶段非常突出的核心问题，这种控制在团队中经常表现为竞争、敌对、运用各种手段谋求利益、争取领导地位、频繁地讨论决策和责任分派的程序。多数成员可能会对他人进行批评却不愿意知道别人对自己的看法。团队内一些矛盾与冲突还源于成员对领导者的挑战性、攻击性的评论。例如：① 你是个批判性的、冷漠的、严厉的人；② 无论我们做什么，都不足以打动你，你对我们的期望太多太高了；③ 你并不真正关心我们，你不过是在完成你的一次工作而已，而我们算不了什么；④ 你不给我们充分的自由，你控制着这个团队；⑤ 你催人催得太紧了，而且不愿意听人说"不"。

在团队中，应该如何面对并解决这些矛盾与冲突呢？

(1) 领导者与团队成员要充分认识到这些矛盾与冲突存在的客观性和不可避免性。如果团队中的矛盾和冲突被人为忽略的话，那么，最初产生这些矛盾与冲突的因素就会进一步恶化，并破坏成员真诚接触交流的机会。

(2) 领导者要能够识别引发负面情绪的团队行为，并主动承担主要责任。常见的引发负面情绪的团队行为有：① 个别或一些成员保持冷漠，处于观察者的角度；② 个别或一些成员有过多的言语行为，如以询问、建议的形式，干扰他人跳开原来的主题，干预团队的进程；③ 个别或一些成员试图支配整个团队，讽刺、挖苦、贬低他人所付出的努力，以引起他人的关注。

(3) 要采取合适的方法解决这些矛盾与冲突。此时此地的矛盾与冲突，往往和团队成员之间或对团队领导者的负面态度有关。能否表达负面情绪是检查团队自由度和信任度的有效方法之一。团队成员会通过观察具体的矛盾与冲突来确定多大程度上的不友善能被接受，并以此来考察这个团队是不是一个能表达不同意见、能表露负面情绪以及体验人际冲突的安全场所。

四、团队工作阶段

1. 团队工作阶段的特征

团队工作阶段是团队成员认识到要对自己的生活承担必要责任的时期，其典型特征是团队开始探讨重大问题和采取有效行动，以促成团队成员理想行为的改变。

2. 团队成员的任务

团队工作阶段的核心任务是探索具有个人重要意义的内容。团队成员需要完成的任务包括：

(1) 愿意将自己的问题拿到团队之中来讨论。

(2) 能为其他成员提供回馈，且能够开放性地接受来自他人的回馈。

(3) 发挥一些领导作用，表达自己是怎样受到他人影响的。

(4) 在日常生活中实践学到的新的处事模式，并在团队中报告自己的实践结果。

(5) 为团队其他成员提供支持，鼓励自我探索、自我挑战。

(6) 认真感受自己对团队满意度的变化并不断量化评价，积极地采取方法调整自己的团队参与度。

3. 领导者的任务

在这个阶段，领导者的任务包括：

(1) 为自己所希望的、能促进凝聚力和有效工作的团队行为提供支持。

(2) 在团队成员的工作中寻找普遍性的共同主题。

(3) 继续为成员做示范，特别是真诚坦白地表露此时此地对团队的感受。

(4) 给愿意冒险的成员提供支持，协助成员将在团队中所学的行为带到日常生活当中。

(5) 在恰当的时机解释行为模式的意义，使团队成员能够更深层次地自我探索，考虑替代性行为。

(6) 认识具有改变作用的治疗因素，以帮助成员成长。针对成员的思想、行为，采取适当措施，协助成员向着所希望的方向改变。

(7) 鼓励团队成员牢记从团队中获得的知识。

4. 团队凝聚力

团队工作阶段的一个关键性因素就是团队凝聚力的形成。所谓团队凝聚力，是指团队成员与领导者共同努力、采取行动并形成团队整体感的结果，是团队目标实践的心理结合力，包括团队的吸引力、满意度、归属感、包容度和团结度等指标，是团队成功的必要条件，为团队提供向前发展的动力。

高凝聚力团队所具有的主要特征包括：

(1) 团队的团结力量的形成主要来源于团队内部，而非团队外部的压力。

(2) 团队成员间没有分裂成互相敌对的小群体的倾向。

(3) 团队本身具有适应外部变化的能力，也具有处理内部冲突的能力。

(4) 团队成员之间有一种强烈的认同感，成员对团队有一种强烈的归属感。

(5) 每个团队成员都能明确团队的目标。

(6) 团队成员对团队目标以及领导者有肯定的、支持的态度。

(7) 团队成员承认团队的存在价值，并具有维护这个团队继续存在的意向。

凝聚力是一个团队建设性成果的重要决定要素，注重当下问题的团队几乎很有活力和凝聚力，而那些只谈论与现实无关问题的团队，很少会表现出很强的凝聚力。

需要说明的是，领导者必须认识到团队凝聚力有时也会成为阻碍团队发展的力量。例如，当团队成员和领导者懈怠时，凝聚力很可能会使团队陶醉于所获得的舒适与安全之中，此时团队就会停滞不前。

随着团队的凝聚力达到一定程度，成员会感觉到：① 我并不孤独；② 我要比想象中的自己更可爱；③ 我的感受和其他团队成员的感受没有任何区别；④ 我对未来充满希望，尽管我知道我要走过漫长的道路，而且那条道路是很坎坷的；⑤ 团队成员令我感到很亲近，这源于团队成员之间的坦诚；⑥ 亲密感令人害怕，但它也是有好处的；⑦ 一旦人们愿意展露最真实的自己，他们会很美丽；⑧ 我了解到，我所感到的孤独是这个团队中大多数人所共有的。

5. 工作团队的效能

一个富有成效的工作团队通常会具备如下效能：

(1) 着眼于解决此时此地的问题。团队成员会直率地讨论在团队实践中的事件和感受，彼此愿意进行有意义的交流和分享，而不是谈论对方。他们更注重于团队中所发生的事情，而不是团队以外的人的经验。

(2) 更加确定自己的目标和关心的问题，并愿意承担责任。

(3) 愿意在团队之外工作和实践，以实现行为的改变。愿意将自己在实践中产生的新思想、行为和感受、困难带到团队聚会中来讨论。愿意努力在日常生活中整合情绪、行为和思想，能够更好地监督自己是否仍以原有的方式进行思考和行动。

(4) 感到自己被团队所包容。那些不太活跃的成员虽然参与少，但并不阻碍团队发展，且他们知道自己是被欢迎的，只是缺乏参与。那些一时难以体验到归属感的成员，可选择将这个问题带到团队聚会中，成为有效工作的一个焦点。

(5) 团队似乎成为一个交响乐团，彼此互相倾听，共同从事有成效的工作。虽然大家仍会寻求领导者的指导，但他们也看到了发展的方向。

(6) 团队成员不断评价对团队的满意度，如果看到团队实践需要改变的话，就会采取积极的措施做出调整。在一个有成效的团队中，成员能够认识到在所获得的成果中有他们所付出的一份力量。如果成员没有得到想要的，通常也会觉得至少为别人作出了贡献。

6. 团队主题的引导

团队工作阶段的关键是思考与主题有关的各种重要议题，催化团队讨论与分享，以使团队的效能得到提高。

五、团队的巩固与结束阶段

1. 团队的巩固与结束阶段的特征

团队的巩固与结束阶段的特征包括：

(1) 面对与团队分离的事实，团队成员会感到焦虑和伤感。

(2) 对于团队即将结束，团队成员往往会表现出行为的退缩。

(3) 团队成员既有某种程度上的分离恐惧，又担心能否将所学用于日常生活。

(4) 团队成员可能会互相表达希望和担忧，述说自己的体验。

(5) 团队成员之间往往会产生更为有效的互动，如角色扮演和行为预演。

(6) 评价团队经验。

(7) 追踪观察团队聚会或团队的某些行为计划，并开始执行计划。

2. 团队成员的任务

在这个阶段，团队成员的任务包括：

(1) 处理好对结束团队的情绪。

(2) 准备将自己在团队中学到的行为模式扩展到日常生活中。

(3) 给他人一个比以前更好的形象。

(4) 评价团队的影响作用。

(5) 针对自己想要做出的改变以及如何实现，做出选择和计划。

(6) 解决任何尚未解决的问题，无论是自己带到团队中的问题，还是与团队其他成员之间的问题。

3. 领导者的任务

领导者在团队的巩固与结束阶段的任务是使团队成员能够认识到他们在团队中学到的知识及其意义，帮助成员把从团队中学习到的东西带到日常生活之中。领导者要完成的任务包括：

(1) 帮助成员处理可能在团队结束时产生的任何情绪。

(2) 提供机会让团队成员表达和处理在团队中任何尚未解决的问题。

(3) 帮助成员制订计划，以便将在团队中学到的特殊技能运用于日常生活中。

(4) 和团队成员共同努力建立起特定的契约。

(5) 让成员有机会互相提供有建设性意义的回馈意见。

(6) 协助成员建立概念架构，理解、整合、巩固、记忆其在团队中所学到的内容。

(7) 再次强调在团队结束之后要保守团队秘密并说明保守秘密的重要性。

(8) 强化成员已经做出的改变，为成员进一步发展提供资源保证。

六、团队的追踪与评价阶段

1. 团队成员的任务

在团队结束之后,团队成员的主要收获是将在团队中所学习的内容应用到日常生活中。其主要任务有：

(1) 寻找能自我强化的方法，以便继续发展。

(2) 持续记录自己遇到的一些问题。

(3) 参加个别会谈，讨论如何更好地实现自己的目标，或者参加追踪观察实践，向团队成员说明自己将团队经验应用于日常生活中的情况。

2. 领导者的任务

在这个阶段，领导者的任务包括：

(1) 追踪观察团队实践或个别会谈，以评价团队对成员的后续影响和作用。

(2) 为那些想要或需要进一步咨询的团队成员寻找具体资源。

(3) 鼓励成员寻找继续学习的途径，以便团队结束后成员能不断进步。

(4) 协助团队成员建立相互联络的渠道，使成员在团队之外也能互相帮助。

(5) 评价团队的整体效果。

★ 案例链接

团队初期阶段开场

总 结 与 考 核

一、实践日志

日　　期		天　　气	
主要实践内容：			
体会与感想：			
努力方向：			

二、实践考核(第十六周)

考核内容		分值	本周考核要求	本周自评得分
平时成绩(80分)	考勤	5分		
	实践过程	5分	1. 以小组为单位与大家回顾团队从初建到结束这一过程，汇报团队成果，1分； 2. 分享自己的团队故事、冲突的发生与应对及个人感受，从中得到温暖与支持，0.5分； 3. 分享自己如何将团队经验应用于日常生活中，1分； 4. 清楚团队的阶段性发展过程及任务，与之对照找到队友和自己的长处与短处，0.5分； 5. 根据拓展实践内容(一)进一步考虑自己的职业需要、兴趣、能力、人格特质等，确定自己的职业目标，0.5分； 6. 根据拓展实践内容(二)进一步明确个人能力与个人抱负之间的关系，并考虑今后所需要的教育、实践等条件，持续记录自己遇到的一些问题并寻找能自我强化的方法，以便继续发展，0.5分； 7. 通过拓展实践内容(三)、(四)寻找改变的方向、方法，找到自己目前的突破点，并开始付诸行动，0.5分； 8. 通过拓展实践内容(五)处理结束团队的情绪，0.5分	
	实践表现	10分	1. 对照阶段任务，自评及他评，2分； 2. 是否制订自我完善发展计划，是否执行计划，2分； 3. 倾听他人、表达自己的能力，与团队融合的能力，1分； 4. 解决一般发展性问题及矛盾冲突的能力，1分； 5. 对自己的职业偏好的认识程度，职业发展方向的确认程度，对自己与理想职业差距的了解程度，缩短差距的计划及行动力，2分； 6. 融入生活或工作中新团队的意愿与能力，2分	

考 核 内 容		分值	本周考核要求	本周自评得分
平时 成绩 (80分)	团队实践表现	30分	1. 团队项目体现的价值观、个人价值观的正确性，10分； 2. 成果展示情况，10分； 3. 项目中个人与团队目标的契合度，5分； 4. 团队中成员的付出意识、服务意识、贡献意识、支持意识，5分	
	长程团队项目个人任务进程监控记录，个人贡献与反思	30分	1. 同团队的默契度，在团队中的参与度、贡献度、获得感，任务完成情况，5分； 2. 个人对结束团队时情绪的处理，5分； 3. 将自己在团队中所学扩展到日常生活中的愿望及能力，5分； 4. 团队对个体成长的影响，5分； 5. 个人形象是否比建队之初更好，自我的提升程度，5分； 6. 课程结束后的计划和目标，5分	
	本周平时分合计：			
实践 感悟 (20分)	心理实践或团队项目实践的感悟与能力提升	20分		
备注	1. 平时成绩每课一结，个人自评，组长核查汇总。 2. 平时成绩每课总分80分，期末加总求平均数，作为期末成绩，占总成绩的80%。 3. 实践感悟得分直接计入期末总成绩，占总成绩的20%			

拓 展 实 践

一、实践内容

(一) 突围闯关与珍珠项链

1. 突围闯关实践步骤

(1) 突围：一位成员自动站在团队中间，其他成员站立，用手臂互相交接形成圆圈。站在中间的成员可用钻、跳、推、拉、诱骗等任何方式，力求突围，而在外围的成员努力不让中间的成员突围。一段时间后，换其他成员试之，最后分享突围的感受。

(2) 闯关：规则和突围游戏一样，请成员从外围冲入圈内，而围成圈的成员脸朝外。

2. 珍珠项链实践步骤

(1) 发给每个成员一张人格特质形容词检核表(见表16-1)及四张"一串珍珠项链"图(见图16-1)。

(2) 请成员根据人格特质形容词检核表，在一串珍珠项链的每一颗珍珠上写下自己五项好的人格特质形容词及五项尚需改善的人格特质形容词。

(3) 请成员自由邀请三位同伴，分别填写剩下的三张"一串珍珠项链"图。

(4) 请成员比较自填的与别人填的人格特质形容词，了解其差异状况。

(5) 组长说明人格特质与职业的关系，并请成员思考人格特质对职业的影响。

(6) 成员要根据自我的认识，写下五项自己可胜任的工作。

(7) 请三位伙伴在其所填图的下方，写下五项所建议的工作的名称。

(8) 成员再次比较所填工作名称的差异。

表 16-1 人格特质形容词检核表

我是……				
□有恒心的	□顺从的	□冲动的	□有说服力的	□有同情心
□有谋略的	□爱争辩的	□冷漠的	□周到的	□不切实际的
□害羞的	□有主见的	□理性的	□内省的	□有效率的
□缺乏想象的	□文静的	□富有想象力的	□精确的	□沉着的
□有条理的	□被动的	□善解人意的	□节俭的	□悲观的
□直觉的	□追根究底的	□活跃的	□依赖的	□细心的
□有责任感的	□乐观的	□顺从的	□理想主义的	□有自信的
□好交际的	□友善的	□善于言辞的	□柔婉的	□颖悟的
□好奇的	□助人的	□慌乱的	□含蓄的	□坦率的
□固执的	□独立的	□刚毅的	□喜欢表现的	□真诚的
□具体的	□富有创意的	□合作的	□拘谨的	□机智的
□爱冒险的	□实际的	□保守的	□有野心的	□天真的
□情绪化的	□防御的	□爱动脑的	□慷慨的	□浮躁的

姓名：＿＿＿＿＿＿＿＿＿＿＿＿＿

建议的职业：

(1) ＿＿＿＿＿＿＿＿＿＿＿＿＿

(2) ＿＿＿＿＿＿＿＿＿＿＿＿＿

(3) ＿＿＿＿＿＿＿＿＿＿＿＿＿

(4) ＿＿＿＿＿＿＿＿＿＿＿＿＿

(5) ＿＿＿＿＿＿＿＿＿＿＿＿＿

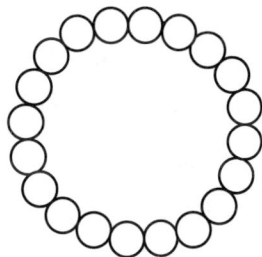

图 16-1 "一串珍珠项链"图

3. 分享

这个拓展训练是否帮助大家看到了自己的一些没有被注意的人格特质呢？我们和自己喜欢的职业之间差了一些什么？花时间思考并写下来，如果愿意，还可以分享给大家。

_____

_____

_____

4. 总结

人格特质并不是一成不变的，发现我们的特质所适合的工作与自己希望的工作不匹配也没关系，经过有意识、有目标的实践和生活的打磨，它便会向着希望的方向改变。

(二) 寻才启事

1. 寻才启事实践步骤

(1) 2 或 3 人为一组到相关网站查看并收集招工信息。

(2) 根据相关信息，进行抢答，并计分，题目如下：

① 针对自己所学专业的工作有哪些？

② 以自己的才能，毕业后可做的工作有哪些？

③ 福利好的工作有哪些？

④ 违法的工作有哪些？

⑤ 某广告的工作内容如何？

⑥ 自己向往的工作，对专业和学历有什么要求？

(3) 列举两项或三项工作，询问会去应聘的成员，并请其说明原因。

(4) 引导成员思考：如果去应聘且被录用，自己要付出什么？予以归纳。

(5) 讨论应聘时应注意的事项，如安全、仪容、应对技巧等。

2. 分享

如果去应聘且被录用，自己要付出什么？去应聘心仪的工作，我们需要具备什么条件，如何准备呢？

_____

_____

_____

3. 总结

我们自身的条件和心仪工作的要求还有些差距，这个发现很正常，也很及时。看看哪些地方我们通过努力可以改变，有哪些需要我们绕道而行，向着目标前进吧。

(三) 路无限宽广

1. 路无限宽广实践步骤

(1) 与成员共同回想过去在团队中所学的内容与收获。

(2) 请成员明晰自己的兴趣、性格、工作价值、向往的工作，认真地考虑未来可从事的职业，填写"停、看、听"表格(见表 16-2)。

(3) 请成员思考想要达到的愿望和可能面临的阻力与助力，解释并举例。

(4) 3 或 4 人一组，相互讨论如何运用助力、降低阻力，之后再回到大团队。

(5) 全体成员讨论一些在小组内无法解决的问题。

(6) 组长分享这次聚会心得并告知成员于下次聚会时，带来目前最困扰自己的问题。

表 16-2　停、看、听

我向往的工作	吸引我的原因	助力	阻力

2. 分享

想要达到的愿望与我们可能面临的阻力和助力有哪些？思考并写下来吧，如果愿意，还可以分享给大家。

_____

_____

_____

3. 总结

为实现我们的目标，团队可以提供给我们什么帮助？局限在哪里？我们自己又能带给大家什么？要想争取自己心仪的工作，我们面前势必有阻力，但也有助力。希望你能在团队中得到助力，同队友一道克服阻力，也请你一直记得自己的方向。

(四) 秘密大会

1. 秘密大会实践步骤

(1) 请成员将目前最困惑的一件事写在纸上，并将纸折叠好置于团队中央。

(2) 组长抽出一张纸并读出其内容，请成员共同思考问题的解决方法。

(3) 解决问题的方式有讨论、示范、角色扮演、书面资料提供等。

(4) 逐个解决成员写在纸上的问题。

(5) 组长整理团队所得，并引导成员思考如何从他人的经验中学习成长。

2. 分享

请同学们反馈认知到的新视角、新知识，与大家分享实践过程的感受与所观察到的现象。

_____

_____

_____

3. 总结

原来在自己看来是死结的问题、困扰，放到团队中竟有了多种解法。人多智慧多，团队的力量要用好。希望大家自己建立一个概念架构，理解、整合、巩固、记住我们在团队中所学到的内容，持续记录自己遇到的一些问题，继续自我强化，继续发展。如果你愿意或认为有必要寻求专业帮助，记得心理健康服务中心欢迎你。也请大家记得成员在团队实践结束之后要保守团队秘密。愿我们拥有愉快的生活！

(五) 今宵多珍重

1. 化装舞会实践步骤

(1) 事先通知成员将举行化装舞会，请成员打扮成未来自己最想从事职业的从业人员并准备所需用品，思考未来可能有的生活方式。

(2) 实践开始，播放音乐。

(3) 每个人皆互相握手、打招呼及自由交换所扮演工作者可能有的心得及生活方式，并解释打扮的意义。

(4) 成员轮流站在中央，听取其他成员对自己的装扮及所选取工作的感想。

(5) 站在中央的成员分享自己打扮的过程并接受别人回馈的心得和感受。

2. 送礼物游戏实践步骤

(1) 请成员假想自己有很多礼物，要送给每位团队成员一份礼物。礼物的内容是对方需要的东西、欠缺的人格特质或一些祝福的话语等。将想送的礼物事先写或画在纸上。

(2) 分送礼物。

(3) 分享收到礼物的感受。

(4) 组长请成员送给这个团队一些礼物，要求成员说出参加团队的感受与收获。

(5) 组长总结并结束团队实践。

3. 分享

扮演感受怎样？收到了哪些意想不到的礼物，你有多喜欢它，为什么呢？如果你愿意，同大家分享实践感受吧。

_____

_____

_____

_____

4. 总结

我们的团队实践即将结束，把你的不舍、期盼、祝福都讲出来吧。听到队友对自己的祝福，是不是很开心？虽然团队实践结束了，但是我们在团队中学到的新认知、新态度将留给自己，我们自己的成长也留给了自己。愿大家带着新的生活态度、新的认知寻找能自我强化的方法以便继续发展。

二、个人实践任务周进程监控表

任务要求	本周任务执行情况							任务状态
	周一	周二	周三	周四	周五	周六	周日	
与团队共同完成成果展示								
对照阶段任务，正确自我评价并公正评价他人								
自我发展完善计划的实施及成果								
明确自己的职业偏好及职业发展方向								
对自己与理想职业之间差距的缩短做出计划并切实行动								
对融入生活、工作中的新团队充满希望与信心								
团队项目	分配的个人任务、要求完成时间、完成情况：			贡献与反思：				
本周其他情况说明								

附录　高校心理健康教育教学相关文件文件

附录一　《全面加强和改进新时代学生心理健康工作专项行动计划(2023—2025 年)》

教体艺〔2023〕1 号

促进学生身心健康、全面发展，是党中央关心、人民群众关切、社会关注的重大课题。随着经济社会快速发展，学生成长环境不断变化，叠加新冠疫情影响，学生心理健康问题更加凸显。为认真贯彻党的二十大精神，贯彻落实《中国教育现代化 2035》《国务院关于实施健康中国行动的意见》，全面加强和改进新时代学生心理健康工作，提升学生心理健康素养，制定本行动计划。

一、总体要求

(一) 指导思想

以习近平新时代中国特色社会主义思想为指导，全面贯彻党的教育方针，坚持为党育人、为国育才，落实立德树人根本任务，坚持健康第一的教育理念，切实把心理健康工作摆在更加突出位置，统筹政策与制度、学科与人才、技术与环境，贯通大中小学各学段，贯穿学校、家庭、社会各方面，培育学生热爱生活、珍视生命、自尊自信、理性平和、乐观向上的心理品质和不懈奋斗、荣辱不惊、百折不挠的意志品质，促进学生思想道德素质、科学文化素质和身心健康素质协调发展，培养担当民族复兴大任的时代新人。

(二) 基本原则

——坚持全面发展。完善全面培养的教育体系，推进教育评价改革，坚持学习知识与提高全面素质相统一，培养德智体美劳全面发展的社会主义建设者和接班人。

——坚持健康第一。把健康作为学生全面发展的前提和基础，遵循学生成长成才规律，把解决学生心理问题与解决学生成才发展的实际问题相结合，把心理健康工作质量作为衡量教育发展水平、办学治校能力和人才培养质量的重要指标，促进学生身心健康。

——坚持提升能力。统筹教师、教材、课程、学科、专业等建设，加强学生心理健康工作体系建设，全方位强化学生心理健康教育，健全心理问题预防和监测机制，主动干预，增强学生心理健康工作科学性、针对性和有效性。

——坚持系统治理。健全多部门联动和学校、家庭、社会协同育人机制，聚焦影响学生心理健康的核心要素、关键领域和重点环节，补短板、强弱项，系统强化学生心理健康工作。

(三) 工作目标

健康教育、监测预警、咨询服务、干预处置"四位一体"的学生心理健康工作体系更加健全，学校、家庭、社会和相关部门协同联动的学生心理健康工作格局更加完善。2025年，配备专(兼)职心理健康教育教师的学校比例达到 95%，开展心理健康教育的家庭教育指导服务站点比例达到 60%。

二、主要任务

(一) 五育并举促进心理健康

1. 以德育心。将学生心理健康教育贯穿德育思政工作全过程，融入教育教学、管理服务和学生成长各环节，纳入"三全育人"大格局，坚定理想信念，厚植爱国情怀，引导学生扣好人生第一粒扣子，树立正确的世界观、人生观、价值观。

2. 以智慧心。优化教育教学内容和方式，有效减轻义务教育阶段学生作业负担和校外培训负担。教师要注重学习掌握心理学知识，在学科教学中注重维护学生心理健康，既教书，又育人。

3. 以体强心。发挥体育调节情绪、疏解压力作用，实施学校体育固本行动，开齐开足上好体育与健康课，支持学校全覆盖、高质量开展体育课后服务，着力保障学生每天校内、校外各 1 个小时体育活动时间，熟练掌握 1~2 项运动技能，在体育锻炼中享受乐趣、增强体质、健全人格、锤炼意志。

4. 以美润心。发挥美育丰富精神、温润心灵作用，实施学校美育浸润行动，广泛开展普及性强、形式多样、内容丰富、积极向上的美育实践活动，教会学生认识美、欣赏美、创造美。

5. 以劳健心。丰富、拓展劳动教育实施途径，让学生动手实践、出力流汗，磨炼意志品质，养成劳动习惯，珍惜劳动成果和幸福生活。

(二) 加强心理健康教育

6. 开设心理健康相关课程。中小学校要结合相关课程开展心理健康教育。中等职业学校按规定开足思想政治课"心理健康与职业生涯"模块学时。高等职业学校按规定将心理健康教育等课程列为公共基础必修或限定选修课。普通高校要开设心理健康必修课，原则上应设置 2 个学分(32~36 学时)，有条件的高校可开设更多样、更有针对性的心理健康选修课。举办高等学历继续教育的高校要按规定开设适合成人特点的心理健康课程。托幼机构应遵循儿童生理、心理特点，创设活动场景，培养积极心理品质。

7. 发挥课堂教学作用。结合大中小学生发展需要，分层分类开展心理健康教学，关注学生个体差异，帮助学生掌握心理健康知识和技能，树立自助、求助意识，学会理性面对困难和挫折，增强心理健康素质。

8. 全方位开展心理健康教育。组织编写大中小学生心理健康读本，扎实推进心理健康教育普及。向家长、校长、班主任和辅导员等群体提供学生常见心理问题操作指南等心理健康"服务包"。依托"师生健康 中国健康"主题教育、"全国大中学生心理健康日"、职业院校"文明风采"活动、中考和高考等重要活动和时间节点，多渠道、多形式开展心理健康教育。发挥共青团、少先队、学生会(研究生会)、学生社团、学校聘请的社会工作者等作用，增强同伴支持，融洽师生同学关系。

(三) 规范心理健康监测

9. 加强心理健康监测。组织研制符合中国儿童青少年特点的心理健康测评工具，规范量表选用、监测实施和结果运用。依托有关单位组建面向大中小学的国家级学生心理健康教育研究与监测专业机构，构建完整的学生心理健康状况监测体系，加强数据分析、案例研究，强化风险预判和条件保障。国家义务教育质量监测每年监测学生心理健康状况。地方教育部门和学校要积极开展学生心理健康监测工作。

10. 开展心理健康测评。坚持预防为主、关口前移，定期开展学生心理健康测评。县级教育部门要组织区域内中小学开展心理健康测评，用好开学重要时段，每学年面向小学高年级、初中、高中、中等职业学校等学生至少开展一次心理健康测评，指导学校科学规范运用测评结果，建立"一生一策"心理健康档案。高校每年应在新生入校后适时开展心理健康测评，鼓励有条件的高校合理增加测评频次和范围，科学分析、合理应用测评结果，分类制定心理健康教育方案。建立健全测评数据安全保护机制，防止信息泄露。

(四) 完善心理预警干预

11. 健全预警体系。县级教育部门要依托有关单位建设区域性中小学生心理辅导中心，规范心理咨询辅导服务，定期面向区域内中小学提供业务指导、技能培训。中小学校要加强心理辅导室建设，开展预警和干预工作。鼓励高中、高校班级探索设置心理委员。高校要强化心理咨询服务平台建设，完善"学校—院系—班级—宿舍/个人"四级预警网络，辅导员、班主任定期走访学生宿舍，院系定期研判学生心理状况。重点关注面临学业就业压力、经济困难、情感危机、家庭变故、校园欺凌等风险因素以及校外实习、社会实践等学习生活环境变化的学生。发挥心理援助热线作用，面向因自然灾害、事故灾难、公共卫生事件、社会安全事件等重大突发事件受影响学生人群，强化应急心理援助，有效安抚、疏导和干预。

12. 优化协作机制。教育、卫生健康、网信、公安等部门指导学校与家庭、精神卫生医疗机构、妇幼保健机构等建立健全协同机制，共同开展学生心理健康宣传教育，加强物防、技防建设，及早发现学生严重心理健康问题，网上网下监测预警学生自伤或伤人等危险行为，畅通预防转介干预就医通道，及时转介、诊断、治疗。教育部门会同卫生健康等部门健全精神或心理健康问题学生复学机制。

(五) 建强心理人才队伍

13. 提升人才培养质量。完善《心理学类教学质量国家标准》。加强心理学、应用心理学、社会工作等相关学科专业和心理学类拔尖学生培养基地建设。支持高校辅导员攻读心理学、社会工作等相关学科专业硕士学位，适当增加高校思想政治工作骨干在职攻读博士学位专项计划心理学相关专业名额。

14. 配齐心理健康教师。高校按师生比例不低于 1∶4000 配备专职心理健康教育教师，且每校至少配备 2 名。中小学每校至少配备 1 名专(兼)职心理健康教育教师，鼓励配备具有心理学专业背景的专职心理健康教育教师。建立心理健康教育教师教研制度，县级教研机构配备心理教研员。

15. 畅通教师发展渠道。组织研制心理健康教育教师专业标准，形成与心理健康教育教师资格制度、教师职称制度相互衔接的教师专业发展制度体系。心理健康教育教师职称评审可纳入思政、德育教师系列或单独评审。面向中小学校班主任和少先队辅导员、高校辅导员、研究生导师等开展个体心理发展、健康教育基本知识和技能全覆盖培训，定期对心理健康教育教师开展职业技能培训。多措并举加强教师心理健康工作，支持社会力量、专业医疗机构参与教师心理健康教育能力提升行动，用好家校社协同心理关爱平台，推进教师心理健康教育学习资源开发和培训，提升教师发现并有效处置心理健康问题的能力。

(六) 支持心理健康科研

16. 开展科学研究。针对学生常见的心理问题和心理障碍，汇聚心理科学、脑科学、人工智能等学科资源，支持全国和地方相关重点实验室开展学生心理健康基础性、前沿性和国际性研究。鼓励有条件的高校、科研院所等设置学生心理健康实验室，开展学生心理健康研究。

17. 推动成果应用。鼓励支持将心理健康科研成果应用到学生心理健康教育、监测预警、咨询服务、干预处置等领域，提升学生心理健康工作水平。

(七) 优化社会心理服务

18. 提升社会心理服务能力。卫生健康部门加强儿童医院、精神专科医院和妇幼保健机构儿童心理咨询及专科门诊建设，完善医疗卫生机构儿童青少年心理健康服务标准规范，加强综合监管。民政、卫生健康、共青团和少先队、妇联等部门协同搭建社区心理服务平台，支持专业社工、志愿者等开展儿童青少年心理健康服务。对已建有热线的精神卫生医疗机构及 12345 政务服务便民热线(含 12320 公共卫生热线) 、共青团 12355 青少年服务热线等工作人员开展儿童青少年心理健康知识培训，提供专业化服务，向儿童青少年广泛宣传热线电话，鼓励有需要时拨打求助。

19. 加强家庭教育指导服务。妇联、教育、关工委等部门组织办好家长学校或网上家庭教育指导平台，推动社区家庭教育指导服务站点建设，引导家长关注孩子心理健康，树立科学养育观念，尊重孩子心理发展规律，理性确定孩子成长预期，积极开展亲子活动，保障孩子充足睡眠，防止沉迷网络或游戏。家长学校或家庭教育指导服务站点每年面向家长至少开展一次心理健康教育。

20. 加强未成年人保护。文明办指导推动地方加强未成年人心理健康成长辅导中心建设，拓展服务内容，增强服务能力。检察机关推动建立集取证、心理疏导、身体检查等功能于一体的未成年被害人 "一站式" 办案区，在涉未成年人案件办理中全面推行 "督促监护令"，会同有关部门全面开展家庭教育指导工作。关工委组织发挥广大 "五老" 优势作用，推动 "五老" 工作室建设，关注未成年人心理健康教育。

（八）营造健康成长环境

21. 规范开展科普宣传。科协、教育、卫生健康等部门充分利用广播、电视、网络等媒体平台和渠道，广泛开展学生心理健康知识和预防心理问题科普。教育、卫生健康、宣传部门推广学生心理健康工作经验做法，稳妥把握心理健康和精神卫生信息发布、新闻报道和舆情处置。

22. 加强日常监督管理。网信、广播电视、公安等部门加大监管力度，及时发现、清理、查处与学生有关的非法有害信息及出版物，重点清查问题较多的网络游戏、直播、短视频等，广泛汇聚向真、向善、向美、向上的力量，以时代新风塑造和净化网络空间，共建网上美好精神家园。全面治理校园及周边、网络平台等面向未成年人无底线营销危害身心健康的食品、玩具等。

三、保障措施

（一）加强组织领导。将学生心理健康工作纳入对省级人民政府履行教育职责的评价，纳入学校改革发展整体规划，纳入人才培养体系和督导评估指标体系，作为各级各类学校办学水平评估和领导班子年度考核重要内容。成立全国学生心理健康工作咨询委员会。各地要探索建立省级统筹、市为中心、县为基地、学校布点的学生心理健康分级管理体系，健全部门协作、社会动员、全民参与的学生心理健康工作机制。

（二）落实经费投入。各地要加大统筹力度，优化支出结构，切实加强学生心理健康工作经费保障。学校应将所需经费纳入预算，满足学生心理健康工作需要。要健全多渠道投入机制，鼓励社会力量支持开展学生心理健康服务。

（三）培育推广经验。建设学生心理健康教育名师、名校长工作室，开展学生心理健康教育交流，遴选优秀案例。支持有条件的地区和学校创新学生心理健康工作模式，探索积累经验，发挥引领和带动作用。

附录二 《关于进一步加强和改进职业院校学生心理健康工作的通知》

教职成司函〔2023〕21 号

各省、自治区、直辖市教育厅(教委)，各计划单列市教育局，新疆生产建设兵团教育局：

为深入学习贯彻习近平新时代中国特色社会主义思想和党的二十大精神，落实教育部等十七部门《全面加强和改进新时代学生心理健康工作专项行动计划(2023—2025 年)》(教体艺〔2023〕1 号)有关部署，进一步加强和改进职业院校学生心理健康工作，不断提升学生心理健康素养，现将有关要求通知如下。

一、强化组织领导。省级教育行政部门指导推动本地区职业院校，将学生心理健康工作纳入学校改革发展整体规划和年度重点工作。学校党组织会议或校长办公会定期听取专门工作汇报，研究部署工作任务，解决存在的突出问题。职业院校进一步完善学生心理健康工作体制机制，明确主管校领导和责任部门，成立专门领导小组，负责制定全年心理健康工作计划，监督工作落实。不断健全制度体系，强化学校各级党政主要负责人、心理健康教师、班主任、辅导员的工作责任，发挥全体任课教师作用，分级开展好学生心理健康工作。

二、加强教育引导。省级教育行政部门指导本地区职业院校，坚持五育并举促进心理健康，有机融合、统筹推进，以德育心、以智慧心、以体强心、以美润心、以劳健心，培育学生积极心理品质。发挥课堂教学主渠道作用，按照国家有关规定开齐开足心理健康相关课程，关注学生个体差异，结合类型教育实际，深化教学改革创新，帮助学生掌握心理健康知识和技能，树立自助、求助意识，学会理性面对挫折和困难。重视活动育人，完善"校校组织、班班活动、人人参与"的工作机制，创新开展职业院校"文明风采"等育人活动，紧抓开学季、实习季、毕业季、"全国大中学生心理健康日""世界精神卫生日"等重要时点，多形式、多渠道开展心理健康教育。结合职业生涯规划教育和"未来工匠"读书行动等，引导学生正确认识求学阶段、所学专业和未来可能从事的职业，树立正确人生理想，保持积极健康心理状态。

三、科学监测预防。坚持预防为主、关口前移，各地要指导职业院校用好信息技术手段，密切关注学生心理健康状况，定期开展心理健康测评，针对中高职学生身心特点、技术技能人才成长规律，研判可能存在突出问题的领域，重点加强监测。县级教育行政部门组织区域内中等职业学校，用好开学重要时段，每学年至少开展1次心理健康测评。高等职业学校每年应在新生入校后适时开展心理健康测评，有条件的学校合理增加测评频次和范围。职业院校要科学分析、规范合理运用测评结果，"一生一档"记录学生心理成长信息，分类制订心理健康教育方案，建立健全测评数据安全保护机制，防止信息泄露。用好心理辅导室、心理咨询服务平台，通过个体咨询、团体辅导、电话咨询、网络咨询等多种形式，向学生提供经常、及时、有效的心理健康咨询与指导服务，对咨询中发现的重要异常情况及时响应。

四、及时预警干预。各地要指导职业院校完善"学校—院/系—班级—宿舍/个人"四级预警网络，鼓励在班级探索设置心理委员，辅导员、班主任定期走访学生宿舍，院系定期研判学生心理状况。职业院校要重点关注在入学测评中发现问题苗头的学生，在校期间遭遇重大变故、重大挫折和出现明显异常的学生，面临学业就业压力、经济困难、情感危机、校园欺凌等风险因素以及顶岗实习的学生，及时了解、掌握他们的心理状况。各省级教育行政部门要积极争取卫生健康、网信、公安等部门支持，协同指导职业院校，与家庭、社区、企业、有关机构建立健全协同机制，推进物防、技防建设，及早发现学生严重心理健康问题，加强重症学生心理危机干预，"一生一策"制定帮扶方案，及时转介、诊断、治疗，防范自杀自伤、伤人毁物等情况发生。

五、优化家校协同。各省级教育行政部门要加强对本地区中职学校的指导，推动建立健全家庭教育指导委员会、家长学校和家长委员会，将心理健康纳入重要宣传内容，每学期至少组织2次家庭教育指导活动，引导家长提高心理健康意识，重视学生心理健康，增强教育引导、防范化解、疏导压力等方面能力。职业院校要进一步密切家校联系，及时与家长沟通学生居家和在校期间表现，协同做好心理健康工作。对家校协同存在特殊困难，需要重点关注的学生，学校要完善工作机制，组织班主任、辅导员、任课教师等力量"一对一"结对帮扶，加强关心爱护。

六、提升保障能力。职业院校要按照有关规定配备专(兼)职心理健康教师，举办教学研讨交流活动和班主任、辅导员心理健康教育能力提升培训，提高心理健康教育的针对性、实效性。结合全国职业院校技能大赛中等职业学校班主任能力比赛、思想政治教育课程教学能力比赛等，积极推动心理健康工作队伍建设。发挥共青团、学生会、学生社团等作用，增强同伴支持，融洽师生同学关系。加强心理辅导(咨询)室、心理咨询服务平台建设，配备必要的人员、场所、仪器设备，进一步提高实用性和利用率，惠及更多学生，有条件的职业院校可设置心理健康教育拓展区域。各省级教育行政部门要针对职业院校学生易生常发心理问题，编写和用好心理健康读本；要编制心理健康教育指导手册，向家长、校长、班主任和辅导员等群体提供学生常见心理问题应对操作指南等心理健康"服务包"。

附录三　高校心理健康教育教学工作文件示例

《××学院心理健康教育工作实施方案》

《关于建立××学院心理健康教育四级工作网络的通知》

《关于建立××学院心理危机预防与干预体系的通知》

参 考 文 献

[1]　刘勇. 团体心理辅导与训练[M]. 广州：中山大学出版社，2007.

[2]　SEAWARD B L. 压力管理策略：健康和幸福之道[M]. 许燕，译. 北京：中国轻工业出版社，2008.

[3]　庞维国，韩贵宁. 我国大学生学习拖延的现状与成因研究[J]. 清华大学教育研究，2009，30(6)：59-65.

[4]　史蒂芬·柯维. 高效能人士的七个习惯[M]. 高新勇，王亦兵，葛雪蕾，译. 10 版. 北京：中国青年出版社，2010.

[5]　李笑来. 把时间当作朋友[M]. 3 版. 北京：电子工业出版社，2013.

[6]　简·博克，莱诺拉·袁. 拖延心理学：向与生俱来的行为顽症宣战[M]. 蒋永强，译. 北京：中国人民大学出版社，2009.

[7]　牧迪. 用微笑面对逆境：挑战人生的 50 个败局[M]. 北京：海潮出版社，2006.

[8]　倪海珍，杜旭林. 大学生心理素质训练[M]. 北京：科学出版社，2009.

[9]　罗之勇，刘雪珍. 大学生心理素质训练[M]. 北京：教育科学出版社，2011.

[10]　丁茂芬. 职业心理素质训练[M]. 北京：清华大学出版社，2010.

[11]　郭霖. 大学生心理素质拓展[M]. 武汉：湖北科学技术出版社，2006.

[12]　郑日昌. 大学生心理健康：自主与自助手册[M]. 2 版. 北京：高等教育出版社，2013.

[13]　冉超凤，黄天贵. 高职大学生心理健康与成长[M]. 5 版. 北京：科学出版社，2022.

[14]　弗兰克·哈多克. 意志力训练手册[M]. 高潮，译. 北京：中国发展出版社，2005.

[15]　菲尔图. 意志力是训练出来的[M]. 长沙：湖南文艺出版社，2013.

[16]　鲍勃·斯塔尔，以利沙·戈德斯坦. 正念生活，减压之道：正念减压工作手册[M]. 祝卓宏，张妍，等，译. 南京：江苏美术出版社，2013.

[17]　罗斯·哈里斯. ACT，就这么简单！接纳承诺疗法简明实操手册[M]. 祝卓宏，张婍，曹慧，等，译. 北京：机械工业出版社，2016.

[18]　斯蒂芬·海斯，柯克·斯特罗瑟，凯丽·威尔森. 接纳承诺疗法(ACT)：正念改变之道[M]. 2 版. 祝卓宏，张婍，辛久岭，等，译. 北京：知识产权出版社，2016.

[19]　景怀斌. 组织管理的心理基础[M]. 北京：北京大学出版社，2015.

[20]　殷智红，叶敏. 管理心理学[M]. 3 版. 北京：北京邮电大学出版社，2011.

[21]　周菲，张广宁，孙莹. 管理心理学[M]. 北京：清华大学出版社，2013.

[22]　戴健林. 管理心理学简编[M]. 北京：清华大学出版社，2014.

[23]　王琪. 有效沟通实务[M]. 北京：中国人民大学出版社，2018.

[24]　吴婕. 有效沟通与实用写作教程[M]. 3 版. 北京：中国人民大学出版社，2017.

[25]　黄甜，韩庆艳，臧伟. 沟通技巧与团队建设[M]. 北京：人民邮电出版社，2013.

[26]　王慧敏. 商务沟通教程[M]. 2 版. 北京：中国发展出版社，2017.

[27] 麻友平. 人际沟通艺术[M]. 3 版. 北京：人民邮电出版社，2020.
[28] 王建华，徐飚，陆小琼. 沟通技巧[M]. 2 版. 北京：电子工业出版社，2017.
[29] 李映霞. 管理沟通：理论、案例与实训[M]. 北京：人民邮电出版社，2017.
[30] 余世维. 有效沟通[M]. 2 版. 北京：北京联合出版公司，2012.
[31] 郭津宏. 高品质沟通：有效说服他人的实用技巧[M]. 沈阳：沈阳出版社，2017.
[32] 广小利. 高职学生时间管理现状与能力培养研究[M]. 北京：北京理工大学出版社，2018.
[33] 曾昭政，戴娈，戴媛. 中职生学业拖延与心理健康的关系研究[J]. 世纪之星(交流版)，2022(3)：31-33.
[34] 左艳梅. 中学生学业拖延的问卷编制及其与父母教养方式的关系研究[D]. 重庆：西南大学，2010.
[35] 尼尔斯. 哈佛思维课：应变力自测[M]. 江苏：江苏凤凰文艺出版社，2014.
[36] 樊富珉. 团体辅导与危机心理干预[M]. 北京：机械工业出版社，2021.
[37] 李松蔚. 5%的改变[M]. 成都：四川文艺出版社，2022.
[38] 大卫 • B 罗森格伦. 动机式访谈手册[M]. 辛挺翔，译. 北京：人民邮电出版社，2020.